1790년
베이징

■ 이 도서의 국립중앙도서관 출판예정도서목록(CIP)은
서지정보유통지원시스템 홈페이지(http://seoji.nl.go.kr)와
국가자료공동목록시스템(http://www.nl.go.kr/kolisnet)에서 이용하실 수 있습니다.
(CIP제어번호: CIP2019033839)

1790년
베이징

박제가의 그림에 숨겨진 비밀

신상웅

마음산책

1790년
베이징

박제가의 그림에 숨겨진 비밀

1판 1쇄 인쇄 2019년 9월 15일
1판 1쇄 발행 2019년 9월 20일

지은이 | 신상웅
펴낸이 | 정은숙
펴낸곳 | 마음산책

편집 | 최해경 · 김수경 · 최지연 · 이복규   디자인 | 이혜진 · 최정윤
마케팅 | 권혁준 · 김종민   경영지원 | 박지혜

등록 | 2000년 7월 28일(제13-653호)
주소 | (우 04043) 서울시 마포구 잔다리로 3안길 20
전화 | 대표 362-1452 편집 362-1451   팩스 | 362-1455
홈페이지 | http://www.maumsan.com
블로그 | maumsanchaek.blog.me
트위터 | http://twitter.com/maumsanchaek
페이스북 | http://www.facebook.com/maumsanchaek
전자우편 | maum@maumsan.com

ISBN 978-89-6090-589-4 03300

★ 이 도서는 한국출판문화산업진흥원의 '2019년 우수출판콘텐츠 제작 지원' 사업
　선정작입니다.

★ 책값은 뒤표지에 있습니다.

박제가라는 이름을 보는 순간
모든 것이 꼬여버렸다.

차 례

'붉다'라는 글자 하나만 가지고
온갖 꽃 통틀어 말하지 마라
꽃술도 많고 적은 차이 있으니
세심하게 하나하나 보아야 하리
　　　　　—박제가

- 일러두기

1. 그림에 관한 정보는 「도판 목록」에 밝혔으며, 제작 연도 또는 출처가 미상인 경우 적지 않았다. 본문의 사진은 모두 저자의 것이다.
2. 인용문은 본문에서 알 수 없을 때에만 출처를 밝혔다.
3. 중국 인명은 우리말로 음독하고 중국 지명과 명사 등은 외래어표기법과 독음을 섞어 썼다. 그 밖에는 모두 외래어표기법을 따랐다.
4. 그림, 음악, 공연, 신문, 잡지, 영화의 제목은 〈 〉로, 책과 장편은 『 』로, 단편과 논문은 「 」로 묶었다.

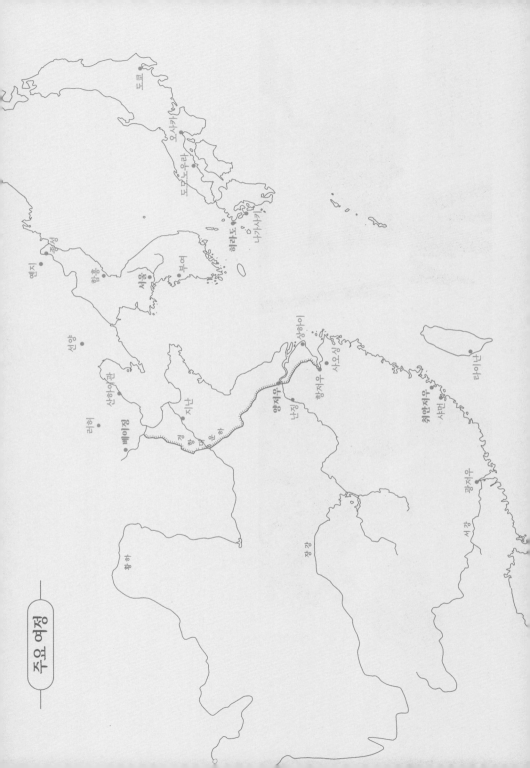

주요 여정

도쿄
오사카
도모노우라
나가사키
히라도
부여
서울
한성
옌지
랴오청
선양
산하이관
베이징
지난
양저우
항저우
난징
상하이
샤오싱
타이완
화이저우
샤먼
광저우
서강
장강
황허

〈연평초령의모도〉

의문의 그림 한 점

내게 말을 걸어오는 그림이 있다. 나 역시 오랫동안 이 그림에 의문을 품어왔다는 얘기와 같다. 보면 볼수록 도무지 갈피를 잡을 수 없는 난처한 그림이었다. 이름만 대면 알 만한 유명 화가의 그림도 아니고 뛰어난 예술성을 지녔지만 작자 미상의 안타까운 그림도 아니다. 화가의 이름도 분명하고 무엇을 그린 것인지 설명도 자세하게 쓰여 있다. 하지만 어쩐 일인지 그런 객관적인 사실들이 내 머릿속에서는 혼란으로 바뀌는, 그림과 그림을 그렸다는 화가와 그림의 내용이 서로 엇갈리는 기묘하고도 이채로운 그림. 세상에 밝히기 어려운 어떤 비밀스러운 이야기를 감추고 있는 것처럼 보였다. 매시간 다른 감동을 선물하는 그림도 많지만 끊임없이 새로운 질문을 만들어내는 그림도 있다.

그림을 그린 이는 박제가朴齊家, 제목은 〈연평초령의모도延平髫齡依母圖〉다. 당시로서는 파격적인 내용을 담아 말도 많고 탈도 많았던 책 『북학의北學議』를 쓴 조선 시대 실학자 박제가가 이 그림을 그렸다. 제목은 '어린 연평이 엄마에게 의지해 살다' 정도로 해석하면 되겠다. 연평延平은 명나라 말기에 이름을 떨친 장군이자 남중국 바다를 중심으로 국제무역을 장악했던 해상왕 정성공鄭成功이라는 좀 특별한 인물을 가리키는 여러 호칭 중 하나다. 엄마와 어린 아들이 주인공으로 등장하니 이제부터 〈모자도〉라 부르겠다.

20여 년이 더 지났어도 이 그림을 처음 마주하던 순간의 기억이 생생하다. 그때의 당혹스러움을 어떻게 설명해야 할까. 흑백의 흐릿한 도판이었지만 박제가가 그렸다는 〈모자도〉를 보는 순간 나는 책장을 넘기지 못했다. 어떻게 이런 그림을 그가 그릴 수 있었을까. 그림 위에 그의 이름 세 글자가 또렷이 남아 있었지만 한국 회화사에서는 보기 드문 낯선 스타일이었다. 아니, 드문 정도가 아니라 내 기억으로는 전무후무한 경우였다. 그래서 〈모자도〉는 서양화의 영향이 조선 화단에 처음 도입된 사례 중 하나로 소개되었다. 당시로 보면 혁신적인 주장을 펼쳤던 박제가의 이미지에 딱 들어맞는 시대를 앞서간 그림, 그럴듯했다.

이전의 그림과는 확연히 다른 서양풍의 그림이었지만 나는 스타일의 차이만이 아니라 이 그림을 그렸다는 박제가에게 더 눈이 갔다. 이상했다. 그의 이름이 분명한데도 나는 그가 그렸다는 사실에 선뜻 동의하기 어려웠다. 지금까지 알려진 박제가는 보통의 선비들과 별반 다르지 않은, 여기나 취미로 그림을 그렸던 일반적인 의미의 문인 화가에 속하는 인물이었다. 우리가 잘 아는 궁중 화원인 김홍도나 신윤복과는 전혀 다른 처지였다. 몇 장의 그림을 남기기는 했어도 그림보다는 수백 편의 시를 남긴 시인이라 부르는 것이 더 어울리는 문인이었다. 하지만 〈모자도〉에서는 오랜 시간 수련을 거친 전문적인 화가의 솜씨가 보였다. 그러니까 요즘 말로 하자면 미술 학원을 제법 오래 다닌 사람이 아니면 흉내 내기 어려운 기량이 곳곳에 남아 있었다는 것. 그건 그림의 예술성과는 별개로 그림에서 보이는 화가의 숙련도 문제였다. 지금까지 내가 알고 있는 박제가 와는 거리가 멀었다. 게다가 그가 남긴 그림 위의 화제의 내용도 또 다른 의구심을 불러일으키기에 충분했다.

명나라 말엽에 정지룡이 일본에서 장가들어 아들 성공을 낳았다. 지룡은 고향으로 돌아가고 성공은 어머니와 함께 일본에서 살았다. 우리나라 최씨崔氏가 일본에서 예술로 노닐다가 이들을 위해 그림을 그리고 초고를 가지고 돌아왔다. 이제 최씨는 죽고 그 초고가 내 선생님 댁에 남아 있어 이를 보고 그렸다. 붉은 옷을 단정하게 입고 앉아 있는 사람은 지룡의 아내인 일본인 종녀宗女다. 머리카락을 풀어헤친 채 칼을 차고 놀고 있는 아이가 성공이다. 박제가 그리고 기록한다.

〈모자도〉의 주인공 정성공은 멸망하기 직전의 명나라를 지키려 만주족 청나라에 끝까지 대항했던 인물이다. 그는 중국 남부 해안을 근거지로 싸우다가 결국 청의 군대에 패한 뒤 타이완으로 물러나 그곳에서 죽는다. 그러니까 중원을 침략한 청나라의 입장에서 보자면 정성공은 그들에게 가장 큰 골칫거리이자 적대 세력의 실질적인 우두머리였던 셈이다. 그런데 왜 하필 박제가는 그런 인물을 소재로 그림을 그렸을까? 더구나 그가 살았던 당시는 청나라의 정치와 경제뿐 아니라 문화적 수준이 정점에 도달했다고 평가되던 때다. 그래서 조선의 개혁을 위해서는 이를 배워야 한다고 누구보다 앞장서 주장한 사람이 박제가였다. 그런 그와 멸망한 명나라의 마지막을 상징하는 정성공은 어울리지 않는 조합이었다. 더구나 청나라의 통치 아래에서 〈모자도〉 같은 그림이 밖에 알려지면 목숨이 위험해질 수도 있었다. 조선의 일개 선비가 세상을 호령하던 대청 제국에 대항한 적장 정성공을 위한 그림을 그리다니…… 상상하기 어려웠다.

그림에 대한 의문은 여전했지만 새로운 해석은 보이지 않았다. 여전히 조선에 도입된 최초의 서양 화풍의 그림이라거나 조선과 일본 그리고 중국을 잇는 국제적인 내용의 작품이라는 주장이 되풀이되고 있었다. 박제가가 이 그림을 그렸다는 사실에 의문을 가진 이도 없었고, 당시 조선과 청나라 그리고 정성공의 관계 안에서 박제가라는 인물이 어떻게 〈모자도〉에 등장할 수 있었는지를 설명해주는 사람도 나타나지 않았다.

그렇게 시간이 흘렀다. 사그라들었던 내 관심을 다시 일깨운 것은 미술사학자 이동주 선생의 짤막한 글이었다.

박제가의 작품으로 전하는 〈정성공초령의모도〉는 진부에 대하여 물의가 분분한 작품이나, 나빙의 필봉이 가미된 것으로 생각할 수도 있는 면이 있다.(이동주, 『한국회화소사』, 범우사, 1996)

이게 무슨 소리인가. 나빙羅聘이라니, 그러면 얘기가 달랐다. 그는 청나라를 대표하던 이름난 화가 중 한 사람이고 1790년 사신단의 일원으로 베이징에 머물던 박제가와 유독 가깝게 지낸 사이였다. 길지 않은 만남이었지만 서로 간의 사귐이 깊었는지 나빙은 박제가와 헤어지면서 초상화와 매화 한 폭을 그려주었고 그 그림들이 여태 남아 전한다. 만나서 서로 나눈 시도 여러 편이고 헤어진 뒤에도 서로를 그리는 긴 이별시를 남기기도 했다. 1790년 베이징에서 그들에게 무슨 일이 있었던 것일까. 나빙과 〈모자도〉가 어떤 연관이 있다면 왜 그의 이름은 그림에 남아 있지 않을까. 청나라 화가 나빙의 등장으로 지금까지 〈모자도〉를 두고 이어진 반복된 논의가 이제는 차원이 다른 방향으로 옮겨질 수도 있겠다는 예감이 들었다.

〈모자도〉를 가운데 두고 박제가와 나빙의 밝혀지지 않은 사연을 찾아가는 중에 뜻밖의 주장이 나왔다. 『18세기 한중 지식인의 문예공화국』에서 정민 교수는 이 그림이 박제가가 그린 것이 아니라고 했다. 〈모자도〉에 남은 그의 글씨는 물론 나중에 첨부된 청나라 말의 학자 초순焦循의 글씨도 그의 친필이 아니며 오른쪽 아래에 찍힌 수장인의 도장도 위작이라고 주장했다. 결론은 이랬다. '누가 그렸는지 알 길이 없는 그림 외에 나머지는 다 가짜다.' 다만 화제의 내용 중 '최씨'를 언급한 대목이 아무래도 마음에 걸린다고 했다. 최씨는 지금까지의 연구에 따르면 조선 시대 괴짜 화가로 알려진 최북崔北을 말했다. 그는 1748년 통신사의 일원으로 일본을 다녀온 기록이 있었다.

이게 어찌 된 일일까. 그의 주장이 맞는다면 〈모자도〉는 박제가와 아무런 관련이 없다는 말과 같았다. 이 그림을 처음 만난 그때부터 지금까지 수많은 의문을 품어온 내겐 허망하기 짝이 없는 결말이었다. 내 눈에도 박제가가 이 그림을 그렸다는 기록에 뭔가 석연치 않은 구석이 있었다. 거기에는 어떤 말 못 할 사정이, 우리가 미처 알지 못한 흥미진진한 비밀 이야기가 숨어 있을 거라 짐작했다. 하지만 이 그림이 위작이라면 박제가와 〈모자도〉를 둘러싼 내 오랜 추측과 상상은 물거품이 될 운명이었다. 나빙은 거론할 필요조차 없었다.

마침내 〈모자도〉의 컬러 파일을 구할 수 있었다. 흑백의 작은 도판과는 달리 실물에 가까운 그림을 보니 내 예상과는 다른 점이 많았다. 박제가의 글씨도, 나중에 보태진 초순의 글씨와 수장인의 도장도 눈에서 지웠다. 오로지 그림만 보았다. 〈모자도〉는 예상보다 복잡했고 알 수 없는 상징들이 곳곳에 숨어 있었다. '보는 그림'이라기보다는 '읽는 그림'에 가까웠다. 그뿐만이 아니었다. 이곳이라 꼬집어 말하기는 어려웠지만 중국과 일본의 서로 다른 스타일이 그림 안에 혼재했다. 박제가가 쓴 화제의 내용과 밀접하게 연관되는, 그의 글이 아니라면 설명하기 어려운 부분들이었다. 이런 복잡한 내용의 그림을 박제가라는 이름을 빌려 위작을 만들었다는 주장은 설득력이 약해 보였다. 그의 이름을 도용해 가짜 그림을 그려 경제적인 이득을 취할 목적이었다면 차라리 산수화나 사군자 한 폭을 그리는 것이 훨씬 손쉬운 일이었을 것이다. 그런데 박제가 같은 평범한 문인화가가 소화하기 어려운 정밀한 표현의 인물화를, 게다가 자칫하면 위험이 닥칠지 모르는 인물 정성공을 소재로 위작을 만들었을 것이라는 주장에 동의할 수 없었다. 게다가 한술 더 떠 정성공의 일본에서의 어린 시절이라니.

그런데 〈모자도〉의 세부를 관찰하고 난 뒤 그동안 내가 품고 있던 의심은 한층 더 복잡한 양상으로 전개되기 시작했다. 박제가가 소화하기 어려운 그림이라는 생각에는 변함이 없었는데 문제는 그든 나빙이든 어느 한 사람에 의해 그려진 것이 아닐지도 모른다는 데 있었다. 한 폭의 그림에는 화가의 일관된 수준의 솜씨가 고루 남아 있는 것이 보편적이다. 하지만 〈모자도〉는 그렇지 않았다. 오랜 시간 훈련을 쌓은 전문 화가가 그린 부분들과 어색하고 서툰 흔적이 동시에 존재했다. 처음 예상하기를, 그림은 다른 누군가 그리고 글씨는 박제가가 남긴 미스터리의 그림일지도 모른다고 짐작했었다. 그런데 그마저도 잘못된 추측일 가능성이 커 보였다. 말하자면 〈모자도〉를 그린 사람이 박제가가 아닐지도 모른다는 의심에, 그든 누구든 혼자서 그린 것이라고 보기 어렵다는 새로운 의혹이 추가된 셈이었다. 막연한 상상 속의 추론이었지만 나는 내 직감을 믿어보기로 했다. 처음 만났을 때처럼 〈모자도〉는 여전히 내게 말을 건네고 있었고 의문을 풀 실마리 역시 그림 안에 있을 것 같았다.

비 내리는 통진의 농가에서 쓰다

　　어디일까. 기록마다 조금씩 차이가 있지만 서울 남산 자락 어딘가에 10대의 박제가가 살던 집이 있었다. 어느 봄날, '책에 미친 바보' 이덕무는 냇가를 따라 걸어가던 한 청년에게 눈길이 머문다. 이마가 훤칠하고 낯빛이 환한 남자였다. 흰 겹옷에 초록 허리띠를 두른 청년도 그를 쳐다봤다. 그가 박제가라는 것을 이덕무는 한눈에 알아봤다. 둘은 만나자마자 마음이 통했다. 서로가 만나는 즐거움이 견딜 수 없을 정도라고 했다. 20대의 박제가가 문집을 만들자 책의 서문에 "박제가의 시는 담백하고 시원스러운 것이 그 사람과 꼭 닮았다"라고 이덕무는 적었다. 이제는 어느 땅속을 흐르고 있는지 알 길 없는 그 냇가가 두 사람이 처음 만나던 자리였다.

　　청계천 위에 복원된 광통교는 조선 시대 종로에서 남대문으로 이어지는 대로의 중심이었다. 서울에서 가장 큰 다리이기도 했다. 남산 아래 집을 나온 박제가는 광통교를 건너 탑골공원 주위에 몰려

살던 지인들을 찾아가곤 했다. 이제는 이름만 대면 알 만한 인물 박지원과 이덕무와 유득공 등이었다. 당시 가장 번화한 곳이었던 다리 주변에 그림을 팔던 가게도 있었다고 했다. 박제가의 친구들도 이 다리로 자주 몰려와 술을 마시고 달빛에 젖었다. 어디서 무얼 하든 그들은 좀 유별나 보였다. 많이 알려진 이야기 속에 사라진 개를 부르던 술에 취한 모범생 이덕무와 거위를 희롱하던 유득공이 있었다. 두 사람은 순서대로 박제가와 함께 베이징에 가기도 한다.

　박제가가 자주 어울렸던 사람들, 흔히 실학파로 알려진 그들을 나는 '백탑파'라 부르기를 선호한다. 특별한 이유가 있다기보다 그렇게 부르는 것이 내 눈엔 가장 그들다워 보였다. 백탑이란 현재 탑골공원 안에 있는 원각사지 석탑을 말한다. 광통교를 지나 탑골공원에 들어서면 이전 시대와는 전혀 다른 변화의 물결에 누구보다 먼저 예민하게 반응하던 그들의 모습이 떠오른다. 박제가도 그 한가운데 있었다. 그들은 저 탑을 가운데 두고 함께 먹고 쓰고 마시고 뒹굴었다. 그들이 남긴 글도 글이려니와 그들의 행위 속에는 어떤 진솔한 떨림이 있었다. 그게 나를 매료시켰다. 서로 간의 나이를 잊은 사귐을 망년지교忘年之交라 했다. 나이는 잊자, 그랬다. 사람과 사람 사이의 교감에 살아온 시간의 많고 적음은 문제가 되지 않았다. 당파도 상관없었다. 열아홉, 이제 막 결혼을 한 박제가는 말을 타고 이곳에 와 벗들을 찾았고 늦은 밤 달빛 가득한 탑 주위를 맴돌았다. 이백 수십 년 전, 드문드문 별빛이 흩어진 밤하늘을 바라보며 그는 무슨 꿈을 꾸고 있던 것일까.

　종묘 앞을 지나 혜화동을 거쳐 낙산에 오른다. 박제가는 남산

서울 탑골공원에 있는 원각사지 석탑.

자락을 떠나 이곳 낙산 아래로 이사를 왔다. 방송통신대학교 근처 어딘가에 장경교가 있었고 다리에서 서쪽으로 10여 발짝 떨어진 '능금나무 두 그루'가 있던 곳이 그의 집이었다. 혜화문을 지나온 사람들과 물품들은 모두 장경교 앞을 지났다. 광통교보다는 못했지만 이곳도 제법 술렁이는 시장이 섰다. 복사꽃이 피는 봄이면 박제가는 거리에 나가 쑥과 민물 복어를 살펴보기도 했다. 전하는 여러 기록을 보면 그는 음식과 요리에 남다른 관심을 보였다. 낙산 마루에 서자 멀리 인왕산이 다가왔다. 오른쪽엔 백악산이 남쪽에는 안개에 가린 남산이 아스라했다. 사방의 산들이 꽃잎이라면 백탑은 꽃술이었다. 멀리서 보면 마치 '삐죽 솟은 죽순'처럼 보였다는 탑은 이제 보이지 않는다. 박제가가 '그윽하고 아름답기가 서울에서 으뜸'이라던 그의 집 앞 장경교도 찾아볼 수 없었다.

이곳에서 박제가는 창덕궁으로 출근했다. 책과 관련된 일을 맡아보던 검서관이 그의 직책이었다. 국왕 정조의 부름이었다. 집을 나와 낙선재를 지나 숙장문과 진선문을 빠져나오면 잘 정비된 계곡이 흘렀고 물 위에 돌다리 금천교가 있었다. 다리를 건너 오른편으로 길을 잡으면 곧바로 규장각이 나타났고 그 옆이 박제가가 근무하던 검서청이었다. 검서청 내실 한쪽이 계곡 위에 세워져 방에서 물소리가 들렸다. 초대 검서관으로 임명되기 전인 1778년, 이덕무와 함께 그토록 바라던 베이징을 다녀온 박제가는 집을 나와 광흥나루로 갔다. 그곳에서 밤을 보낸 뒤 새벽 배로 강물을 따라 내려가 억새가 무성한 운양나루에 내렸다. 시골집이 있던 통진으로 가는 길이었다. 스물아홉의 그는 베이징에서 보고 듣고 만지고 느꼈던 모든 것을 싸 들고 가서 방문을 닫아걸고 썼다. "지친 여행을 마치고 농가에 앉아 글 쓰는 시름만 안고 있었다." 때론 울적했고 때론 열기가 치솟았다. 낙산에 서서 한강을 바라보면 배를 타고 강물을 따라 하류로 향하던 그의 뒷모습이 보이는 듯했다.

베이징에서 돌아온 박제가가 바라보던 통진의 바다는 더 이상 예전의 바다가 아니었다. 주인이 바뀐 중원의 수도에서 바라본 현실은 그의 삶을 밑바닥부터 뒤흔들었다. 대륙을 차지한 청나라는 승승장구했고 주변의 약소국들은 모두 그 앞에서 쩔쩔맸다. 그들의 천하였다. 세상의 지식은 베이징으로 모였다 흩어졌다. 그뿐만이 아니었다. 저 먼바다 끝 어디에선가 수많은 것들이 바닷길을 오가고 있다는 것을 박제가는 알았다. 새로운 물결이었고 아득했던 미지의 세상이 눈앞에 다가오고 있었다. 자신과 조선이 그 세상의 흐름에서 소외되는 것을 그는 참기 어려워했다. 그렇게 끓어오르는 혈기를 어쩌지 못하고 터질 듯한 고뇌로 꾹꾹 눌러쓴 『북학의』 서문 끝에 박제가는 이렇게 적었다.

비 내리는 통진의 농가에서 쓰다.

이 구절 사이사이에 그의 모습이 녹아 스몄다. 기필코 조선을 개혁해야 한다며 목소리를 높이던 박제가와 지금 당장이라도 자리를 박차고 나가 저 먼바다로 떠나고 싶은 욕망을 간신히 참고 있는 또 다른 그의 모습이 어른거렸다. 그런 그의 마음을 누군가는 기억하고 지지하기를 바랐다. 하급 관리였지만 품은 생각은 크고 넓었으며 급진적이었다. 그만큼 실현될 가능성은 희박해 보였다. 하지만 양반 가문에서 서자로 태어난 그에게 그 길 말고는 세상으로 나갈 길이 보이지 않았다. 그는 자신의 주장을 멈추지 않았고 불합리한 사회를 바꿔 조선을 부강하게 만들어야 한다는 신념은 줄어들지 않았다. 그 바탕에는 배움에 대한 열망이 있었고 그것을 그는 '북학'이라고 불렀다. 박제가의 눈은 모두가 오랑캐의 땅이라 손가락질하던 중국으로 행했고 그곳에서 보고 깨달은 것에 길이 있을 것이라고 믿었다. 그런 그에게 정성공이라니…… 궁금했다.

〈모자도〉는 어린 정성공과 그의 일본인 엄마를 그린, 어찌 보면 단순한 그림이다. 하지만 이 그림에 박제가라는 이름이 등장하면서 의문이 시작되었다. 적어도 나에게는 그렇다. 더구나 그가 그린 것이 아니라면? 거기에 더해 청나라에 맞서 싸우던 정성공이라는 인물로 인해 증폭된 의문이 그림을 벗어나고 있었다. 왜 이런 그림을 그렸는지, 또 그 혹은 그들은 〈모자도〉를 그림으로써 무슨 이야기를 하려고 했는지 의문이 꼬리에 꼬리를 물고 이어졌다. 그리고 그림 곳곳에 아직은 의미를 알 수 없는 상징들이 가리키고 있는 지극히 사적이며 섬세한 이야기들. 이 그림은 무엇을 숨기고 있는 것일까? 1790년 베이징, 박제가에게 무슨 일이 있었던 것일까? 결국은 〈모자도〉에 품었던 오랜 의문에 나 스스로 답을 찾아 나서야 하는 일이었다. 정성공이 태어났다는 일본 규슈 서쪽의 작은 섬 히라도平戶로 가야 했다.

정성공을 만나다

두 냥짜리 기차는 바다가 내려다보이는 낡은 하늘색 역사를 떠났다. 그림 하나 때문에 여기까지 오다니. 역무원은 보이지 않았고 검은 교복을 입은 중학생 둘은 곧 사라졌다. 기찻길보다 낮은 해안 도로가 다리 쪽으로 이어졌다. 섬으로 들어가는 유일한 통로였다. 해가 지기까지는 시간이 제법 남아 있었고, 정성공이 태어난 섬 히라도에, 내 오랜 의문이었던 〈모자도〉의 배경이 되었을 저곳에 조금은 천천히 다가가고 싶다고 오기 전부터 마음먹었다. 걸으며 내가 이곳에 와야만 했던 이유가 무엇이었는지 스스로에게 물어보고 싶었다. 다리 위로 세찬 바람이 불어 늘어진 쇠밧줄이 소리를 냈다. 물론 시작은 그림 〈모자도〉였지만 그 뒤에는 박제가라는 인물이 있었다. 아마 그림에 그의 이름이 쓰여 있지 않았다면 곧 잊었을 것이다. 그러나 박제가라는 이름을 보는 순간 모든 것이 꼬여버렸다. 바다 위로 노을이 깔리기 시작했다. 모래톱 없는 작은 어촌마다 묶인

배들이 보였다. 이것도 운명이라 부를 수 있을까? 산 정상에 다층의 성곽이 주황색 석양을 배경으로 실루엣을 드러냈다. 정성공을 찾아 떠나온 길의 끝에 박제가가 있기를 바랄 뿐. 성 아래로 항구의 가로등이 바다로 이어졌다. 드디어 히라도 항이었다.

히라도를 다스리던 마쓰우라松浦 가문의 저택은 항구가 한눈에 내려다보이는 산 중턱에 자리했다. 역사 자료관으로 역할을 바꿨다지만 모습은 예전 그대로였다. 가파른 계단을 꺾어 오르자 겹처마의 육중한 목조 주택이 나타났다. 서둘러 전시실 안으로 들어갔다. 목조 불상과 희귀본 서적들과 청화백자, 비단, 표범 가죽과 상아 등 교역 물품을 늘어놓은 그림이 먼저 눈에 띄었다. 정교하게 만들어진 망원경이며 지구본도 이곳의 소장품들이었다. 갑옷과 여전히 날카로운 칼도 있었지만 내가 기대하는 것은 따로 있었다. 전시실은 한산해서 나는 순서를 무시하고 발걸음을 놀렸다. 에도시대 내내 히라도의 번주藩主가 살았던 이곳에 정성공에 관련된 것이 없을 리 없었다. 반들거리는 마룻장에선 긴 세월이 그대로 묻어났다. 드디어 정성공의 아버지 정지룡이 사용했다는 네모난 청동 향로가 모습을 드러냈다. 뒤이어 당시 무역 물품을 주고받은 문서에 찍었을 것으로 추측된다는, '정씨鄭氏'라는 글자가 선명한 도장들까지 고스란히 전했다.

정지룡鄭芝龍은 1623년 중국 무역선을 타고 이곳 히라도에 온다. 무역선의 우두머리는 이단李旦이라는 자였다. 그들은 중국 남부 해안 도시 취안저우泉州 출신들이었다. 이단은 취안저우를 중심으로 일본에서 타이완을 지나 동남아시아를 아우르는 지역에서 국제무역을 하던 상인이자 해적으로 알려진 인물이었다. 그가 정지룡의 의붓아버지라는 설도 있었다. 정지룡이 일본어와 네덜란드어 등을 할 줄 알아 그의 통역을 담당했다고도 전해진다. 그는 10대 때 일찌감치 집을 나와 지금의 마카오와 필리핀 마닐라 등을 떠돌며 일을 했다. 천주교 세례를 받아 외국인들은 그를 니콜라스라 불렀다고도 한다. 히라도의 번주가 그를 아꼈다는 소문도 전하는데 그 덕에 정지룡이 번주 신하의 딸과 결혼을 할 수 있었다는 것. 그녀가 바로 〈모자도〉에 등장하는 정성공의 어머니인 '일본인 종녀' 다가와田川였다. 둘 사이에서 1624년 정성공이 태어난다. 하지만 정지룡은 아들이 태어나기 전에 중국으로 돌아갔고 어린 성공은 엄마 다가와와 함께 히라도에 남았다. 모든 것이 박제가가 〈모자도〉에 적은 내용 그대로였다.

히라도는 작고 조용한 항구도시였고 골목마다 눈에 잘 띄지 않는 팻말들이 유난히 많았다. 대부분 유적지를 가리키는 것들이었다. 어떤 것들은 유물이라 부르기도 뭣할 정도였지만 볼품이 없어서가 아니었다. 지금도 사용하고 있는 것이 아닐까 생각될 만큼 일상과 구분이 되지 않았다. 시내를 관통하는 강물 위에 놓인 긴 무지개다리는 어디서나 눈에 띄었다. 여전히 다리를 건너 사람들이 오갔고 원래 나무다리였던 것을 히라도에 머물며 국제무역을 하던 네덜란드인들이 1702년에 돌로 다시 세운 것이라고 했다. 다리를 건너면 히라도 시청이었고 반대편 산 중턱으로 향하는 골목을 따라가면 의외의 장소에 다다랐다. 정지룡이 히라도에 오기 100여 년 전에 아예 이곳에 호화 주택을 짓고 살았던 중국 상인의 별장 터가 나왔고 건물이 사라진 담 아래 푸른 이끼가 긴 육각형의 우물이 여전했다. 영

국인들의 집단 거주지가 멀지 않았고, 일본 이름 미우라 안진三浦按針으로 더 유명한, 영국 태생의 항해사이자 무역 상인으로 살았던 윌리엄 애덤스^{William Adams}가 1620년 생을 마친 곳도 이곳 히라도였다. 고요한 골목 어디선가 이국의 뱃사람들이 불쑥 얼굴을 내밀 것만 같았다. 왜 정성공이 이곳에서 태어나게 되었는지 조금씩 이해되었다. 히라도는 400여 년 전 문을 연 일본의 첫 국제무역항이었던 것이다.

　　네덜란드 상관은 항구의 굽은 만이 바다와 만나는 모퉁이에 있었다고 전해진다. 짙푸른 바다가 바로 코앞이었다. 그 자리에 발굴과 기록을 토대로 옛 상관을 복원했다. 네덜란드의 배가 처음 히라

　　　　　　　　　　　　　　　　　1790년 베이징

도 항구에 들어온 것이 1609년이었다. 그해 9월 무역을 총괄하는 상관이 설치된다. 일본과 네덜란드의 국제 교역이 시작된 것이다. 교역량이 점차 증가하자 상관의 규모도 커졌다. 더 많은 상품과 군수품이 들어왔고 이를 보관할 더 넓은 장소가 필요했다. 배에서 짐을 부리기 쉬운 곳에 길이가 수십 미터에 달하는 석조 창고를 지었다. 히라도의 첫 서양식 건물이었다. 항구로 들어오는 배들은 모두 이 앞에 정박했고, 배에서 내린 사람들의 눈앞에 나타난 것은 높고 낯선 석조 건물이었다. 그렇게 히라도는 바다를 건너온 이국의 상인들이 들고나던 국제무역의 현장이었다.

〈모자도〉에 관심을 갖는 사람들 대부분은 그림의 중앙을 차지한 2층짜리 서양식 건물에 집중했고 건물의 묘사에서 보이는 투시원근법을 이야기했다. 당연했다. 조선 회화의 역사에서는 유래를 찾기 어려운 장면이었고 이런 그림을 박제가가 그렸다는 사실에 다들 놀랐을 테니까. 이채로운 건물만큼이나 그동안 보지 못한 낯선 기법이었다. 그래서 서양 화법이 조선으로 전해진 사례로 종종 등장했던 것이다. 그런데 이런 낯선 서양의 기법이 어떻게 박제가에게 전해졌는지는 왜 누구도 묻지 않았을까? 그런 의문을 뒤로 미루더라도 사실 정작 중요한 것을 빠뜨리고 있었는데 바로 '왜 〈모자도〉에 서양식 건물을 그려야만 했을까?'라는 물음이었다. 입체감이나 원근법은 대상을 그리는 기법이지 그 자체가 그림의 주제는 아니었다. 그런데 왜 하필이면 정성공의 어린 시절을 그린 그림에 난데없이 서양식 이층집이 등장해야만 했을까.

히라도에 와서야 비로소 그 이유를 짐작해볼 수 있었다. 눈앞의 안개가 물러나듯 〈모자도〉를 가리고 있던 여러 겹의 커튼 중 하나가 열리는 기분이었다. 말하자면 이런 것이다. 화가가 신라 시대 김유신의 어떤 역사적 사건을 그림으로 옮긴다고 치자. 배경은 경주다. 화가는 사건의 배경이 경주라는 것을 어떻게 한눈에 보여줄 수 있을까? 경주 전체를 그릴 수는 없다. 그러니 경주의 랜드마크를 찾아야 한다. 하지만 첨성대는 되고 석굴암은 안 된다. 석굴암은 김유신이 죽은 뒤 만들어졌기 때문이다. 마찬가지로 〈모자도〉의 배경은 일본의 히라도다. 그래서 화가는 멀리 눈 덮인 후지산을 일본의 상징으로, 히라도의 상징으로는 서양식 건물을 그려 넣게 된 것이 아닐까? 일본에서 맨 처음 서양식 건물이 세워진 곳이 이곳 히라도였으니 화가의 선택은 설득력이 있었다. 더구나 네덜란드 상관이 건재했던 시기는 정성공의 어린 시절과 겹쳤다. 〈모자도〉는 화가의 상상력만으로 그려진 그림이 아니었다.

서양식 건물에 대한 흥미로운 추론에 한발 다가가고 있다고 여겼는데 다른 궁금증이 연이어 따라왔다. 〈모자도〉가 단순히 화가의 상상만으로 그려진 것이 아니라면 히라도에 대한 이런 정보들은 누구에 의해 어떤 경로로 전달되었는가 하는 점이었다. 현재까지 〈모자도〉와 관련된 사람으로는 버젓이 그림 위에 자신이 그린 것이라고 기록한 박제가가 있었고 그런 사실에 의심을 품은 연구자에 의해 거론된, 1790년 박제가가 베이징에서 만난 청나라 화가 나빙이 유일했다. 그렇다면 누가 히라도에 관한 이런 정보들을 알고 있었던 것일까? 두 사람 중 누가 정성공과 히라도와 국제무역이라는 관계를 주목하고 있었던 것일까? 그런 구체적인 정보를 바탕으로 정성공의 어

　　　　　　　　　　　　　　　1790년 베이징

린 시절을 그린 〈모자도〉에 서양식 건물을 그려야 한다고 판단한 사람은 누구란 말인가?

문제는 그것만이 아니었다. 히라도에서 마주한 네덜란드와 영국의 상관은 〈모자도〉에 그려진 서양식 건물과 달랐다. 다른 정도가 아니라, 석조라는 건축 재료와 2층 구조라는 형식을 빼면 닮은 구석이 없었다. 〈모자도〉에 그려진 건물은 '서양'이라는 이미지만 차용했을 뿐 히라도의 실상과는 거리가 멀었다. 박제가든 나빙이든 그들이 히라도에 다녀갔다는 기록은 현재까지는 보이지 않는다. 전해들은 이야기를 근거로 그려진 것이라 짐작해볼 수는 있었다. 하지만 〈모자도〉에 남겨진 아주 구체적인 사실들은 이런 추론마저 무색하게 만들었다. 바로 돔형의 지붕과 2층을 떠받치며 늘어선 돌기둥들 때문이었다. 돔과 늘어선 기둥, 두 가지 모두를 만족시킬 수 있는 건축양식에 가장 근접한 것은 이슬람의 건축이다. 그러나 그런 건물은 히라도에 만들어진 적이 없었다. 히라도와 서양식 건물과 이슬람 양식이라니, 겨우 실마리를 찾았다고 생각했는데 다시 제자리였다.

무역선이 찾지 않는 항구의 밤은 평범해 보였다. 그림의 두 주인공이 살았던 히라도에서 〈모자도〉를 떠올리는 시간에 오다니. 정원의 탁자에 조용히 앉아 있는 엄마 다가와와 2층 베란다에 서서 몸을 돌려 먼 산을 바라보는 어린 정성공. 의심 없이 보면 별다를 것도 없는 그림이었다. 하지만 모자의 시선이 어긋나며 만들어내는 어떤 알 수 없는 분위기는 보는 이에게 혼란스러운 감정을 전염시키고 있었다. 게다가 때론 은밀하고 때론 치밀하게 암호와 상징을 배치했

정성공을 만나다

다. 그것도 모자라 화가 최씨와 일본을 등장시켜 〈모자도〉의 탄생에 관한 비밀을 추가함으로써 더욱더 미궁 속으로 몰아넣고 있는 알 수 없는 그림. 그림을 떠나서 이 많은 것을 박제가 혼자서 계획하고 실행할 수 있었을까? 그든 나빙이든 〈모자도〉의 화가는 퍼즐을 헝클어놓고 누군가 찾아오기를, 그림이 말하는 것이 무엇인지 밝혀주기를 기다리고 있는 것처럼 보였다.

1790년 베이징

바다의 길

　정성공이 태어난 곳은 히라도 항구에서 남쪽으로 좀 떨어진 가와우치川內라는 작은 어촌이다. 마을 제일 안쪽이 그가 엄마와 살았다는 집터였다. 뒤로는 곧바로 산이 이어졌고 양지바른 대지는 두어 길은 높아서 마을의 양철 지붕 위로 푸른 바다가 넘실거렸다. 집터의 위치나 크기로 보면 오히려 가난한 살림살이였다고 여겨질 만큼 소박하고 평범했다. 찾아오는 이를 제일 먼저 반기는 건 마당 가장자리에 선, 껍질이 붉은 단단한 나무였다. 정성공이 직접 심었다는 전설 같은 설명이 없어도 이곳에서 가장 나이 많은 생명에 속했다. 나무 그늘이 끝나는 언저리에 두 사람을 기념해 최근에 만들어졌다는 대리석 조각상이 서 있었다. 엄마 다가와와 옆에 바짝 붙어 선 어린 성공.

　두 사람의 의상을 일본식으로 재현한 것은 이상해 보이지 않았다. 일본인 엄마 다가와와 이곳에서 나고 자란 정성공을 위한 것이었으니까. 그러나 〈모자도〉 속 두 사람의 복장은 대리석 조각상과는 달랐다. 어린 성공은 논외로 쳐도 다가와가 입고 있는 것은 의심의 여지 없이 중국식 의복이다. 그녀가 히라도에 사는 일본 여자임에도 불구하고 화가는 마치 중국인처럼 묘사한 것이다. 동일한 인물을 대상으로 하면서 이곳의 조각상과 〈모자도〉 속 다가와는 왜 이렇게 확연한 차이가 날까? 사실 이런 상황만으로도 이 그림이 누구에 의해 그려졌는가 하는 질문에 많은 시사점을 주었다. 그래서 다가와를 그린 화가의 숙련된 솜씨뿐만이 아니라 그녀가 입고 있는 복장 때문에라도 나는 박제가가 〈모자도〉를 그렸다는 사실에 강한 의심을 가질 수밖에 없었다. 그림 속 그녀의 옷은 박제가가 살았던 당시

조선의 것과는 닮은 구석이 없어 보였다. 있지도 않고 보지도 못한 것을 그릴 수는 없는 일이었다. 붉은 저고리와 희고 풍성한 치마뿐만 아니라 높게 틀어 올린 머리 스타일도 마찬가지였다. 그래도 〈모자도〉의 배경이 일본이라는 증거 하나는 보였다. 바로 어린 성공이 허리에 차고 있는 칼이었다.

집터 옆에 세워진 정성공기념관으로 들어갔다. 마을의 노인 몇이 돌아가며 자리를 지킨다고, 가끔 단체 관광객이 오면 가와우치 주변의 정성공과 관련된 유적지를 안내하는 가이드도 겸한다는 고시로 할아버지가 방명록을 내밀었다. 이곳을 다녀간 이들의 면면을 보면 정성공의 생애의 행적이 고스란히 드러났다. 청나라와의 싸움에서 패한 정성공은 그 당시 타이완을 점령하고 있던 네덜란드 세력을 몰아내고 그곳에 자신들의 정부를 세우지만 곧 숨을 거둔다. 그곳에서 살아남은 후손들에 의해 정성공은 타이완 정씨의 시조로 기려졌다. 매년 여름 그가 태어난 날에 맞춰 그들이 여기를 찾아온다고 했다. 그가 기념관에서 꼭 보아야 할 것이 있다며 나를 이끈 곳은 작은 나무 조각상 앞이었다.

붉은 천에 싸인 작은 목조상은 바다의 여신 마조媽祖라고 했다. 중국으로 돌아간 뒤 아들이 태어났다는 소식을 들은 정지룡이 기쁜 마음에 마조상을 이곳으로 보냈고 집 뒷산에 작은 신사를 만들어 모셨다는 것. 마조상 양옆으로 좀 작은 신상이 두 개 더 있었다. 천리안千里眼과 순풍이順風耳. 1000리 앞의 먼바다를 볼 수 있는 눈과 순한 바람을 들을 수 있는 귀를 가진 신들이라는 얘기였다. 바다에 모든 생을 걸었을 그들에게 바다의 파도와 바람은 목숨과 다르지 않았을 것이다. 사막을 건너고 눈 덮인 설산을 넘어야 하는 비단 길처럼 땅의 길이 있듯 바다에도 보이지 않는 그들만의 길이 실존했다. 저 신상들이 그것을 증명했다. 땅의 길이 그렇듯 바다의 길도 목숨을 내놓는 일이었다. 그 길이 있어 정성공이 이곳에서 태어났다고 해도 틀린 말은 아니었다. 그는 바다가 낳은 인물이었다.

〈모자도〉를 처음 보았을 때부터, 다가와와 어린 정성공이 살았다는 이곳 가와우치로 오는 내내 머릿속을 떠나지 않은 또 다른 의문이 있었다. 〈모자도〉라는 그림과 박제가가 엇나가듯 '엄마에게 의지해 살았다'라는 그림의 설명이 내게는 설득력이 부족했다. 제목에서 보듯 아버지 정지룡이 중국으로 떠난 뒤 태어난 성공이 엄마와 단둘이 사는 모습을 그린 것이라고 했다. 그렇다면 아들을 품에 안은 친밀한 모자의 모습까지는 아니라 해도 대리석 조각상처럼 곁에 나란히 서 있는 정도는 되어야 박제가가 쓴 화제의 내용과 부합한다고 할 수 있었다. 그런데 왜 1층과 2층에 따로 떨어져 서로 다른 곳을 바라보는 두 사람을 그렸을까? 내 눈에 〈모자도〉는 '엄마에 의지해 사는 어린 성공'이라기보다는 오히려 '이별을 앞둔 엄마와 아들'로 읽는 것이 자연스러워 보였다. 역사적 사실도 그랬다. 1630년 일곱 살이 된 성공은 아버지가 보낸 배를 타고 중국 취안저우로 떠나고 다가와 혼자 히라도에 남는다. 〈모자도〉의 원래 제목인 '연평초령의모도'에서 '초령髫齡'은 젖니를 갈 나이인 예닐곱 살을 말한다. 역사적 사실과 그림이 말하는 시기가 절묘했다.

영웅으로 추앙받는 인물들의 탄생에는 후대에 덧대진 허무맹

랑한 전설이 끼어들 때가 종종 있다. 정성공처럼 명나라와 청나라가
교체되는 대혼란기에 가장 강력한 해상 세력을 보유했던 바다 제왕
의 탄생에는 어떤 기이한 현상이 있었을까. 가와우치에서 왔던 길을
되짚어가면 센리 해변千里浜이 나온다. 여름 한 철 해수욕장으로 개
장하는 곳이라 인적은 드물었다. 바닷가 공원에 정성공과 관련된 비
석과 조형물이 있었고 곱고 흰 모래밭을 따라가다 보면 해변이 끝나
는 지점에 다다랐다. 유독 검은 바위들이 한곳을 향해 놓여 있어 멀
리서도 유난히 도드라져 보이는 장소가 나타났다. 바로 정성공이 태
어난 곳이었다. 남편 정지룡은 중국으로 떠나고 어느 날 만삭의 다
가와가 이곳으로 와 조개를 줍고 있었다. 별안간 산통이 찾아와 그

녀는 몸을 이끌고 해변의 모래밭에 놓인 큰 바위 곁으로 갔다. 그곳에서 혼자 성공을 낳았다고 전해진다.

파도가 들이치는 것을 막아보려 했던 것일까. 다가와가 정성공을 나았다는 탄생석 주위를 반원형으로 둘러싼 바위들은 마치 정성공을 호위하는 신하나 무사로 보일 만큼 의도적이어서 어떤 부풀린 전설보다도 그의 이미지를 부각하는 데 효과적이었다. 어른 한 사람 몸을 가리기에도 부족해 보이는 저 바위에 기대 다가와는 홀로 성공을 낳아 길렀다. 태어났을 때 이름은 성공이 아닌 복송福松, 후쿠마쓰였다. 역경을 딛고 일어선 불굴의 인물들이 그렇듯 정성공 역시 시기와 상황에 따라 주어진 여러 개의 호칭이 있었다. 어떤 이는 복송이라는 이름에 들어간 '복' 자가 정지룡의 고향인 푸젠성福建省에서 따온 것이라고도 했다. 사실 히라도를 비롯해 일본을 왕래하거나 이주한 중국인들의 대대수는 그곳 출신이었고 그들은 절이며 사당에 늘 '복' 자를 넣어 이름을 짓곤 했다. 성공도 히라도의 다른 아이들처럼 글공부를 했고 검술을 익혔다. 아들이 태어나기도 전에 중국으로 돌아간 정지룡은 이미 다른 여성과 혼인을 했다. 그 뒤 속해 있던 상단의 우두머리 이단이 죽자 그의 세력을 물려받은 정지룡은 날로 세력을 키워가는 중이었다. 그러니 다가와와 아들 성공이 아니었어도 히라도는 그의 영향권에 속했다. 그러다가 다가와만 남겨둔 채 아들 성공을 데리고 가버린 것이다.

땅을 연결하던 대륙의 실크로드가 있듯 히라도는 말하자면 네덜란드에서 동쪽으로 이어진 바다의 실크로드 끝이었다. 이곳에 처음 발을 디딘 상인들은 중국인이었고 뒤를 이어 네덜란드와 영국인이 들어왔다. 대항해의 시대가 열리는 변혁의 시기에 히라도가 있었고 정성공은 운명처럼 이곳에서 태어났다. 그런 바다의 길을 주목하던 조선인, 그가 박제가였다. 조선이 부강해지기 위해서는 국제무역에 나서야 한다고 그는 누누이 말했다. 박제가는 베이징으로 가는 육로를 통한 무역뿐 아니라 바다의 길을 열어야 한다는 주장을 굽히지 않았다. 그런 그에게 통신사를 따라 일본을 다녀온 선배들로부터 전해 받는 정보는 적지 않았다. 박제가에게도 일본에 대한 많은 것이 축적되고 있었을 것이다. 혹시 그중에 이곳 히라도와 정성공에 대한 것도 있었을까?

흥미로운 이야기가 하나 있다. 바로 고구마다. 최북이 동행했던 1748년에 이어 1763년 일본에 온 통신사의 정사였던 조엄이 쓰시마에서 고구마 종자를 처음 조선에 가져와 심은 것으로 역사는 기록한다. 고구마의 원산지는 중앙아메리카로 알려져 있다. 그런 고구마가 일본으로 전해진 이야기가 히라도에 남아 있었다. 이곳에서 생을 마친 윌리엄 애덤스와 관련이 있다. 그가 고구마를 류큐, 그러니까 지금의 오키나와에서 히라도로 가져와 처음 재배를 시작했다는 것이다. 그것이 쓰시마로, 일본열도로 퍼져나갔던 것. 그런데 이 고구마가 박제가의 『북학의』에 다시 등장한다. 그는 자신의 책에서 고구마를 제일가는 구황작물로 여겨 현재 뚝섬과 밤섬 일대에 심기를 권장하고 있다. 종자와 수확한 고구마를 썩지 않게 오래 보관하는 방법에 대해서도 글을 남기는 한편 국가에서 재배를 권장해야 한다는 상소문을 올리기도 한다.

박제가는 최북이 일본을 다녀온 뒤에 태어났다. 그러니 자연스레 최북이 동행했던 때보다는 1763년의 통신사를 통해 얻은 정보가 더 많았을 것이다. 사실이 그랬다. 나이 차이가 제법 있었지만 박제가는 그들 중 여러 인물과 친밀했다. 부산을 떠난 조선통신사의 배는 쓰시마에 정박했다. 바다의 일기에 따라 며칠씩 묵기도 했고 열흘이 넘게 발이 묶이는 경우도 있었다. 일본 본토로 진입하기 전인 이키시마壹岐島에도 통신사 일행이 내렸다. 그해에는 무려 19일을 정박했다는 기록이 있다. 작은 섬이어서 조선에서 온 많은 인원을 감당하기 어려운 경우가 다반사였다. 통신사 일행을 태운 배가 히라도에 오는 경우는 없었지만 이키시마는 히라도 번주의 관할이었다. 모자라는 식량이 번주인 마쓰우라의 명령으로 히라도에서 이키시마로 운송되었다. 그때가 유일하게 조선통신사가 히라도의 사람들과 대면할 기회였다. 그때 서기로 왔던 원중거元重擧는 기록과 기억을 더듬어 일본 지도를 남기기도 했다. 박제가와 마찬가지로 서얼이었던 그는 이덕무와도 가까웠다. 그가 그린 지도 속에 섬 히라도의 지명이 보였다.

히라도에 머무는 동안 저녁이면 늘 작은 파티가 열렸다. 숙소 주인 구로의 친구들이 오거나 숙박 손님들이 합세했다. 그중에 렘코도 있었다. 어디서고 나는 틈만 나면 〈모자도〉를 꺼내 들었다. 모두 처음 보는 그림이라며 신기해했고 그림의 내용을 듣고는 더욱 놀랐다. 히라도에서 정성공은 누구나 아는 유명인이었다. 그때 모두가 만나보라며 이구동성으로 추천한 사람이 다름 아닌 렘코였다. 당연히 일본인인 줄 알았다. 시청 민원실로 들어오는 그를 처음 보고 말문이 막혔었다. 그는 국제 교류를 담당하는 네덜란드인이었다. 그를 보며 오래전 제주도에 표류했던 하멜과 일행을 떠올렸다. 또 그들보다 먼저 조선에 억류되었던 벨테브레이, 한국 이름 박연도 있었다. 조선의 관리들은 그들을 가두거나 희롱했을 뿐 교역이나 교류나 새로운 세상에 대해선 눈을 감았다. 박연은 조선에 남겨졌고 조선을 탈출한 하멜의 배가 고생 끝에 닿은 곳이 하필이면 히라도였다. 그들은 나가사키로 가던 길이었다. 그렇게 렘코는 종종 나의 시간을 수백 년 전으로 되돌리곤 했다.

관광 협회에서 일하는 유카리와 집안의 도자기 가게를 물려받기 위해 고향으로 돌아온 젊은 부부 다테이시와 도모에도 자주 어울렸다. 맨손으로 오는 이는 없었다. 주로 안주를 들고 왔고 구로는 술병을 꺼냈다. 술을 만들었다는 양조장도 역사가 수백 년이었다. 맛있었다. 나는 혹시 히라도 사람들이 즐겨 먹는 술안주가 따로 있느냐고, 이 술과 어울릴 만한 것이 있을 것 같다며 구로를 보챘다. 바닷가에서 카페를 열고 있는 메구가 일어나 주방으로 갔다. 말린 날치였다. 아가미 아래 긴 지느러미가 제 몸만 했다. 도비우오トビウオ라는 표준말 대신 이곳 히라도 사람들은 아고ぁご라 부른다고 했다. 화로에 올려 구웠다. 구로가 다 익은 아고를 내밀었다. '어떻게 먹는 거야?' 눈빛으로 물었다.

몸통만큼 기다란 지느러미는 아고의 날개였다. 타버린 검고 투명한 아고의 지느러미를 떼어내는데 나는 왜 느닷없이 박제가가 떠올랐을까. 하늘을 열망하는 바닷속 물고기라니, 바다의 세계로 떠나고 싶었던 조선의 사내라니……. 나도 구로처럼 아고의 머리부터 입

에 넣었다. 바다의 짠맛이 고스란히 몸에 스며드는 기분이었다. 머리
뼈와 등과 탄내를 풍기는 지느러미가 입천장과 혀에 달라붙었다가
목구멍 속으로 사라졌고 텅 빈 입안엔 아고의 촉감만 생생하게 남
았다. 무엇이 젊은 박제가를 세상과 불화하게 만들었을까. 그는 히라
도에 대해 무엇을 알고 있었을까. 어쩌면 이곳에 왔어야 할 사람은
내가 아니라 그였는지도 몰랐다.

1790년 베이징

일본 여인 다가와

데지마出島는 원래 육지와 동떨어진 인공의 섬이었다. 바다를 메우고 부채꼴 모양의 섬을 만들어 외부 세계와 단절시켰다. 포르투갈의 상인들이 처음 이곳에 거주했다. 천주교의 전파를 막기 위한 에도막부의 조치였다. 그러나 일본인 신자는 늘어갔고 탄압도 심해졌다. 가혹한 형벌과 무거운 세금을 견디지 못한 주민들이 1637년 대규모의 반란을 일으켰다. '시마바라의 난島原の乱'이라 불렸다. 포르투갈의 배는 입항이 금지되었고 대신 히라도에 있는 네덜란드 상관이 이곳 데지마로 자리를 옮겼다. 국제무역항으로서의 역할은 이제 나가사키가 대신하게 되었다.

히라도 네덜란드인 거주지에서 보았던 정방형의 돌난간을 쌓은 우물이 데지마에도 있었다. 섬 북쪽에 있던 다리가 유일한 통로여서 고립된 감옥과 같았지만 그들은 이곳을 작은 왕국처럼 여긴 것 같았다. 1년에 서너 번 성대한 연회를 열기도 했다. 작은 식물원이 있었고 포도도 심었다. 앵무새와 공작도 길렀다고 전하는데 그들이 가져온 애완용 동물에는 개가 많았다. 이곳 데지마로 네덜란드를 비롯한 서양의 학문이 유입되었고 그것이 다시 섬을 나가 일본 내부에 녹아들었다. 데지마는 단순히 교역품이 부려지던 항구로서의 역할만이 아니었다. 새로운 변화의 바람이 드나드는 통로이기도 했다. 의학이며 과학과 무기도 한몫을 했다. 그들 중에 평범하기 그지없는 일상의 한 장면이 내 시선을 끌었다.

〈모자도〉에는 서양풍의 건물만큼 눈에 띄지는 않지만 다른 그림에선 보기 힘든 좀 특별한 소재가 등장한다. 바로 다가와와 정성공이 가슴에 안고 있는 작은 동물이다. 정성공이 안은 것이 개라는 주장에는 이견이 없지만 엄마의 것은 개 또는 고양이로 보는 시각이 나뉜다. 토끼라 본 이도 있었다. 여하튼 개든 고양이든 문제는 왜 그것들을 가슴에 품고 있을까 하는 점이다. 화가는 동물을 안고 있는 두 사람을 그려 무슨 의미를 전하고 싶었던 것일까? 서양식 건물을 히라도의 상징으로 읽을 수 있듯 동물 역시 두 사람에 관해 화가가 말하고자 하는 메시지를 숨기고 있을 성싶었다. 그런데 데지마에 남은 당시의 일상을 그린 기록화 중에 이것과 꽤 유사한 그림이 몇 개 있었다. 네덜란드 상관장의 부인이라는 여인과 가족 초상화 속에서도 안고 있는 개와 고양이가 등장했다. 당시 데지마를 드나들 수 있었던 일본 여자는 기녀가 유일했다. 그들도 마찬가지로 동물을 가슴에 안고 있었다.

일본의 우키요에에도 이것과 유사한 그림이 있었지만 어째서 유독 히라도와 나가사키에서 작은 애완동물을 안고 있는 그림이 나

1790년 베이징

1. <모자도>의 다가와.
2, 3, 4. 히라도와 나가사키에 남아 있는, 동물을 안은 여인들 그림.

1

2

3

4

타나는 것일까? 당시 이 지역에 머물던 외국 여성들의 풍습이 실제로 그랬던 것은 아닐까? 그래서 동물을 안고 있는 여성들이 외국인이 드나드는 무역항의 이미지 중 하나로 사람들에게 각인된 것이었을까? 다가와 역시 두 항구와 무관하다고 볼 수는 없었다. 사실 히라도에 머무는 동안에도 만나는 사람마다 다가와와 성공이 안고 있는 동물이 무엇을 의미하는지 아느냐고 자주 물어보곤 했다. 돌아온 대답은 비슷했다. 그들은 결코 일반인이 아니라는 것. 애완용 고양이나 개를 기르는 일은 귀족이나 기녀에 해당한다는 게 중론이었다. 그렇다면 그들이 가슴에 안고 있는 동물은 단순한 장식이 아닐 가능성이 컸다. 물론 화가도 아무런 이유 없이 그려 넣지는 않았을 것이다.

우선 〈모자도〉에 남긴 박제가의 글을 따라가보자. 그는 다가와를 '종녀'라고 적었다. 일반적인 의견처럼 그녀를 히라도의 유력한 집안의 딸로 볼 수도 있다. 하지만 당시 외국인과 결혼은 결코 흔한 선택은 아니었을 것이다. 물론 정지룡이 오기 전에도 히라도에 몇 년씩 머물던 중국인 상단의 우두머리들과 네덜란드나 영국의 상관장들이 현지 일본 여자를 부인으로 삼는 경우는 흔했다. 어디 그들뿐인가? 그렇게 많은 상인과 인부들도 술과 여자가 필요하긴 마찬가지였을 것이다. 그래서 그들을 상대하는 유흥업소가 히라도를 비롯한 주변의 섬 등에 번창했다는 기록이 있을 정도였다.

결혼할 당시 정지룡은 19세, 다가와는 그보다 한 살 더 많았다고 한다. 당시만 해도 정지룡은 상단의 비중 있는 지위도 아니었고 일을 마치면 배를 타고 언제 떠날지 모르는 한낱 중국 무역상단의 일원에 불과했다. 아무리 마쓰우라 번주의 권유가 있었다고 해도 쉽게 승낙할 문제는 아니었다. 그래서 다가와에 대해 여러 낭설이 따라다녔다. 그녀 역시 외국인을 상대하는 기녀나 몸을 파는 여자였다는 주장과 함께 과부였다는 이야기까지. 또 중국 측의 의도가 다분히 추가된 얘기지만, 정성공의 명성이 높아지면서부터는 아예 그녀가 오래전 중국에서 이주해 온 옹翁씨라는 남자와 일본인 여성 사이에서 태어난 혼혈인이라는 주장까지 더해지곤 했다. 물론 사실로 확인된 것은 아직 없다.

시마바라의 난의 여파는 히라도까지 미쳤다. 외국의 상관들은 폐쇄되었고 그들을 상대하던 일본 여성들과 외국인과의 사이에서 태어난 혼혈아들은 네덜란드 동인도회사의 배에 실려 자카르타로 추방되었다. 과장이 섞였겠지만 한때 오사카나 도쿄에 버금갈 만큼 번영을 누려 '서경西京'이라 불렸다는 국제무역항 히라도의 위상은 그렇게 막을 내리고 있었다. 외국에서 온 무역선은 빠르게 나가사키로 항로를 바꿨고 히라도는 하루가 다르게 세력을 잃어갔다. 그런 상황에서 중국인인 정지룡과 결혼하고 아들까지 낳은 다가와에게도 예기치 않은 문제가 생겼는지 몰랐다. 어린 아들을 떠나보내고 혼자 남은 다가와에 대한 기록은 자세하지 않았지만 여전히 히라도와 이곳 나가사키가 정지룡과 그의 형제들의 세력권 안에 있던 것만은 분명해 보였다. 그렇게 일본을 오가는 그들의 배를 통해 다가와와 아들 사이의 소식이 서로에게 전해졌을 것이다. 그런 와중에 어느 땐가 다가와도 히라도를 떠나 나가사키로 왔다. 그녀는 어떤 사람이었을까?

박제가와 허생과 정성공

데지마에서 멀지 않은 언덕에 나가사키로 이주한 중국인들이 모여 살았다. 히라도 항구가 폐쇄되면서 나가사키의 중국인은 더 늘어났다. 상인들 몇몇이 아니었다. 흡사 중국의 작은 도시를 통째로 옮겨놓은 듯했다. 대부분 정지룡의 근거지인 취안저우 주변의 푸젠성 출신이었다. 자연스레 차이나타운이 형성되었다. 관음보살을 모신 사당이 세워졌고 바다의 여신 마조도 이곳으로 건너와 신전 안에 자리를 잡았다. 중국의 요리법과 차가 퍼졌고 중국 양식의 사찰이 세워졌다. 사람들과 푸젠 지역의 문화를 나가사키로 실어 나른 배도 중국 남방 해안에서는 더 이상 대적할 세력이 없을 정도로 성장한 정지룡의 무역선이었다. 사실 정지룡뿐만 아니라 당시 바다를 오가던 무역 상인들은 해적과 다름없었다. 독자적인 군사력을 확보해 비공식적으로 정부 역할을 대신했다. 그들의 무역선은 나가사키와 중국을, 더 나아가 서방세계를 연결하는 길과 다르지 않았다. 그렇게 네덜란드와 중국에 의해 촉발된 이국의 물화와 문화가 나가사키라는 용광로로 흘러들고 있었다.

나베칸무리야마 공원鍋冠山公園으로 오르는 길은 마치 국제 유적 전시장을 방불케 한다. 네덜란드 언덕을 넘어 오래된 오우라 성당 앞에서 오른쪽으로 길을 꺾는다. 경사진 언덕길로 접어들면 메이지유신과 관련이 깊었던 영국의 무기상 글로버의 정원으로 이어지는 푸른 담쟁이넝쿨과 돌담이 나온다. 길은 언덕을 따라 계속 이어진다. 미로 같은 길을 몇 번 더 굽이쳐 돌아 한참을 올라가면 인적 드문 공원 전망대가 드디어 모습을 드러낸다. 발아래로 나가사키 항구가 한눈에 들어왔다. 멀리 데지마에서 중국인 거주지를 지나 공원으로 이르는 길에 포진한 과거의 시간들이 마치 어제의 일인 듯 생생하다. 그것은 어떤 한 시절에서 다른 시절로 넘어가는 고요하고 일정한 시간의 흐름과는 뭔가 달라 보였다. 격정과 격랑의 파도가 들끓었을 항구 안쪽에 거친 바다를 건너던 서양의 검은 무역선이 지금도 해안가에 묶여 바닷바람을 맞고 있었다.

항구의 전시용 배와 푸른 바다와 이국적인 풍물들이 뒤엉킨 나가사키에서 느닷없이 박지원의 짧은 소설 「허생전」이 떠올랐던 이유를 나는 아직도 잘 모르겠다. 바다 때문이었을까. 아니면 박제가의 어떤 이미지 탓이었는지도 모른다. 아무튼 「허생전」의 어떤 대목들이 이곳 나가사키의 과거 어느 장면들과 겹친다는 어렴풋한 예감이 들었던 것은 맞다. 소설의 내용을 간단히 살펴본다.

밤낮으로 책만 읽던 가난한 선비 허생에게 배가 고픈 아내가

참지 못하고 버럭 소리를 지른다. 책은 이제 그만 읽고 당신의 능력을 보여줘! 허생은 그길로 변 씨라는 부자에게 돈을 빌려 장사에 나선다. 큰돈을 번 허생은 변산반도의 도적을 이끌고 무인도에 정착하지만 자신이 원했던 것과는 달라 그들을 남겨두고 뭍으로 나온다. 시대적 배경은 공교롭게도 청나라에 병자호란의 치욕을 당하고 중원의 명나라가 멸망해가던 혼란의 시기. 이때 부자 변 씨가 어영청 대장 이완과 함께 허생을 찾아와 북벌, 그러니까 청나라를 칠 계책을 구한다. 그러나 허생의 제안에 모두 손사래를 치는 이완. 실질보다는 고루한 예법에 얽매인 사대부의 위선에 일갈을 하고 홀연히 사라지는 의문의 사나이 허생.

그런데 소설 속 허생이 도적들을 이끌고 찾아간 무인도가 하필이면 이곳 나가사키와 멀지 않았던 것. 물론 문학적 허구였겠지만 왜 하필이면 나가사키 근처여야 했을까. 그들이 자리를 잡은 섬에서 수확한 농작물을 내다 팔던 곳도 다름 아닌 나가사키였다. 박지원이 "33만 호가 살던 큰 고을"이라는 구체적인 수치를 적어가며 「허생전」에 나가사키를 등장시킨 이유는 무엇이었을까. 사실 박제가의 『북학의』에도 나가사키가 언급된다. 그것도 국제무역을 통해 조선의 경제를 일으켜야 한다고 주장한 글에서다. 그렇다면 박제가는 당시 나가사키에서 무슨 일이 벌어지고 있었는지 이미 잘 알고 있었다는 이야기가 된다. 그의 목소리를 들어보자.

지난날 일본이 중국과 통상하지 않았을 때에는 우리나라의 중개무역을 통해 북경의 실을 가져갔다. 그래서 우리가 중간에서 이익을 차지

할 수 있었다. 그와 같은 무역이 자신들에게 이득이 안 된다는 사실을 알아차린 일본이 중국과 직접 통상한 이후로 새로 교역한 나라가 30여 개국에 이르렀다. (…) 천하의 진귀한 물건뿐 아니라 중국의 골동품과 서화가 나가사키로 쏟아져 들어오고 있었다.(『북학의』)

「허생전」은 박지원의 장편 여행기인 『열하일기』에 실려 있다. 『북학의』와 『열하일기』는 모두 두 사람이 앞서거니 뒤서거니 베이징을 다녀온 뒤 쓰였다. 『북학의』의 서문을 쓴 사람이 박지원이기도 했다. 그는 자신의 『열하일기』와 『북학의』가 "마치 한 사람의 손에서 나온 듯하다"라고 말할 정도로 두 사람의 생각은 공통점이 많았다. 그런데 「허생전」에 등장하는 인물들의 면면을 보면 묘하게도 바로 정성공이 청나라에 대항하던 시기와 겹친다. 박지원이 이런 사실을 모를 리 없었다. 하필 왜 그 시기를 택해 「허생전」의 배경으로 삼았던 것일까? 허생의 입에 의탁해 고루하고 명분에만 집착하는 조선의 선비들을 통렬하게 질책하는 소설의 내용은 『북학의』에서 박제가가 수도 없이 되풀이하던 주장들과 다르지 않았다. 특별하게도 박지원이 『북학의』의 서문을 썼듯 그가 지은 「허생전」 끝에 짧은 논평을 단 사람이 또 박제가였다. 내용을 조금 풀어서 옮긴다.

허생에 대한 이 글은 대략 「규염객전虬髯客傳」과 「화식열전貨殖列傳」을 섞어서 만든 것이다. 그 안에는 중봉 조헌이 중국에 다녀오면서 올린 상소와, 유형원의 『반계수록』, 이익의 『성호사설』에서도 말하지 못했던 내용이 들어 있다. 문장을 써나간 법은 더더욱 호방하고 활달하다.

자잘한 예법에 구속을 받지 않았으며 비분강개한 뜻을 담고 있다. 압록강 동쪽에서 손꼽을 만한 문장이다. 박제가가 쓰다.

박제가가 예를 든 「규염객전」은 당나라 때의 무협 소설이고 「화식열전」은 사마천의 『사기』에 수록된 글이다. 간단히 말하자면, 전자가 자신들의 새로운 세상을 찾아 떠나는 이들에 관한 글이라면 후자는 상업으로 부를 이룬 사람들의 이야기로 구성되었다. 박제가는 「허생전」이 이 두 전기소설의 내용에 조헌과 유형원과 이익 등 실학파의 선배 격인 이들의 생각이 두루 녹아 있다고 본 것이다. 사실 자신이 쓴 글에 누군가의 평을 받는다는 것은 서로 간의 신뢰가 없이는 불가능한 일이다. 더구나 박제가는 박지원보다 나이가 한참 어렸고 박지원은 이미 당시에 글로써 이름이 높았던 인물이다. 워낙 허물없이 지낸 사이라 해도 그런 박지원의 글에 자신의 생각을 글로 남긴다는 것이 결코 가벼운 일은 아니다. 박지원의 입장에서도 평소 박제가의 생각과 안목에 대한 믿음 없이는 선뜻 제안하기 어려웠을 것이다. 더구나 "압록강 동쪽에서 손꼽을 만한 문장이다" 했으니 약간의 선의가 들어 있다손 쳐도 예사로 한 말로 보기 어렵다. 그만큼 「허생전」의 행간을 꼼꼼히 읽었을 것이다.

이미 여러 차례 말했듯이 처음 〈모자도〉에서 박제가라는 이름을 보았을 때 나는 의심했다. 설령 그가 그림에 남모르는 재능이 있었다고 해도 짧은 기간의 연습으로 극복할 수 있는 성질이 아니라는 얘기다. 또 다른 하나는 왜 하필 그림의 주인공이 다른 누가 아닌 정성공이었을까 하는 의문이다. 내가 이해하고 있던 박제가라는

1790년 베이징

인물은 지나간 과거의 부질없는 명분과는 거리가 멀었다. 당시 청나라는 태평성세를 구가하고 있었고 정성공은 무능과 부패로 멸망한 명나라를 상징하는 과거의 인물에 불과했다. 누구보다 합리적이고 실질적인 학문을 추구하던 박제가였다. 물론 그렇다고 당장의 실익을 위해서라면 명분도 염치도 차리지 않는 실리주의자도 아니었다. 그도 누구보다 병자호란의 치욕을 되새기고 있었고 그런 일을 겪지 않기 위해서는 나라의 힘을 키워야 한다고 굳게 믿는 조선의 선비였다. 그런 마당에 과거의 정성공을 현실로 불러낼 이유는 없어 보였다. 그런 그가 〈모자도〉를 그리다니, 나는 여전히 둘 사이의 접점을 짐작할 수 없었다.

그런데 정성공이 태어난 히라도를 거쳐 이곳 나가사키에 오면서 혹시 박제가를 바라보는 나의 시선이 선입견에 사로잡혀 있었던 것은 아닐까 의심이 들기 시작했다. 그가 생각하는 정성공이라는 인물이 내 판단처럼 그렇게 단편적인 것은 아닐지 모른다는 생각이 떠올랐던 것이다. 단순히 명나라의 마지막을 장식한 장군 정성공의 이미지만이 아닌, 일본에서 남중국의 바다를 건너 동남아시아에 이르는 거대한 해양을 호령하던 국제무역상으로서의 정성공 말이다. 사실 국제무역으로 벌어들인 재물이 아니었으면 청나라와 대적할 군사력도 유지할 수 없었다. 그러니까 박제가의 눈에 비친 정성공이라는 인물은 충성스러운 장군만이 아니라 상인이자 국제인으로서의 이미지가 더욱 크게 다가왔는지도 모른다. 아니, 그렇지 않고서는 박제가와 정성공을 이어줄 근거를 찾을 수 없다고 고백하는 것이 솔직한 심정이었다.

다시 박지원의 「허생전」으로 돌아가면, 허생이 돈을 벌어 도적들을 이끌고 무인도로 들어가는 장면과 정성공이 대륙에서 배를 돌려 타이완을 차지하고 있던 네덜란드를 몰아내고 그곳에 자신들의 정권을 세우는 장면이 내 머릿속에서 겹쳐 보이기 시작했다. 하나는 소설이라는 허구의 상상이며 다른 하나는 역사적 사실이지만 그 둘이 아무런 연관 없이 따로따로 겉도는 이야기로만 보이지 않았다. 박지원이 현실에서 이룰 수 없는 자신의 바람을 허생을 통해 가상의 공간에서 해소하고자 했다면 박제가의 눈에 비친 정성공은 자신이 목청 높여 주장한 새로운 세상을 현실에서 구현한 인물로 여겨지지 않았을까? 소설의 배경을 정성공이 처했던 시대 상황과 같게 설정한 것도 내 이런 추정에 빌미를 제공했다. 박제가에게 바다는 꽉 막힌 조선에 새로운 변화를 가져올 수 있는 가능성의 길이었고 스스로에게는 어떤 탈출의 이미지가 공존하는 공간이기도 했다. 허생과 정성공과 박제가, 그들에겐 바다가 있었다.

나가사키 저녁 거리는 온통 붉은 등 천지였다. 말로만 듣던 '등축제'가 지금 열리는 줄은 까맣게 몰랐다. 축제의 중심은 차이나타운. 좁은 거리로 몰려든 인파로 모두 제자리걸음이었다. 사과처럼 붉고 탐스러운 등이 산 아래 절 마당까지 길게 늘어졌다. 인파에 떠밀려 차 없는 보행자의 거리에 들어선 건 내 의지가 아니었다. 거리를 메운 긴 행렬이 반대편에서 몰려왔다. 축제의 백미였다. 등으로 만든 거대한 조형물은 끝이 보이지 않았다. 수염을 기른 공자상과 칼을 든 관우가 마차에 실려 다가왔다. 기린과 용과 또 이름을 알 수 없

는 전설상의 동물들이 줄을 이었다. 그리고 마침내 행렬 속에서 나타난 바다의 제왕 정성공. 거짓말처럼, 어려서 어미 곁을 떠난 성공이 나가사키의 거리에 돌아와 있었다.

　홀로 키우던 아들을 기약도 없이 떠나보내는 것을 마지막으로 〈모자도〉와 다가와의 인연은 끝나는 것이라 생각했다. 그녀는 성공한 아버지 정지룡의 곁으로 보내는 것이 더 나은 선택이라고 판단했는지도 모른다. 어쨌거나 일본 땅에서 정성공은 혼혈인이자 경계인일 수밖에 없었다. 선택의 여지는 좁았다. 제목만 보면 〈모자도〉의 주인공은 어린 성공이지만 그림만으로 판단하면 오히려 엄마 다가와가 주인공에 더 가까웠다. 그녀의 위치나 묘사 등 모든 면에서 그랬다. 그게 아니라면 성공은 2층 난간에서 등을 돌리고 서 있을 게 아니라 엄마 다가와 옆에 와 있어야 한층 자연스러웠을 것이다. 그런데 화가는 무슨 이유에서인지 그런 구도를 유도하지 않았다. 제목과는 어울리지 않는 구도와 형식. 아직은 그림 속에 두 사람에 관한 못다 한 이야기가 남아 있는지도 몰랐다. 히라도에서 일곱 살 아들과 헤어졌던 다가와도 이곳 나가사키에서 배에 올라 성공이 살고 있는 중국 취안저우로 향했다. 1645년 4월이었다.

도모노우라,
친구라는 그 말

　　그림 〈모자도〉의 실체 혹은 진실에 다가가는 길은 여러 경로
를 거치게 된다. 사실에 기반을 두고 있으니 역사적 접근이 요구되
고 또 그림 곳곳에 남겨진 화가의 의도와 상징을 해석하는 일도 필
요하다. 우선은 눈 덮인 후지산과 2층의 서양식 건물이 등장하는 이
유, 그리고 다가와가 안고 있는 고양이 혹은 개의 숨겨진 의미에 한
걸음 가까이 다가간 듯 보였지만 변수는 여전했다. 속단은 일렀다.
또 하나 가장 근본적인 숙제가 있었다. 바로 〈모자도〉의 과거, 즉 탄
생의 비밀에 관한 것이다. 박제가의 글에 따르면 〈모자도〉의 원작자
는 조선의 '최씨'다. 최씨로는 현재까지 최북 이외의 다른 인물을 상
정하기는 어려웠다. 그렇다고 반드시 그라는 뚜렷한 증거가 있지도
않았다. 다만 가장 가능성 높은 추정에 해당할 뿐이다. 그는 1748년
화원의 자격으로 일본에 왔었다고 했다. 부산을 떠난 통신사의 배
는 쓰시마를 거쳐 오사카로 가는 동안 늘 바닷가 마을에 묵었다.

최북, <푸른 바다의 해돋이를 보다>

최북이 동행했던 통신사의 행로는 자세했지만 그의 개인적인 여정에 관한 기록은 남겨진 게 없다. 그렇다고 나가사키에서 곧바로 오사카로 가기도 뭣했다. 그렇게 지도를 들고 살펴보던 내 시야에 걸려든 항구가 도모노우라鞆の浦였다. 시모노세키를 지난 통신사의 배가 오사카만에 들어서기까지의 항로에서 꼭 중간에 해당하는 곳이었다. 하필 그곳이 조류의 흐름이 바뀌는 지점이라고 했다. 순조로운 항해는 조류에 기댔다. 그곳에 정박하며 조류의 흐름이 바뀌길 기다렸다가 동쪽으로 서쪽으로 방향을 잡았다. 그 덕에 거의 모든 배가 도모노우라에 정박을 했다는 이야기에 귀가 더욱 솔깃했다. 당연히 조선통신사도 이곳에 묵었으니 최북도 예외일 수 없었다. 후쿠야마福山 역에 내려 관광안내소로 가 숙소를 예약했고 역 앞에서 노선버스를 올라타자 버스는 강을 건너 남쪽으로 달렸다. 한적한 수평선이 시야를 가득 채웠다.

　　〈모자도〉에 대한 생각을 잠시 내려두고 내심 한적한 바닷가에서 모처럼 사치를 누리려는 속셈으로 찾아든 도모노우라의 바다는 흐렸다. 무거운 납빛 하늘이란 저런 걸 두고 하는 말이었다. 버스 종점에서 내려 조금 걸어가자 항아리처럼 움푹 들어간 항구가 나타났다. 배들은 항구 안쪽에 굴비처럼 묶여 있었고 바다 쪽에서 습한 바람이 불어왔다. 비라도 내릴 태세였다. 항구의 동쪽으로 갔다. 어두운 바다를 향해 수평선과 나란히 뻗은 방파제가 파도를 맞고 있었다. 위치와 쓰임새에 맞춰 막돌을 다듬어 쌓았는데 아름답고 섬세했다. 방파제도 그럴 수 있다는 걸 처음 알았다. 이곳에 조선을 떠나온 통신사 일행의 배들이 돛을 내렸을 것이다. 그들 중에 화가 최북이 있었다. 대략 500명에 달하는 인원이었다. 방파제는 가팔라 배에서 곧장 오르기가 쉽지 않아 보였다. 바다 쪽 경사면에 일정한 간격을 두고 좁은 계단을 만들어 사람들이 뭍에 오르는 것을 도왔다.

　신기했다. 작은 항구라 여겼는데 통신사의 흔적이 말 그대로 흔했다. 어딜 가나 그들이 남긴 것들이 불쑥불쑥 나타나 걸음을 멈추게 만들었다. '일본에서 가장 아름다운 풍경'이란 글씨가 걸려 있는, 누마루에서 바라보는 바다의 경치가 그만인 후쿠젠지福禪寺에도 누군가의 시와 그림이 있었다. 모두가 조선에서 온 사람들이 남긴 것들이었다. 수백 년 동안 도쿄를 왕복한 통신사 일행 대부분이 이곳에 머물렀다니 그럴 만도 했다. 그만큼 사람들이 많이 찾는 항구라선지 도모노우라에는 호메이슈保命酒라는 이름난 술도 자랑이었다. 선착장 가까운 곳에 마을에서 가장 오래된 양조장이 있었다. 문 앞에 놓인 술은 공짜였다. 꿀처럼 달았다. 이름 그대로 술이라기보다는 약에 가까워 마시고 나면 입술이 끈적거릴 정도였다.

　마을 언덕에 전시물이 알찬 사료관에도 자주 들렀다. 그곳에는 늘 보아도 기특한 녀석이 하나 있었는데 바로 그 호메이슈를 담았던 술병이었다. 울긋불긋 앙증맞은 병 표면에 누군가 글씨를 남겨놓았다. 맘껏 휘갈겨 써 알아보기 힘든 시구 끝에 겨우 '조선朝鮮'과 '엄루嚴樓'라는 글자를 구별할 수 있었다. '엄루'가 어느 조선인의 호라면 술병 위의 글씨는 그가 직접 썼거나 아니면 그가 남긴 시를 이곳 도모노우라의 누군가 나중에 써넣은 것일 수 있었다. 어쨌거나 이렇게 먼 이국의 땅에 잠깐 머물던 누군가의 흔적이 저렇게 온전히 남아 전했다. 누구였을까. 먼 이국의 바닷가에서 술에 취한 어느 밤이

호메이슈 술병.
왼쪽에 '조선'과 '엄루'라는 글자가 보인다.

었을까? 늘 술과 더불어 많은 기행을 남겼던 최북은 그 밤 어디서 무엇을 하고 있었을까.

방파제가 내려다보이는 가파른 언덕의 작은 절에 자주 올랐다. 늘 인기척은 없었다. 절집이 서쪽을 향해 앉아 있어 늦은 오후 이곳으로 와 지는 해를 보는 것이 하루의 마침이기도 했다. 바닷가 언덕 꼭대기에 자리를 잡아 바람이 거셌고 마당에서 혼자 절집을 지키던 난로는 엎어져 연통이 나뒹굴기 일쑤였다. 쓰러진 난로를 일으켜 세우고 우그러진 연통을 이리저리 돌려가고 맞추고 나면 햇살은 항구의 바닷물 위에서 눈부시게 반짝이다 서쪽으로 빠르게 몰려갔다. 사방에 거칠 것 하나 없는 절벽 위에서의 바다는 아찔하고 충동적이었다. 도모노우라 골목마다 통신사 일행이 묵었던 탓이겠지만 그들이 남기고 간 무엇인가 느닷없이 나타났다. 글을 청하던 일본인들

1790년 베이징

앞에서는 바다 건너 고국이 먼저 떠올랐을까. 이곳에도 '조선국朝鮮
國 화암花菴이 쓰다'라는 누군가의 필적이 빛바랜 현판 위에 고스란
했다.

　　해안가 절벽에서 바라보는 망망한 바다 때문에 나는 가끔 최북
의 그림 〈해돋이〉를 떠올렸다. 그저 넓고 푸른 바다 한가운데 붉은
해가 떠오르는 작은 그림. 그가 〈모자도〉의 최씨였을까? 하지만 남
겨진 그의 그림에서 〈모자도〉와 관련된 흔적을 찾아내기란 처음부
터 불가능에 가까운 일이었는지도 몰랐다. 박제가가 〈모자도〉를 최
씨가 일본에서 가져온 밑그림을 보고 그렸다고 했듯이, 현재 남은
〈모자도〉와 최북이 그렸다는 원본 사이의 같고 또 다른 점이 무엇인
지 누구도 짐작하기 어려웠다. 〈모자도〉와 관련해서는 박제가가 남
긴 '최씨'라는 기록 말고는 아무것도 손에 잡히는 것이 없었다. 통신
사를 따라 이곳을 지났을 최북도 어느 새벽 저 바다 위로 떠오르던
붉은 해를 보았을까.

　　도모노우라에서 사흘을 묵을 예정이었는데 마지막 날은 이미
예약이 차 있었다. 오래된 점포를 개조한 숙소의 2층 방 가운데를
한 아름이 넘는 들보가 가로질렀다. 바닥에 누우면 늙은 나무가 앞
에 서 있는 듯했다. 바닷가 항구의 밤은 빨리 찾아와 사방은 적막했
고 나무로 지은 집은 수많은 소리를 냈다. 바람 탓이었을 것이다. 내
게 말이라도 건 듯 소리가 나는 쪽으로 몸을 돌렸다. 최북과 그 많
던 조선인들은 어디에서 고단한 몸을 누였을까. 둘째 날 아침 숙소
주인 마쓰이 씨가 방문을 두드렸다. 일회용 녹차와 과자가 담긴 접

시를 내밀며 괜찮다면 자기 집에서 하루를 묵어도 된다고 했다. 바다가 주는 선물 같았다. 그녀의 집은 내 오후의 놀이터인 언덕 위 텅빈 절집 바로 아래였고 숙소에 딸린 식당에서 보았던 앳된 청년, 생전 처음 받아본 '사시미' 아침상이 어떻게 먹는 것인지 알려주던 그가 그녀의 아들이었다. 다음 날 일찍 짐을 쌌다. 아들을 따라 숙소를 나서는 내게 그녀는 질문도, 그렇다고 허락을 구하는 것도 아닌 말을 흘렸다.

"고양이 열한 마리와 같이 사는데 괜찮지요?"

일을 마치고 고양이들과 함께 돌아온 그들과 식당에 모였다. 아들 다이스케는 맥주를 좋아했고 마쓰이 씨와 나는 와인을 마셨다. 나는 이제 대학을 갓 졸업한 그가 어떤 이유로 고향으로 돌아왔는지 궁금했고 두 사람은 내가 왜 도모노우라에 오게 되었는지 의아해했다. 그들이나 나나 사연은 길었다. 가끔씩 고양이가 마쓰이 씨 무릎에 올랐다. 내가 매일 오후 언덕을 오르던 길가에 널브러져 해바라기를 하던 녀석들과 닮아 보였다. 어쩌면 우리는 구면인 셈이었다. 다이스케는 절대 방문을 열어두지 말라고 신신당부를 했다. 녀석들은 눈 깜짝할 사이에 방으로 들어와 침대 밑으로 사라졌다. 그렇게 계통 없는 대화를 이어가다가 나는 잘못 들었나 했다. 마쓰이 씨 입에서 '친구'라는 말이 흘러나와 내 귀에 꽂혔다. 분명 발음이 '친구'였다. 놀라 물었다.

"친구라니요?"

"여기 도모노우라 노인들은 '친구'라는 말을 써요. 친구, 친구, 프렌드. 어려서부터 오래 알고 지낸 사람끼리는 서로 그렇게 불러요,

1790년 베이징

친구라고. 아, 여자들은 아니고 남자들끼리만요."

바람을 넣은 듯 양 볼이 빵빵한 잿빛 고양이 한 마리가 벗어 놓은 슬리퍼 위에 자리를 잡았다. 술기운이 확 달아났다. 친구라 니…….

항구 건너편 산 중턱에 있는 작은 신사도 사람들의 발걸음이 뜸하긴 매한가지였다. 길이 가팔라 숨이 찼다. 나무가 우거진 어둑한 숲에 끝물의 동백꽃이 떨어져 내렸다. 젊은 여자 둘이 산길을 내려왔다. 길이 좁아 걸음을 멈추고 몸을 비틀었다. 참느라고 참았는데 내 가쁜 숨소리를 들었는지 등 뒤에서 누군가의 목소리가 들렸다.

"올라가면 풍경이 감동이에요."

떨어진 삭정이가 있었고 무너진 돌무지가 좁은 산길을 메웠다. 드디어 동굴 입구 같은 하늘이 열렸다. 흡사 뒤뜰만 한 평지가 오르막의 끝이었다. 한 칸 넓이로 지은 목조건물이 바다를 바라보았고 누군가 놓고 갔을 색색의 종이꽃이 문고리에 매달려 풍경처럼 흔들렸다. 몸을 돌리자 도모노우라의 항구와 먼바다와 점점이 떠 있는 섬들이 눈으로 쏟아져 들어왔다. 그들의 말이 맞았다.

배에서 내려 방파제에 오른 통신사 일행은 신분에 따라 정해진 숙소로 나뉘었다. 정사를 비롯한 대표들은 마을의 절에서 묵었다. 가장 많은 인원은 노를 젓는 자들과 노비들이었다. 그들은 따로 마련된 민가 근처에서 합숙했다. 작은 항구 마을은 조선에서 통신사가 도착하는 날이면 시장처럼 북적였을 것이다. 양측의 대표들은 후쿠젠지의 누마루에서 인사를 나누고 시를 지었고, 최북과 같은 화가들은 몰려드는 그림 주문에 입맛을 잃을 정도였다고 했다. 이도 저도 마땅히 할 일이 없던 자들은 어디서 무엇을 하며 이국에서의 긴긴 밤을 보냈을까? 저 아래 등대 근처에서 바다의 날씨를 살피던 도모노우라의 어부들과 몰래 어디론가 숨어들어 술이라도 한잔 걸쳤을까? 서로 말 한마디 통하지 않던 사내들끼리 어찌 말을 섞어 대화를 이어갔을까? 그 밤의 거리가 궁금했다.

특별한 일이 생기지 않는 한 도모노우라에서 하루 이상 머무는 경우는 보지 못했다. 그렇지만 돌아오는 길에 여기를 그냥 지나치는 경우도 없었다. 나중에 안 일이지만 도쿄에서 나라의 공무를 무사히 마친 통신사 일행은 늘 이곳에 들러 긴장을 풀며 휴식을 취하는 것이 상례였다. 그래서 조선에서 일본을 다녀온다는 것은 도

모노우라에 묵는다는 말과 같다는 얘기가 떠돌 정도였다. 그렇게 대표들이 풍광 좋은 누각에 앉아 절 안팎으로 펼쳐지는 장쾌한 바다를 노래하며 흥에 들떴을 때, 노를 젓던 김혹불金或不과 노비 돌이 乭伊는 어디서 무얼 하고 있었을까? 떠날 새벽이 밝아왔고 다시 만날 기약도 없는 사내들은 서로의 붉은 눈을 멀리서 바라보는 것으로 작별 인사를 대신했을까? 거친 하룻밤 끝에 영영 이별이었다. 누군가 시와 그림을 남겼듯 그들이 이곳 도모노우라에 떨구고 갔을까, 친구라는 그 말.

오사카 1.
<모자도>와 최북

〈모자도〉를 보면 가끔 이런 생각을 하게 된다. 이 그림은 언제 그려졌을까? 글을 남긴 박제가는 그림의 유래에 대해서는 세세하게 적으면서 정작 〈모자도〉를 언제 그렸는지 짐작할 수 있는 어떤 단서도 남기지 않는다. 물론 이런 경우가 없지는 않다. 하지만 가볍게 흥이 일어 그린 그림도 아닌, 인물은 어떻게 배치할 것이며 화면의 구도와 디테일까지 면밀하게 신경을 쓴 〈모자도〉 같은 그림에 그린 때를 적지 않는 경우 역시 흔치 않다. 그림이 내포하고 있는 어떤 위험 때문이라 이해할 수도 있지만, 그렇다면 아예 처음부터 아무것도 남기지 말거나 아니면 적어도 박제가라는 이름은 쓰지 말았어야 한다는 것이 일반적인 상식에 가까웠다. 하여튼 늘 어딘가 수상쩍었고 뭔가 어긋났다.

막막함을 감추고 무모하게 〈모자도〉의 진실을 찾아보겠다고 나서면서 가장 난감했던 부분 중 하나가 바로 최씨, 즉 화가 최북과 관련된 부분이었다. 〈모자도〉를 그린 사람이 박제가 자신임을 떳떳이 밝히면서 어째서 이 그림의 원작자의 이름을 최씨라는, 보기에 따라서는 일부러 그런 것이 아닐까 의심이 가는 애매한 상태로 남겼던 것일까? 박제가 생전에 일본에 다녀온 화가 중 최씨 성을 가진 이는 최북 외에는 없었다. 그런 까닭에 최씨가 최북일 것이라는 추정은 나름 합리적인 추론에 속했다. 현재 일본에는 그 당시 최북이 그린 것으로 보이는 그림이 여럿 있다. 그도 그림을 그리고 나서 도모노우라에 묵었던 통신사처럼 자신의 이름 앞에 '조선'이란 두 글자를 빠뜨리지 않았다. 조선 땅이 아닌 곳에서 그렸다는 반증으로도 보였다. 하지만 문제는 현재 그가 남긴 그림들이며 어떤 행적에서도 〈모자도〉와의 연관성을 추적할 수 있는 물증이 발견되지 않는다는 데 있었다.

1748년 2월 부산을 떠나 쓰시마를 거쳐 도모노우라에 묵은 화가 최북은 4월에 이곳 오사카에 도착한다. 수백 명에 이르는 인원 모두가 도쿄로 가지는 않았다. 정사를 비롯한 수행원들은 도쿄로 떠나고 나머지 사람들은 오사카에 남았다. 그때 최북이 도쿄를 수행했는지 아니면 이곳에 남았는지는 알 수 없다. 그해 6월 정사 일행이 공식적인 업무를 마치고 도쿄를 떠나던 날 "일본의 의원과 화원들이 와서 통신사의 화원과 의원에게 작별을 하였는데 모두 눈물을 줄줄 흘렸다"라고 당시 기록이 전하는데 최북이 그 자리에 있었는지도 역시 확인되지 않는다. 아무튼 통신사 일행은 7월에 오사카로 돌아왔고 8월에 부산항에 닿았다. 화가 최북이 일본에 남긴 것은 몇 장의 그림 외에는 없었다. 대신 그가 일본으로 떠나오기 전 타인이 기록한 그의 목소리가 따로 전했다.

일본으로 가는 선발에 뽑힌 것은 국가의 명이라 감히 사양할 수 없습니다. 사람이 좁은 땅덩어리에 태어나 본 것이라고는 수백 리에 불과해서 높은 산을 오르고 큰 강을 바라보는 것만큼 마음을 넓힐 만한 것이 없습니다. 제자백가의 책을 두루 읽는다 하더라도 옛사람의 진부한 자취에 불과하니 현실에 파묻힐까 염려되어 결연히 떨치고 가려 합니다. 장차 바다를 건너 동쪽으로 가서 천하의 기문과 장관을 보고 천지가 넓고 크다는 것을 알고 돌아오려 합니다.(이현환, 『섬와잡저』, <호생관 최북>전, 국립전주박물관, 2012)

도톤보리道頓堀에서 멀지 않은 사찰 혼간지本願寺는 오사카에 온 조선통신사 일행이 머물던 숙소였다. 이곳에서도 최북은 그림만 그렸다. 아니, 그렸다기보다 '그려댔다'라는 표현이 어울릴 정도로 주문이 쇄도했다. 그때의 그림들은 최북이 조선으로 돌아간 뒤 몇 해 지나지 않아 오사카의 화가 오오카 슌보쿠大岡春卜에 의해 책으로 만들어졌다. 그의 그림을 목판으로 새겨 찍은 책 안에 "무진년 (1748년) 여름에 방문하다"라는 기록이 있었다. 당찬 포부를 안고 이곳에 온 최북은 무엇을 보고 들었던 것일까. 그 속에 정성공과 관련된 것이라도 있었단 말인가. 그림을 제외하면 오사카에서 최북의 행적은 묘연했다. 무엇을 써서 남길 겨를도, 그가 기대했던 호연지기를 펼칠 쯤도 없어 보였다. 그런 저간의 사정을 겨우 엿볼 수 있는 기록이 전한다. 당시 최북을 만난 일본인 마쓰자키 간카이松崎觀海라는 인물이 남긴 필담이었다. 그가 최북과 동행했던 또 다른 화원 김계승金啓升에게 이름과 호를 물은 다음 최북에게도 이름과 관직을 묻는다.

"당신의 성명은 무엇이며 지금 무슨 관직에 있소?"
"호號가 거기재居其齋요. 몹시 바빠서 물음에 대답하지 못하겠소."
(이원식, 『조선통신사』, 민음사, 1991)

최북은 칠칠七七이라는, 이 역시 남다른 느낌을 주는 호로 널리 알려졌지만 실제로 거기재라는, 농담 같고 풍자의 의미가 농후한 호를 함께 썼다. 그는 기행으로 유명세를 탔지만 사실 기행만큼이나 자조적이고 자의식이 강한, 요즘으로 말한다면 예술적 기질이 넘치는 시인이기도 했다. 필담에서 보듯 그는 바빴다. 이곳 혼간지 어딘가에서 식음도 거른 채 날렵히, 때론 지치고 지겨운 붓질로 밤을 새던 조선에서 온 화가 최북이 있었다. 그런 그가 과연 〈모자도〉를 그릴 엄두를 낼 수 있었을까, 의문이 들지 않을 수 없었다. 설령 그런 충동이나 계기가 있었다고 해도 〈모자도〉 같은 종류의 그림을 잠깐 동안에 그려낼 수는 없는 일이었다. 더구나 그림을 완성한 뒤 밑그림을 그려서 조선으로 가져갔다고 했는데 그럴 여유나 있었을까? 박제가의 글에서 최씨와 관련된 부분을 좀 더 살을 붙여 다시 읽어보자.

> 우리나라 최씨라는 화가가 예술로 일본에서 노닐다가 어린 성공과 엄마를 위해 그림을 그린 다음 초고, 즉 밑그림을 가지고 돌아왔다. 이제 최씨는 죽고 그 밑그림이 내 선생님 댁에 남아 있어 이를 보고 그렸다.

최씨가 최북이라는 전제 아래 살펴본다. 박제가의 글대로라면 최북이 어떤 이유인지는 모르겠지만 일본 어디에선가 다가와와 아들 성공을 위해 그림을 그린 다음 밑그림을 조선으로 가져왔고, 그가 죽은 뒤 그 밑그림이 박제가의 스승 댁에 남아 있어 이를 보고 박제가가 다시 그렸다는 얘기가 된다. 다소 복잡하고 혼란스럽기는 하지만 일단 있는 그대로를 전제로 두자. 그렇다면 박제가의 이 기록은 모두가 사실일까? 따져볼 것이 적지 않다.

1748년 당시 일본에서 그렸을 것으로 추정되는 그림뿐 아니라 현재 실존하는 최북의 그림은 꽤 많다. 어디를 봐도 그의 그림이지만 그것들은 전통 회화라는 상식적 범위를 크게 벗어나지 않는 작품들이었다. 하지만 〈모자도〉는 그런 그의 그림들과도 화풍이 전혀 다르다. 〈모자도〉에서 최북의 그림 스타일과 유사한 점을 찾기가 매우 어렵다는 얘기다. 물론 현재의 〈모자도〉는 최북이 아닌 박제가가 그린 것으로 되어 있다. 그러니 최북이 일본에서 가져온 밑그림을 바탕으로 그린 박제가의 〈모자도〉에서 최북의 필치나 흔적을 찾는 것은 애초부터 어리석은 일이었던 셈이다. 구도 정도는 비슷하지 않을까 예상해볼 수 있어도 세부나 색채 등은 짐작도 하기 어렵다. 결국 최북과 〈모자도〉의 실질적인 관계는 밑그림을 제공했다는 박제가의 기록에서만 의미를 가질 뿐 실체적 증거는 없는 것과 같았다.

필담에서도 보았듯이 일본에서 최북은 매우 바빴다. 밥을 먹을 시간도 부족했고 새벽까지 그림을 그리는 일도 잦았다. 그런 상황에서 〈모자도〉의 원본에 해당하는 그림을 그린다는 것은 어떤 경우를 상상할 수 있을까? 설령 지금의 그림과 많이 다른, 좀 더 간결한 그림이었다고 해도 이런 종류의 그림은 생각할 시간뿐 아니라 그림 자체를 완성하는 데에도 품이 많이 든다. 그런 이유만으로도 최북이 자발적으로 이런 그림을 그렸다는 것은 설득력이 약하다. 물론 다른 가정도 가능하다. 박제가의 기록에서 최북은 '밑그림'만을 조선으로 가져왔다고 했다. 그렇다면 원본은 일본에 두고 왔다는 말이 된다. 왜 그랬을까? 자신이 그린, 평소 최북의 그림 그리는 스타일과 비교하면 무척이나 공을 많이 들인 이런 그림을, 더구나 다른 이도 아닌 정성공과 관련된 그림을 그리고 나서 원본을 가져오지 않았다

오오카 순보쿠가 편집한
최북의 그림. 오른쪽에 '조선 화원
거기재居其齋'라 쓴 글씨가 보인다.
옆 무진년戊辰年은 1748년으로
최북이 일본을 다녀간 해.

朝鮮畫員居其齋筆

寬延戊辰年夏來朝

는 것은 그만큼 결정적인 이유가 있었다는 얘기가 된다. 그게 무엇이었을까?

어쩌면 〈모자도〉의 원본은 최북의 자발적인 선택이었다기보다 누군가의 요청이나 부탁으로 그렸을 가능성이 점쳐진다. 그것이 좀 더 설득력이 있었다. 통신사의 대표인 정사나 부사의 명령이 있었던 것일까? 그런 상황도 쉽게 수긍이 가지 않는 대목이다. 그럴 이유도 마땅치 않고 더구나 왕명을 받고 공적인 임무를 수행하는 한 나라의 대표들이었다. 알다시피 당시 조선에서는 정성공이라는 이름을 입에 올리기조차 꺼렸는데 굳이 일본에서 그런 별스러운 일을 벌일 이유는 없어 보였다. 설령 그렇다고 해도 완성된 그림을 가지고 오면 되지 그걸 일본에 두고 올 까닭이 있었을까? 이건 가능성이 매우 낮은 추론이다.

조선과 다르게 일본에서는 정성공의 일대기를 소재로 공연을 하는 것이 일상이었다. 그런 상황을 고려해본다면 이곳 유력 인사의 부탁으로 그려진 것은 아닐까 예상할 수도 있었다. 조선에서 그림 잘 그리는 화가가 왔으니 이참에 얻어볼 요량으로 어렵게 청을 넣었다고 하자. 그렇다면 그는 어떤 그림을 주문했을까? 아니, 〈모자도〉가 현존하니까 이 그림과 유사한 내용을 최북에게 부탁했다고 보는 게 합리적이기는 하다. 그래도 좀 이상하지 않은가? 일본에서 정성공의 대중적인 이미지는 뛰어난 장군이자 영웅이었다. 그러니 이왕 정성공을 소재로 그림을 청했다면 당연히 그런 그의 이미지에 어울리는 장면이나 상황을 선택하는 것이 일반적인 예상이다. 청나라에 대적하던 장군 정성공의 가장 빛나는 순간. 이를테면 전함의 뱃머리에 서서 군대를 호령하던 위세 당당한 모습 같은 것 말이다. 그런데 왜 하필 어린 성공과 다가와를 그렸던 것일까? 그래야만 했던 특별한 이유라도 있었단 말인가?

설령 백번 양보해서 그런 정황 아래 그려진 그림이라면 실물이든 기록이든 일본 어딘가 남아 있어야 마땅한 일이다. 당시 최북이 남긴 그림과 글씨는 물론 도장까지 인쇄해 전해진다. 그런 마당에 〈모자도〉와 같이 특별한 의도 아래 그려진 그림의 원본은 물론이려니와 그에 관한 기록이 아무것도 전해지지 않는다는 것은 상식 밖이다. 결국 가장 최악의 상상은, 어떤 이유로든 최북이 그림을 그렸으되 그에 관한 아무런 기록조차 남기지 않았을 뿐 아니라 불행하게도 그림마저 사라져버렸다고 가정하는 경우다. 정말 그럴까? 아무리 범위를 넓혀 상황을 유추해봐도 대답은 역시 시원치 않았다. 처음부터 의문에 의문이 꼬리를 물게 만들던 〈모자도〉처럼 박제가가 쓴 화제의 내용 역시 마찬가지였다. 도무지 상식적이지가 않았다. 무엇이 잘못된 것일까?

떠나고 남겨진 사람들

정성공은 에도시대의 극작가 지카마쓰 몬자에몬近松門左衛門에
의해 새롭게 태어난다. 〈고쿠센야갓센國姓爺合戰〉이다. 제목에서 보이
는 '고쿠센야國姓爺'는 정성공을 가리키는 또 다른 호칭 중 하나다.
'국가의 성을 받은 어른'이란 의미로 청나라와 전투를 벌이던 때 황
제로부터 황실의 성인 주朱씨를 하사받아 그렇게 불린다. 〈모자도〉
의 원래 제목에서 보이는 '연평'처럼 정성공을 말한다. 그러니까 '고
쿠센야갓센'을 풀어 쓰면 '정성공의 전투'가 된다. 대중적인 흥행을
염두에 두고 쓴 극본이니만큼 극의 전개는 역사 속 정성공의 일대
기와는 많이 다르다. 정성공의 아버지 정지룡은 무역 상인이 아닌,
청나라의 침략을 피해 일본에 망명한 명나라의 충신으로 그려진다.
그가 히라도에서 일본 여인과 결혼을 해 낳은 아들 성공도 극 중에
서 와토나이和藤內라는 인물로 바뀐다. 실제로 청나라에 패하고 타
이완에서 서른아홉의 나이로 숨을 거두는 정성공과는 달리 와토나

이는 아버지 정지룡과 함께 중국으로 건너가 적들을 몰아낸다는, 영웅적인 인물들의 해피엔드가 전체적인 줄거리다.

일본에서 태어난 인물에다 영웅적인 서사와 재미가 더해져 〈고쿠센야갓센〉은 1715년 이곳 오사카의 극장 다케모토자竹本座에서 초연을 한 뒤 무려 17개월 동안 흥행을 이어갔다고 한다. 비록 역사적 사실과는 전혀 다르게 전개되는 이야기지만 대본에는 정성공과 관련된 실제의 지명들이 심심치 않게 나온다. 히라도와 다가와가 혼자서 성공을 낳았던 센리 해변도 거론되지만 극 중에서 전개되는 장면은 다르다. 청년으로 자란 정성공이 현재 탄생석이 있는 바닷가에서 도요새와 조개의 싸움을 본 뒤 병법을 깨닫는다는 식이다. 일곱 살의 어린 성공이 엄마와 헤어지는 일도 없고, 장성한 와토나이는 히라도에서 일본 여인과 결혼을 한다. 일본의 영웅도 아닌, 그것도 그가 죽은 뒤 불과 수십 년도 지나지 않아 그의 이야기가 오사카의 극장에서 관객들을 만나고 있었다. 그만큼 정성공은 대중적인 관심과 인기를 얻고 있던 인물이다. 그들의 뇌리에는 어쩌면 단순히 절반의 일본인인 전쟁 영웅으로만 기억되지는 않았던 듯하다. 박제가가 말한 것처럼 나가사키로 들어온 것은 무역품만이 아니었다. 그동안 대륙에서 한반도를 통해 일본으로 전해지던 선진 문물과 지식이 이제는 무역선을 타고 곧장 그들에게로 올 수 있었다. 그 배경에는 늘 정성공이 자리하고 있었다.

오사카는 물의 도시다. 도시 북쪽의 요도가와淀川 강물을 시내로 끌어들여 수로를 만들었고 수로를 따라 배에 실려 온 물건들이 사방에 부려졌다. 도톤보리는 그런 수로 변의 중요 선착장 중 한 곳이었다. 부산을 떠나 도모노우라를 거쳐 온 조선통신사의 배도 이곳으로 들어왔다. 그때처럼 도톤보리는 여전히 화려하고 눈부시다. 바쁜 걸음이 쏟아져 지나가는 골목 가장자리, 사람들 사이로 언뜻언뜻 비치는 작은 화강암 비석과 포스터 속 늙은이를 눈여겨보는 이는 이제 없었다. 포스터 속 인물이 지카마쓰 몬자에몬이었고 저 자리에 〈고쿠센야갓센〉을 처음 공연했던 극장 다케모토자가 있었다.

　　최북이 다녀가고 10여 년 뒤 다시 이곳을 찾은 통신사의 일행들 중 원중거라는 이가 있다. 앞에서 보았듯 박제가는 유독 그에 대한 글을 많이 남겼다. 어느 날 원중거 일행은 숙소를 나와 번화가였던 도톤보리를 찾았나 보다. 그는 이 거리에서 문지기가 몽둥이를 지닌 채 출입문을 지키던 극장을 보았다고 기록했다. 그뿐만 아니다. 무역을 위해 이곳에 온, "두 다리는 장대 같고 몸은 껑충했으며 깊은 눈에 불 같은 눈동자"를 지닌 네덜란드인을 만나기도 했다고 적었다. 최북은 어땠을까? 매일 정신없이 그림을 그려주던 중에 틈을 내 바깥 구경이라도 한번 다녀왔을까?

　　최북과 마찬가지로 원중거 일행도 혼간지에 묵었고 그곳에서는 또 다른 만남이 그들을 기다리고 있었다. 1764년 1월 통신사 일행이 오사카에 도착했다. 통신사의 행적에 대한 이전의 기록은 정사나 부사 등 대표단의 것이 대부분이었다. 글들은 대동소이했다. 지루한 공식 일정에 대한 중언부언으로 내용을 다 채웠다. 그러나 이번에는 달랐다. 원중거는 물론 서기로 뽑혀 온 성대중成大中도 백탑파와 유대가 깊었다. 이덕무 역시 일본으로 가는 그들을 전송하며 지은 긴 글과 시를 남기기도 했다. 그때 박제가는 10대의 어린 나이였다. 훗날 연로한 원중거가 시골로 낙향하자 그를 전송하는 글도 박제가가 지었다. 함께 제술관으로 왔던 남옥南玉¹⁷²²⁻¹⁷⁷⁰ 역시 보고 들은 것들을 꼼꼼히 기록했다. 그는 당시 통신사에 참여했던 거의 모든 이의 이름을 남겼다. 노를 젓던 노비들의 이름도 빼놓지 않았다. 지나는 길에서 만나는 많은 것을 바라보는 그들의 시선은 깊고 차분하고 실질에 가닿으려는 진지함이 녹아 있었다. 이전과는 글을 쓰는 이유가 달라 보였다. 세 사람은 자신들이 본 모든 것을 조선으로 가져와 남김없이 기록했다. 그것이 백탑파로 또 박제가에게로 전해졌을 것이다.

통신사가 오사카에 도착하기를 손꼽아 기다려 한걸음에 혼간지로 달려온 일본인들이 있었다. 그들은 하루가 멀다 하고 숙소를 찾아왔다. 무리를 이끈 사람은 기무라 겐카도木村蒹葭堂로, 서로 만난 적도 없던 그의 이름이 훗날 박제가의 시에 등장한다. 그는 부유한 양조업자이자 나가사키를 통해 수만 권의 책을 소장한 학자이기도 했다. 지적 호기심이 넘쳤고 박학했다. 그 덕에 그가 남긴 소장품도 특별했는데 수십 종의 새와 각종 식물, 그리고 기이한 조개를 그림과 함께 채록한 백과사전류도 있었다. 바야흐로 세상의 모든 지식에 목말라하던 그들의 모습에서 나는 서울의 백탑파를 떠올리곤 했다. 기무라 겐카도가 남긴 방대한 일기도 볼 수 있었다. 매일의 날씨와 만난 사람들의 이름이 빼곡했는데 그중에 내 눈을 반짝이게 만드는 구절과 마주쳤다. 비록 통신사 일행이 오사카를 떠난 뒤의 일이었지만 그가 청나라 초기 인물인 정역추鄭亦鄒가 편찬한 『정성공

기무라 겐카도가 그린 <겸가당아집도>.

『전鄭成功傳』을 간행했다는 기록이었다. 그뿐만이 아니었다. 정성공과
관련된 새로운 언급이 겐카도의 일기 속에 산재했다.

원중거 일행이 일본서 가져온 것들은 풍성했다. 통신사 일행과
의 만남을 기념하기 위해 <겸가당아집도兼葭堂雅集圖>란 그림이 그려
졌고 그들과 나눈 시와 필담이 책으로 엮였다. 선물로 받은 인장도
여럿이었다. 그림도 많았는데, 특히 내 관심을 끈 것은 한 장면을 여
러 폭으로 나눠 그린 병풍 형식의 그림이었다. 그때까지 조선에서
그려진 그림과는 전혀 달랐다. 통신사들의 손에 들려 조선에 들어
온 그것들을 이덕무와 박제가는 일부러 찾아가 감상하곤 했다. 대

부분 먹이나 옅은 채색화 외에는 본 적이 없는 그들로서는 화려한 금빛 바탕에 다채롭고 화려하기 이를 데 없는 색으로 세밀하게 묘사한 일본의 그림을 보고 어떤 생각이 들었을까. 채색뿐 아니라 그림의 내용도 당시 조선이나 중국과는 전혀 달랐다. 그때 받았던 시각적인 충격이 컸던 것일까? 박제가는 선배들이 가져온 일본의 병풍 그림을 보고 나서 장편의 시를 쓰기도 했다.

원중거를 비롯한 통신사가 오사카를 떠나던 날 겐카도 일행은 그들을 배웅하기 위해 집을 나섰다. 통신사의 숙소였던 혼간지에서 동쪽으로 여섯 골목을 지나면 사카이스지堺筋 거리였다. 이 길가에 인접한 가게 하나를 빌린 채 겐카도 일행은 '도장과 시와 붉은 먹과 부채'를 가지고 원중거 등이 지나가기를 기다렸다. 드디어 행렬이 다가왔다. 도모노우라에서 상상으로만 그려보던 그들의 이별 장면이 조선과 일본 양쪽의 글에 고스란히 남아 전했다. 떠나는 자들보다 남겨진 자들의 슬픔이 더 컸을까, 겐카도와 더불어 통신사 일행과 교분을 쌓았던 일본 승려 다이텐大典의 기록이다.

말을 탄 통신사 일행이 다가왔다. 마지막에 성대중이 왔는데 말이 놀라 뛰어오르는 바람에 높은 갓이 처마에 부딪쳐 거꾸로 떨어질 듯 위태로웠다. 그들과 가게 앞에서 정답게 손을 잡았는데 말이 통하지 않아 그저 "아아"거릴 뿐이었다. 가져온 물건들을 건넸다. 모두 잠시 서운해하다가 곧 헤어져 떠났다. 나와 야쿠주藥樹는 자리에서 일어나 눈으로 전송하였고 남옥 등도 몇 번이나 뒤를 돌아보았다. 나도 모르게 눈물이 줄줄 흘러내렸으니 이제는 소식이 완전히 끊기게 될 탓이리라.(다이텐, 『18세기 일본 지식인 조선을 엿보다』, 김문경·진재교 옮김, 성균관대학교출판부, 2013. 원제는 '평우록萍遇錄'.)

늦은 오후 사카이스지 거리, 검은 아스팔트 위로 아지랑이가 일렁였다. 북쪽 요도가와를 향해 조선으로 가는 통신사 일행이 멀어져갔고 그들을 바라보며 조용히 어깨를 들썩이던 겐카도 일행의 뒷모습이 여전히 이 거리에 남아 있을 것만 같았다. 그렇게 최북이 다녀간 길을 또 다른 조선인들이 떠나갔다. 그들은 조선으로 가 자신들이 경험한 새롭고 경이로운 이곳의 일을 또 누군가에게 전했다. 그들이 조선 땅에 앉아 상상하던 일본과 현실의 일본은 너무나 달랐다. 중국으로부터 받은 멸시를 보태 되돌려주던 섬나라 오랑캐가

아니었다. 눈앞에 펼쳐진 믿기 힘든 현실에 놀라움보다 절망이 앞설 때도 있었다. 그들의 기록을 바탕으로 이덕무는 일본의 역사와 지리와 물산과 풍속에 관한 개설서를 엮었다. 그 책을 박제가도 읽었을 것이다.

그렇게 조선에서 온 최북도 바다를 건너 제 나라로 돌아갔고 나가사키 항을 출발한 다가와는 아들 성공이 있는 중국 취안저우로 떠났다. 서로 다른 시기, 다른 장소에서 각자의 인생행로를 걸어갔을 두 사람은 박제가의 느닷없는 호명으로 〈모자도〉라는 그림 안에서 조우하고 있었다. 하지만 그것은 어디까지나 그림이라는 가상의 공간일 뿐이었다. 다만 〈모자도〉라는, 아직은 그 실체를 파악하기 어려운 그림 안에는 그들처럼 삶의 반경을 벗어나 먼 이국의 실체를 경험한 수많은 자의 그림자가 짙게 드리우고 있는 게 분명해 보였다. 그런 이동과 스밈의 시간에 의해 누적된 서로 다른 문화의 충돌과 확산으로 인해서 〈모자도〉라는 그림이 탄생할 수 있었을 것이다. 〈모자도〉에는 그것을 증명이라도 하듯 여러 요소가 불규칙하게 얽혔다. 하지만 아직까지 최북과 〈모자도〉와 관련해서는 빈손과 다름없었다. 저들은 바다를 향해 걸어갔고, 나는 다가와를 따라 정성공에게 가는 길을 택했다.

다가와가 죽다

　도심을 벗어난 버스는 평정심을 되찾았는지 속도가 조금씩 느려졌다. 가끔 창밖으로 '成功(성공)'과 '延平(연평)'이라 쓰인 간판들이 스쳐 지나갔다. 그림 〈모자도〉에서 수차례 본 글자들이 눈앞에 나타나자 정성공이란 인물이 실재했던 땅으로 들어선 실감이 났다. 히라도에 처음 도착하던 때와는 다른 느낌이랄까, 아무튼 뭔가 차이가 있었다. 엄마 다가와가 장성했을 아들을 보려고 나가사키에서 정지룡이 보낸 무역선을 타고 도착한 그들의 저택은 취안저우 서쪽 수이터우水頭에서 멀지 않은 곳이었다. 수이터우와 안하이安海 사이의 깊숙한 만 안쪽에 그들이 살았다는 집터가 있었다고 전해진다. 그곳에서 만을 따라 바다로 이어진 남쪽 해안가 마을 스징石井은 바로 정지룡의 선조 때부터 모여 사는, 말하자면 정씨의 집성촌이었다. 한마디로 이 일대가 그들의 텃밭인 셈이었다.

　안평교安平橋로 가자는 내 말을 오토바이 운전사는 알아듣지 못했다. 나는 터미널이 아닌 곳에 짐처럼 부려졌고 어디쯤에 있는 것인지 가늠을 할 수가 없었다. 그때 눈에 들어온 이가 그늘에서 졸음을 참고 있는 그였다. 행선지를 말하자 그런 다리는 없다고 되레 내게 역정을 낼 태세였다. 그럴 리는 없었다. 나는 가져온 메모지를 그에게 들이밀었다. 곁눈질을 하더니 어이가 없다는 듯 헬멧을 쓰며 말했다.

"오리교五里橋구먼!"

이들에게는 안평교라는 공식적인 이름 대신 자기네가 부르는 이름이 따로 있었다. 다리 길이가 5리라 그렇게 부른다는 대답이 돌아왔다. 5리라면 2킬로미터가 넘는 길이였다. 어쨌거나 내가 찾는 다리가 맞았다. 우리는 경사가 완만한 내리막길에 들어섰고 운전사는 이 길이 다리로 가는 지름길이라고 나를 안심시켰다. 가뜩이나 좁은 골목을 막고 누군가는 머리를 감았고 물고기가 널린 발을 피해 급히 핸들을 꺾었다. 나만 뒷자리에서 흔들거릴 뿐 소도시 뒷골목은 아무 일도 없는 것처럼 느긋한 오후의 한낮이었다. 내려 걷고 싶은 것을 겨우 참고 있을 때 골목의 끝이 나타났고 지금껏 지나온 길과는 사뭇 다른 세상처럼 시야가 환해졌다. 사내가 얼굴을 내 쪽으로 돌린 채 팔을 앞으로 쭉 뻗었다. 안평교, 아니 오리교였다.

1630년 일곱 살의 성공은 일본 히라도를 떠나 이곳에 왔다. 섬에 남겨두고 온 엄마를 잊기 어려웠는지 이야기에 따르면 "매일 밤 성공은 어머니가 계신 동쪽을 바라보며 눈물을 훔쳤다"라고 전한다. 동서로 길게 놓인 다리 북쪽에 아버지 정지룡의 거대한 저택이 있었다고 했다. 이곳에 온 성공은 부유한 권세가 집안의 장남으로 자랐다. 배운 바 없이 젊어서부터 약아빠진 상술만 익힌 정지룡은 아들 성공에게 기대하는 바가 컸다. 성공은 착실하게 공부를 익혔고 지방의 과거에 합격한 뒤인 1644년, 난징南京의 국자감에 입학해 대과를 준비하고 있었다. 하지만 그해 황제가 목을 매 자살했고 청나라 군대가 명나라의 수도 베이징을 장악했다. 성공은 난징을 떠나 집으로 돌아왔다. 그런 혼란의 와중에 다가와가 아들이 있는 이곳으로 왔던 것. 모자는 히라도에서 헤어진 지 10여 년 만에 상봉했다. 어려서 자신을 떠났던 아들은 아버지의 어엿한 후계자로 성장해 있었다.

정지룡은 성공이 태어나기도 전에 이곳으로 와 이미 혼담이 오가던 집안의 딸과 혼례를 올린 뒤였다. 다가와 말고도 이미 네 명의 부인을 두고 있었으니 그녀의 자리는 없는 것과 마찬가지였다. 장성한 아들 성공만이 그녀의 유일한 버팀목이었다. 베이징을 차지한 청나라 군대는 빠르게 남쪽으로 진격해 내려왔다. 명나라의 국운이 기울었다고 판단한 정지룡은 일찌감치 청나라 편으로 돌아섰고 아들 성공에게도 투항할 것을 종용했다. 장사꾼다운 선택이었다. 정지룡은 베이징으로 갔고 성공은 아비를 따르지 않았다. 그는 남아 있는 군사를 모아 전열을 다듬었다. 그러나 강남땅에 청나라의 군대에 맞설 세력은 미미했다. 저들은 진로를 나눠 공격을 계속했다. 결국 정성공의 군사들이 지키던 저택도 적들에게 포위되기에 이르렀다. 이미 사태가 절망적인 것을 직감한 다가와는 스스로 자결을 했다고도 했고 청군에게 죽임을 당했다고도 했다. 그때 정성공은 이곳에 없었다. 소식을 듣고 달려온 아들이 맞닥뜨린 건 어머니의 주

1790년 베이징

검이었다. 10여 년 만에 다시 만난 지 겨우 몇 개월이었다. 정성공은
오열했다.

　1000년 전에 만들었다는 돌다리는 끝이 보이지 않았다. 예전
엔 배가 들어오는 만이었다지만 이젠 호수와 습지로 이루어진 공원
이었다. 주말이어서 다리를 오가는 사람들이 제법 많았다. 남자 혼
자 사탕수수를 손에 들고 걸었고 젊은 엿장수도 다리를 건넜다. 한
가롭고 평온한 오후의 다리 위를 청춘남녀가 한 걸음 떨어져서 걸
었다. 떨어진 거리만큼 설렘이 가득한 얼굴이었는데 저들은 발바닥
으로 이 돌다리를 기억할지도 몰랐다. 다리를 다 걷고 나면 헤어질
일은 없을 것이다. 그토록 그리워하던 엄마가 꿈처럼 왔고 두 사람
도 어느 볕 좋은 오후에 저들처럼 긴긴 다리 위를 천천히 걸었을까?
가슴 깊이 쌓였던 이야기를 나누며 손도 잡았을까? 나는 종일 다리
에만 머물러도 좋겠다는 생각이 들었다. 파라솔 아래 아이스크림을
파는 노인이 있었고 마치 예정된 우연처럼 젊은 엄마와 어린 아들
이 옆을 스쳐 지나갔다. 푸르른 녹나무 사이로 바람이 불었고 나는
먼 이국에서 생을 마감한 '일본인 종녀' 다가와의 고향 집 앞 해변의
바위와 모래와 바다를 기억했다.
　불운한 죽음을 맞이한 〈모자도〉 속 다가와를 오래도록 보게 되
는 순간이 있다. 자신에게 닥친 불행과는 상관없다는 듯 고요하고
평온한 얼굴. 어쩌면 정성공의 생모가 아니었다면 그녀도 역사 속의
이름 없는 한 사람으로 사라졌을 것이다. 더더구나 〈모자도〉에 등장
하는 일은 생기지 않았을 터. 몸을 한껏 비튼 2층의 성공과는 달리

자신만의 세계에 홀로 빠져 있는 듯 무념의 정적인 분위기를 온몸에 응축하고 있는 다가와에게서 나는 늘 '불교적' 아우라를 느꼈다. 마치 반가사유상을 보는 듯한 자세와 불화에서 자주 등장하는 붉은 옷과 흰 치마는 그런 생각의 근거로 작용했다. 그림을 자세히 들여다보면서 심증이 더욱 굳어졌다. 귀고리도 그랬고 목에 그려 넣은, 삼도三道라 부르는 주름 역시 불교와 관련된 인물화에서 나타나는 표현이었다. 왜 유독 그녀에게서 불교적 이미지가 건너오는 것일까?

이렇듯 종교적 아우라가 가득한 그림은 대상 인물에 대한 추모의 의미로 제작되었을 가능성이 높았다. 어찌 된 것일까. 나는 〈모자도〉를 박제가 혼자서 그린 것이 아닐지 모른다는 의심을 지우기 어려웠고 그 의심의 눈길이 가닿은 곳은 1790년 박제가가 베이징에서 만난 화가 나빙이었다. 당시 그는 꽤 알려진 전문 화가였고 자타가 인정하는 독실한 불교 신자이기도 했다. 스스로 이미 출가한 사람이라 여겼을 만큼 그에 있어서 불교는 자신의 온 생애를 지탱해온 삶의 원동력이자 생의 마지막 귀의처였다. 꿈속에서도 전생에 스님이었다는 기록이 남아 있을 정도로 태생적인 불제자였다. 당시 이민족의 통치를 받아들일 수 없었던 한족들은 종종 출가를 하거나 불교도를 자처했다. 변발을 강요받느니 차라리 그편을 선택하는 것이 그들 나름의 저항이었다.

현재 남아 있는 나빙의 그림 중 태반이 불교에 관한 것이라 해도 지나치지 않을 정도였다. 서양의 미술도 그렇지만 종교와 관련된 그림만큼 다양한 상징으로 가득 찬 경우도 없다. 〈모자도〉의 일상적이지 않은 표현들이 혹 그것과 관련된 것은 아닐까? 그래서 저렇게

1790년 베이징

다양한 의미를 지닌 상징들이 들어차 있는 것일까? 그렇다면 먼저 전문적인 묘사력을 가진 화가이자 그와 더불어 불교적 표현에 능숙한 불교도여야만 〈모자도〉를 저렇게 표현할 수 있다는 말이었다. 박제가와 인연과 친분을 맺었던 많은 사람 중에 그런 요건을 충족시킬 수 있는 인물에 가장 근접한 사람이 내 눈엔 나빙이었다. 다가와의 불교적 이미지와 그런 표현에 누구보다 익숙했던 화가 나빙, 그리고 박제가. 그들은 어떤 인연의 끈으로 연결되어 있었던 것일까.

취안저우 2.
<모자도>와 이슬람 사원

취안저우에서 가장 크고 오래되었다는 절 개원사開元寺 앞에 숙소를 잡은 건 순전히 탑 때문이었다. 눈으로 보기 전에는 믿기 힘들만큼 높아 두 개의 탑은 어디서나 사람들의 시선을 사로잡았다. 5리가 넘는다는 돌다리 안평교만큼이나 경이로웠다. 믿음이 크기로 측정될 수는 없다지만 그 앞에 서면 절로 경건해지는 속마음은 어쩌지 못했다. 하루에 한 번은 두 탑 사이를 왕복하거나 절 안을 기웃거리는 게 낙이라면 낙이었다. 그러다가 우연히 정성공의 아버지 정지룡이 이 절에 봉헌했다는, 절만큼이나 거대한 무쇠 향로를 마주치기도 했다. 향로의 표면에는 무슨 말인지 도통 알기 어려운 그의 벼슬이 길게 쓰여 있었다. 어쨌든 그는 이 지역의 유력 인사를 넘어 권력이나 재력에서도 최상의 위치에 있었고 막강한 영향력을 행사했다. 취안저우는 '부처의 나라'라 불리는 도시였다. 그 명성에 걸맞게 도시 곳곳에 적지 않은 사찰이 조용히 자리를 틀었고 듣기도 생소

한 신들이 모셔진 사당이 말 그대로 즐비했다. 내겐 '신들의 도시'라 불러도 손색없어 보였다.

천후궁天后宮도 그중 한 곳이었다. 궁은 바다에서 강을 따라 올라와 시의 중심부로 들어오는 선착장 근처였다. 닻을 내린 배에서 육지에 발을 디딘 배꾼들이 이곳에서 도시로 진입했다. 자리 잡은 위치가 궁의 위상을 말했다. 바다로 나갈 때도 마지막으로 이곳에 들러 평안을 빌었고 돌아와서도 제일 먼저 이리로 와 무탈한 귀환에 감사했다. 궁 안은 온통 붉거나 황금빛이어서 현란함에 눈이 어지러울 지경이었다. 사람들이 무시로 드나들었다. 중앙의 가장 화려하게 치장한 건물에 들어섰다. 어두컴컴한 실내에서 노인이 작은 나뭇조각을 바닥에 던지고는 몸을 숙여 기도를 반복했다. 다시 쟁그랑, 노인의 손을 떠난 나뭇조각들이 바닥에 흩어졌고 어둠 속에서 기단 위에 모셔진 신상이 천천히 모습을 드러냈다. 검은 윤기가 흐르는 마조상이었다. 그동안 어느 곳에서 보았던 마조상보다 크고 정교하고 화려했다. 바다의 신 마조의 탄생과 신화와 전파의 과정은 그것대로 하나의 역사라 불릴 만큼 복잡하고 다양한 이야기를 가졌다. 임신한 다가와를 혼자 두고 돌아온 정지룡이 아들이 태어났다는 소식에 기뻐 저 바다의 수호신 마조상을 히라도에 보낸 것은 다 그만한 이유가 있었다.

『삼국지』의 관우를 모신 사당인 관제묘關帝廟가 이렇게 장대하고 화려할 수 있다는 걸 안 것도 이번이 처음이었다. 볼 것도 갈 곳도 많아 〈모자도〉며 정성공에 대한 생각에서 잠시 멀어졌다고 여기던 순간, 정말이지 의외의 장면과 마주쳤다. 흰 납작모자를 머리에 쓴 일군의 남자들이 줄을 지어 건물 안으로 들어가는 중이었다. 그런데 건물 모양이 특이했다. 둥근 아치를 그린 높은 정문이며 건물 전체가 잘 다듬어진 석조의 이슬람 사원이었다. 이슬람 사원이라니! 나도 모르게 그만 그들을 따라 문 안으로 들어서고 말았다. 청정사淸淨寺라 불리는 이 오래된 이슬람 사원은 송나라 때 세워진, 무려 1000년이 넘는 역사를 가지고 있었다. 무너진 본래의 사원 안에는 높다란 돌기둥들이 줄줄이 늘어서 나를 또 한 번 긴장시켰다. 작은 전시장엘 들어갔다. 안에는 초기의 사원 모습을 재현한 모형이 있었는데 놀랍게도 반원형의 돔 지붕이 너무도 생생했다. 늘어선 돌기둥과 돔형의 지붕을 이곳에서 만나다니…… 우연치고는 놀랍기 그지없어 헛웃음이 나올 지경이었다. 〈모자도〉에 그려진 문제의 서양식 건물과 너무나 유사했다. 어떻게 그림 속 건물과 정지룡과 정성공의 세력권이었던 이곳 취안저우의 이슬람 사원이 이토록 흡사한 모양을 하고 있는 것일까?

취안저우는 오래도록 중국 남해안의 국제무역 중심지 중 한 곳이었다. 그런 긴 역사의 증거들이 도심 곳곳에 포진해 있었다. 히라도나 나가사키처럼 각지에서 온 상인이 취안저우에 드나들었고 무역선을 타고 저 멀리 아프리카인들이 왕래했다는 말도 과장으로만 들리지 않았다. 그들 중 일부는 정성공의 호위 무사로 편입되었다고 주장하는 이도 있었다. 이미 당나라 때 이곳으로 이주한 서역인들도 부지기수였다니 청정사처럼 당당한 이슬람 사원이 세워진 것은 어쩌면 당연한 일이었다. 국제무역 도시였던 취안저우는 돈이 넘쳐났다. 그 한 예가 내가 늘 경탄해 마지않던 개원사의 쌍탑이었다. 높

새로 지어진 청정사(위)와 예전의 건물 터(아래).
돔형 지붕과 돌기둥이 보인다.

이는 물론이려니와 그 육중한 돌을 나무 다루듯 자유자재로 깎아 세운 치밀하고 거대한 규모는 충분한 재력 없이는 엄두도 못 낼 일이었을 것이다. 그런 석탑이 취안저우를 중심으로 곳곳에 세워졌다. 도시 남쪽 해안가 바위산 위에 세운 만수탑万壽塔 역시 쌍탑에 버금갔다. 바다가 한눈에 보이는 산 정상에 20미터를 훌쩍 넘는 붉은 석탑은 등대나 마찬가지로 보였다.

그동안 까맣게 잊고 있던 기억이 떠올랐다. 나빙에 관한 것이었다. 그 역시 젊은 시절에 때론 먼 곳까지 떠돌았다고 했다. 그런 것쯤이야 화가들의 이력에서 자주 보는 경우여서 별다른 특징으로 여기지 않았다. 그런데 유독 눈에 들어오는 도시가 있었다. 바로 이곳 취안저우에서 멀지 않은 또 다른 국제무역 도시 광저우廣州였다. 확인한 것만 해도 1765년과 1778년 두 차례에 걸쳐 광저우를 다녀왔다고 자신의 기록에 남겼다. 그때는 방랑벽을 타고난 자가 스쳐 지나간 여러 도시 중 하나로만 여겼다. 그런데 이곳 청정사를 보는 순간 머릿속에서 푸른 번갯불이 일었다. 다름 아닌 나빙이 광저우를 오갔을 이동 경로였다. 나빙의 집은 장강 하류의 양저우揚州였다. 그곳에서 광저우로 오는 길은 바다를 이용하는 게 누구나 아는 선택이었다. 양저우에서 배를 타고 지금의 상하이 앞바다를 지나서 해안선을 따라 서쪽으로 향하는 것이 일반적인 항로였다. 중국 남해안을 따라가던 배는 광저우에 이르기 전 여러 항구와 도시에 정박했다. 몇 개월이 소요되는 긴 여정이었다. 그 항해에서 나빙이 이곳 취안저우를 그냥 지나칠 가능성은, 천재지변이 있었다면 모를까 거의 없다고 봐도 무방했다. 그렇다면 그때 나빙은 저 이슬람 사원을 보았단 말인가?

　나빙은 긴 여행 중에도 자주 절에 거처를 정하곤 했다. 스스로 불자를 자처했으니 자연스러운 일이었다. 머무는 동안 그림이나 글씨를 남기는 경우도 흔했다. 그것으로 숙박비를 대신했는지도 몰랐다. 그의 집 양저우에서 멀지 않은 쑤저우蘇州의 한 사찰에는 그가 그린 불화가 돌에 새겨져 대웅전 벽에 붙어 있는 것을 지금도 볼 수 있다. 불화에 능한 그였으니 그런 대접이 가능했을 것이다. 취안저우에서 나빙은 어디에 묵었을까? 어디에 묵든 예나 지금이나 양저우에서 이곳을 방문한다는 것은 그리 만만한 일이 아니다. 마음먹고 떠나온 길에 하룻밤만 자고 떠난다는 것도 경우에 닿지 않았다. 당연히 개원사며 취안저우의 여러 곳을 다녔겠지만 이곳 청정사 역시 그냥 지나칠 수 있는 위치는 아니었다. 더구나 사원은 멀리서도 눈에 들어올 만큼 취안저우의 랜드마크라 부를 만했다. 당시 중국 안에서 이슬람 사원이 세워진 도시가 이곳만은 아니었지만 돔형의 지붕과 석조 기둥을 동시에 볼 수 있는 곳은 청정사가 유일했다. 일부러라도 보러 왔을 저 이국적이고 낯선 이슬람 사원의 모습은 누구든 쉽게 잊을 수 없었을 것이다.

　〈모자도〉 속 서양식 건물이 이슬람 양식만으로 구성된 것은 아니다. 보기에 따라서는 중국적이라 부를 만한 요소도 함께 존재한다. 특히 건물 아랫부분이 그렇다. 그러니 그림 속의 건물은 서역이 아닌 중국 현지에 지어진 이슬람 사원을 토대로 그려졌다고 보는 것이 타당할 것이다. 그렇다면 이곳 취안저우의 청정사 이외에는 볼 수 없는, 늘어선 돌기둥과 돔형의 지붕을 가진 저런 이슬람 양식이

어떻게 〈모자도〉에 등장할 수 있었을까. 물론 당시 나빙이 이곳에 묵었다 해도 반드시 청정사를 방문했다고는 단정할 수 없다. 하지만 〈모자도〉에 그려진 건물의 세부 묘사를 살펴보면 상상만으로 그렸다고 보기 어려운 구석이 있다. 특히 2층을 떠받치고 있는 기둥 윗부분의 장식이나, 돔 바로 아래 작은 방패 모양을 닮은 난간의 묘사 등은 실제 화가가 자기 눈으로 보지 않고서는 표현하기 어려운 이슬람 건축만의 특징에 속했다. 이런 세부의 특징을 기억해두었다가 〈모자도〉에 남긴 사람은 누구였을까? 〈모자도〉 건물에서 보이는 이슬람 양식이 취안저우를 다녀갔을 나빙과 관련된 것은 아닐까?

"취안저우에는 저 절 말고도 수백 개의 좁은 골목이 있지요."

절 건너편에 서서 노을빛을 받아 더욱 붉어진 탑을 바라보고 있을 때 누군가 등 뒤에서 말을 건넸다. 골목 안에서 작은 과자점을 운영하는 리^추였고 그 뒤로 나는 시도 때도 없이 그의 가게를 들락 거렸다. 구도심에 속할 이곳 개원사 앞은 다채롭다는 말로 다 설명이 되지 않을 만큼 활기찬 일상의 가감 없는 풍경이 고스란히 살아 있다. 취안저우처럼 오래 번성했던 도시는 나름의 개성적인 색채를 띠게 마련이었다. 정성 가득한 소박한 먹을거리가 지천이었고 다들 생활의 달인이라 부를 만했다. 요령 소리가 울리면 밖으로 나가 두부를 사 먹었다. 어디서 무얼 먹을까 고민이 필요 없었다. 날이 풀리면서 희거나 노란 수선화가 대문 앞이나 담장 위에 나타났다. 다가와와 성공 모자가 살던 히라도 가와우치 해변의 밭둑에도 저 꽃들이 무리 지어 피었었다. 흔해 야생화와 다를 바 없었다. 〈모자도〉 속 다가와의 고요함이 수선화를 닮았다는 생각을 했다.

<정성공 초상화>

정성공 초상화

　전시된 유물이나 한번 둘러보고 떠날 예정이었다. 그런데 벌써 몇 번째 샤먼廈門 앞바다의 작은 섬 구랑위鼓浪嶼로 가는 여객선에 오르고 있었다. 배는 늘 만원이었다. 바닷가에 신기루처럼 늘어선 아파트 너머로도 망망대해가 이어졌다. 저 바다가 청나라에 대항하던 정성공의 주둔지였을 것이다. 그는 어떤 인물이었을까. 한족의 입장에선 마지막 충신으로 그려지지만 그와 무역으로 전쟁을 일삼았던 서양인에게는 냉혈하고 무자비한 악당과 비교되곤 했다. 둘다 틀린 얘기는 아니었을 것이다. 취안저우와 샤먼을 포함한 남중국의 바다는 마치 그의 왕국이나 다름없어 보였다. 시내 어디서나 그의 이름을 만날 수 있었고 도심을 관통하는 중심 도로의 명칭도 그의 이름에서 따왔다. 이곳 바다에는 여전히 그로 인한 흔적들이 환영처럼 떠다녔다.

　아버지 정지룡은 그들에겐 적이나 다름없는 청나라에 투항했다. 그러곤 끝없이 아들 성공에게 희망 없는 싸움을 거두라고 회유의 편지를 보냈다. 청나라는 자신의 어머니를 죽인 원수였다. 아버지는 그런 자들의 편에 서서 미래의 안위와 부를 보장받았다. 성공은 아비와 등을 돌렸다. 그는 입고 있던 푸른 옷을 벗어 불태웠고 어머니의 죽음만이 남겨진 거대한 저택에도 불을 질렀다. 군사를 모아 바다로 향했다. 잘 훈련된 청나라의 기마병을 대적하기에는 육지보다는 바다가 유리했다. 그의 군대는 바다의 제왕이었고 그곳에서 반격의 전열을 다듬어야 했다. 그의 분노와 결기가 가득했을 바다가 내려다보이는 섬 구랑위 언덕에 정성공기념관이 있었다.

사흘째 배를 타고 이곳으로 오는 건 기념관 안에 걸린 두 점의 그림 때문이었다. 한때 각국의 영사관과 부유하고 권세 높은 자들의 별장촌이었던 섬은 별스러웠다. 중세까지는 아니어도 100여 년 전 어느 유럽의 거리라 해도 될 성싶었다. 그것들과 구분이 어려운 서양풍 건물 중 하나가 정성공기념관으로 사용되었고 나선형의 건물 입구엔 붉게 녹이 슨 대포가 바다를 향해 입을 벌렸다. 매번 3층까지 전시장을 다 돌아보고 나면 발걸음은 저절로 그림이 걸려 있는 2층으로 향했다. 두 점의 그림을 처음 대면하던 순간을 또 어떻게 설명할 수 있을까. 마치 〈모자도〉를 만나던 그때처럼 몇 번이나 그림 앞을 떠났다가 되돌아왔는지 기억조차 나질 않았다. 나는 〈모자도〉를 보던 때와는 또 다른 어떤 의문 속으로 빨려 들어가는 듯 순간 정신이 아득해졌고, 서울에서 히라도로, 나가사키에서 취안저우로 정성공과 엄마 다가와를 따라가며 〈모자도〉의 비밀은 무엇일까 상상하던 머릿속이 다시 뒤엉키기 시작했다. 두 개의 그림을 보는 순간 나는 내 눈을 의심했다.

　한동안 말문을 잃었다. 이걸 어떻게 받아들여야 하나, 전혀 갈피를 잡을 수 없었다. 보면 볼수록 혼란이 늘었다. 이제부터는 〈모자도〉 하나가 아니라 이곳 정성공기념관에 걸린 두 장의 그림을 보태 모두 세 장의 그림이 주인공으로 등장하는 이야기로 진로를 바꿔야 할지도 몰랐다. 그렇게 두 그림은 돌발적인 출현이었다. 전혀 예상하지 못한 일이어서 긴장감이 고조되었고 의문투성이의 〈모자도〉를 둘러싼 이야기는 한층 더 복잡해질 것 같았다. 때론 의외의 돌출이야 의문을 좇아 이곳까지 온 나로서는 내심 반기는 마음도 없지 않았다. 하지만 이런 경우는 달랐다. 잘못하면 전혀 엉뚱한 곳을 헤매다가 길을 잃을 공산도 컸다. 어쨌거나 두 그림의 출현은 내 의문을 새로운 방향으로 이끌었고 경우에 따라서는 내 머릿속 상상의 이야기도 줄거리를 다시 짜야 할 판이었다.

　그림 중 하나는 〈정성공 초상화〉(이하 〈초상화〉)였다. 〈모자도〉의 어린 정성공이 아닌 성장한 청년의 모습이었다. 〈초상화〉를 그린 화가의 솜씨는 빼어났다. 그림의 면면을 살펴보니 최고 수준의 화가가 그린 것이라고 장담할 수 있을 정도였다. 초상화라고는 했지만 바둑판을 마주한 신하가 앉아 있었고, 호위하는 무사와 무릎을 꿇은 병사와 시녀 등이 배치된 것으로 보아 화가가 의도적으로 연출한 그림에 속했다. 묘사는 신중하고 정확했다. 그림 오른쪽에 황재黃梓라는 화가가 그렸다고 적혀 있었다. 나는 연구원 라이 씨에게 그가 누구냐고 물었다. 그러나 황재라는 인물에 대해서는 현재까지 밝혀진 것이 없다는 뜻밖의 대답이 돌아왔다. 이런 정도의 그림이라면 기량 면에서는 당시 최고의 화가임이 분명해 보였는데 의외였다. 잠깐 동안이었지만 누군지 알 수 없다는 대답이 오히려 내겐 이 그림에 대해 새로운 유추나 해석이 가능할지도 모른다는 기대를 품게 만들었다. 화가의 이름이 버젓이 적혀 있는데도 그가 누구인지 알 수 없는 정성공의 초상화라니. 이 그림 역시 〈모자도〉처럼 밖으로 드러내기 어려운 속사정이 있는지도 몰랐다.

놀랍게도 〈초상화〉는 정성공이 살아 있을 때 그려진 것이라고 했다. 그림 위쪽에는 당시 정성공의 신하였던 왕충효王忠孝1593-1666의 발문이 있었고 그 내용을 분석한 결과 실제 정성공을 보고 그린 것이 맞다, 라는 게 기념관 측의 설명이었다. 발문에는 초상화에 대한 상찬과 정성공의 뛰어난 기상과 용모 그리고 청나라와의 전투에서 승리를 기원한다는 내용이 딱 100개의 글자로 적혀 있었다. 그림 속 정성공은 20대 중반에서 30대 초반의 모습일 거라고 했다. 글이 아니어도 그림이 모든 것을 말하고 있었다. 금빛 찬란한 용이 그려진 푸른 옷 안에 갑옷을 입고 있다는 것은 그림을 그릴 당시가 여전히 전쟁 중이라는 사실을 증명했다. 그런 긴박한 상황에 바둑을 두고 있는 것이 뜬금없어 보일 수도 있겠지만 그건 이런 종류의 그림에 흔히 등장하는 형식적인 장치에 불과했다. 정성공 앞에 마주 앉은 신하나 뒤에 선 시녀 역시 마찬가지다. 기념관 측의 연구 결과가 사실이라면 〈초상화〉는 명나라 말기 어느 화가의 작품이란 얘기였다. 그는 또 누구였을까? 누가 청나라와의 전쟁 중에 이곳으로 와 정성공을 직접 보고 그의 초상화를 남겼던 것일까?

1790년 베이징

베이징의 황제가 목을 매 자결하자 살아남은 황족 중에서 새로운 황제가 옹립되었다. 그렇게 베이징을 잃고 남쪽에 세워진 명나라라는 의미로 남명南明이라 불렀다. 짧은 시간 동안 네 명의 황제가 바뀌었고 남명의 황제가 기댈 곳은 정성공뿐이었다. 황제는 그를 충효백忠孝伯에 봉하고 앞에서 이미 언급했듯 황실의 성인 주씨를 하사한다. '후쿠마쓰'와 함께 사용하던 원래 이름 '정삼鄭森'을 정성공으로 바꾼 것도 이때였다. 정성공은 이제 황족에 버금가는 인물이 된 것이다. 훗날 타이완으로 퇴각한 이후의 일이겠지만 실제로 '주성공朱成功'이라 새겨진 동전이 발견되기도 한다. 남명의 마지막 황제는 정성공을 연평왕延平王으로 책봉하기에 이른다. 바로 여기에서 〈모자도〉의 원제목인 '연평초령의모도'가 나왔다. 그도 아버지 정지룡처럼 청나라에 대항하지 않고 그들 편에 섰다면 어떻게 되었을까. 부질없는 가정이지만 어찌 됐든 정성공은 한 나라의 명운을 짊어진 풍운의 인물임은 분명했다.

　〈초상화〉를 촬영한 예전의 사진 몇 장을 구할 수 있었다. 그런데 현재 〈초상화〉와 사진 속 그림을 비교해보니 여러 부분이 확연하게 달랐다. 형체가 번져 있는 오른손과 입고 있는 푸른색 옷도 새로 칠한 것으로 보였다. 옷뿐만 아니라 말안장의 푸른색도 마찬가지였다. 비교적 근래에 누군가 보수한 흔적이었다. 혹시 현재 그림에 남아 있는 황재라는 인물이 아니었을까? 특히 정성공의 얼굴 부분은 이전의 사진 속 그의 모습과는 전혀 딴판이었다. 초상화란 주인공의 얼굴 묘사가 그림의 전부라고 말해도 과언이 아니다. 원래 〈초상화〉 속 정성공의 얼굴은 얇은 입술과 살짝 치켜올린 눈꼬리의 묘사가 섬세하기 이를 데 없다. 그의 성격이 그대로 전해질 정도다. 하지만 지금 남아 있는 〈초상화〉에서는 단순하고 간략하게 뭉뚱그려져 오히려 원본을 훼손하고 말았다는 느낌을 지울 수 없었다. 하지만 말이나 병사들을 그린 치밀한 묘사력과 정확한 전달력을 보면 〈초상화〉의 원본을 그린 화가가 예사로운 인물이 아니었다는 것을 말해준다.

눈여겨볼 부분이 또 있었다. 눈에 띌 듯 말 듯 교묘하게 숨겨놓은 불교적 상징들이었다. 그건 〈모자도〉의 다가와가 풍기는 이미지와는 다른 구체적인 표현으로 나타났다. 먼저 정성공 옆에 허리에 칼을 찬 채 서 있는 인물을 보자. 보통의 호위 무사로 보일 수 있지만 그렇지가 않다. 그의 눈동자를 들여다보면 일반적인 사람을 그린 것으로 보기 어렵다. 흔히 절 입구에서 만나는 사천왕상에서나 볼 수 있는, 검은 눈동자라기보다는 작은 점과 같은 특별한 표현을 볼 수 있다. 그뿐만이 아니다. 오른쪽 아래 말안장에도 불교를 의미하는 '만卍' 자가 잔뜩 그려진 것을 어떻게 설명해야 할까? 이러한 미세한 장치들은 결국 〈초상화〉를 그린 화가가 누구인지를 찾아가는 결정적인 단초가 될 수 있다. 범위를 좁히면 화가는 정성공이 20대 중후반에서 30대 초반 무렵에 생존했던 인물이어야 했고, 저 정도의 그림을 그릴 수 있는 탁월한 능력의 소유자이자 〈모자도〉를 그린 화가와 마찬가지로 불교도일 가능성이 매우 높았다. 적어도 이런 세 가지 조건을 만족시켜야 하는 것이다. 그 역시 정성공을 부처나 혹은 그에 버금가는 인물로 승화시켜 그리고 싶었는지도 몰랐다. 중원의 주인이 바뀌던 경천동지의 위험천만한 시기에 살아 있는 정성공을 앞에 두고 그의 얼굴을 그린 화가는 도대체 누구였을까?

1

2

1. 현재 <초상화> 속 정성공.
2. 이전 <초상화> 속 정성공.
두 그림을 비교하면 얼굴 전체와 옷 등
보수된 흔적이 역력하다.

3

3. <초상화> 속 무사의 얼굴.

　　조심스럽지만 의심이 가는 화가가 없지는 않았다. 명나라 말기에 인물화를 잘 그리기로 유명한 화가 진홍수陳洪綬가 떠올랐다. 그는 독특한 느낌의 인물화를 수없이 남겼고 글씨와 그림 모두에서 일가를 이룬 화가로 평가된다. 당시 인기 높았던 무협 소설 『수호전』의 삽화도 그의 작품이었다. 베이징이 청에 함락되던 때 그는 저장성 사오싱紹興에 살고 있었다. 그 역시 분노했고 자칭 불제자였다. 게다가 〈초상화〉에 발문을 남긴 왕충효는 남명 정권 시기 정성공의 휘하에 들어왔지만 공교롭게도 사오싱의 관리를 제수받은 경력이 있는 인물이었다. 나빙 또한 진홍수를 배우기 위해 그의 그림을 자주 모사하곤 했다. 아무튼 〈초상화〉의 화가가 누구인지에 대해서는 더 많은 자료와 논의가 필요했지만 진짜로 나를 넋 놓게 만든 그림은 〈초상화〉 옆에 나란히 걸려 있는 〈정성공 행락도〉(이하 〈행락도〉)라 이름 붙여진 그림이었다.

<정성공 행락도>

나빙과 〈행락도〉

〈행락도行樂圖〉란 야외에서 나들이를 즐기는 장면을 그린 그림으로 이름난 인물을 그릴 때 단골로 등장하는 오래된 형식이다. 이 그림의 주인공 역시 정성공이었다. 〈초상화〉와 마찬가지로 예사롭지 않은 솜씨를 보여주고 있었는데 그림에 아예 화가의 이름이 보이지 않았다. 그런데 무슨 영문으로 그림 곳곳에서 나빙의 그림 스타일이 어른대는 것일까. 아니, 어른대는 정도가 아니라 내 직감으로는 나빙 이외에 어떤 화가도 머리에 떠오르지 않을 정도였다. 화가는 자신도 모르게 그림 위에 무의식적인 흔적을 남긴다. 사실 일부러 자신이 그리지 않은 것처럼 위장하는 경우가 아니라면 매우 자연스러운 일이기도 했다. 〈행락도〉의 바위와 나무와 계곡의 물결, 또 낮은 언덕과 물가에 아무렇게나 솟은 잡풀 등의 표현에는 내가 그동안 나빙의 그림에서 숱하게 보아온 특징이 선명하게 재현되고 있었다.

며칠 전 취안저우에서 본 이슬람 사원이 떠올랐고, 오래전 나빙이 두 차례에 걸쳐 광저우로 가던 여정에 있던 해안가의 두 도시 취안저우와 샤먼은 바로 이웃이었다. 나빙을 싣고 취안저우를 떠난 배가 샤먼을 그냥 지나칠 수는 없었다. 적어도 두 도시 사이를 오가는 데에는 배로 사나흘 이상은 족히 걸리는 거리였고 어디엔가는 내려 여장을 풀어야 했다. 그 모든 뱃길이 바로 정성공과 관련된 지역이란 것을 설마 나빙이 몰랐을까. 그만이 특별한 관심을 가져서는 아니었다. 그 정도는 상식의 영역이었다. 나빙이 광저우로 왔던 이유가 단순히 여행을 하거나 서양의 그림들을 보기 위한 목적만이 아닐지도 몰랐다. 혹시 그 이유에 〈행락도〉와 관련된 비밀스러운 작업이 연관된 것은 아닐까? 물론 이런 추론은 〈행락도〉를 나빙이 그렸다는 전제가 증명되어야만 성립한다.

나빙은 어떤 인물이었을까? 한 인물의 복잡한 내면을 낱낱이 알아낼 방법은 없지만 그의 행적에서 드러나는 면면을 보면 그는 만주족이 세운 청나라에 누구보다 큰 적대감을 가지고 있었다는 것은 의심의 여지가 없어 보였다. '주초시림朱草詩林'이라 지은 자신의 화실 이름도 그런 그의 의도가 읽혔다. 늘 충절의 상징으로 붉은 난초를 그렸고 그 옆에 '백이'와 '숙제'의 고사를 빠뜨리지 않았다. 나빙의 그림과 일생을 정리해 책으로 펴낸 킴 칼손Kim Karlsson이라는 미술사학자가 있다. 그에 따르면 나빙은 신실한 불교신자이자 '반만주족주의자'로 요약된다. 그런 면에서 보면 나빙은 한족 중심주의자로서의 면모가 누구보다 심한 인물이었다고 볼 수 있겠다. 나중에 살펴보겠지만 그의 이런 성향은 불행했던 가족사와도 관련이 깊다. 남들처럼 과거를 보지 않고 불교에 귀의한 것도 아마 그런 연유였을 것이다.

나빙의 그림 중 그 속뜻을 짐작하기 어려운, 보기에 따라서 다양한 해석을 낳는 그림이 하나 있다. 이 그림은 1762년에 그려졌다. 제목이 따로 없지만 편의상 '두 인물도'라 부르겠다. 아무리 봐도 기묘한 이 그림에 대해 짧은 논평을 남긴 이는 미술사학자인 뉴욕대학교의 조너선 헤이Jonathan Hay 교수다. 우선 그의 말을 들어보자. 그는 〈두 인물도〉를 무엇보다 종교적 상징으로 읽는다. 무릎을 꿇고 있는 인물은 서구의 크리스천을, 광배를 등지고 서 있는 인물은 동양 혹은 중국의 불교의 이미지를 대변하고 있다는 것. 또 당시 영국 동인도회사와 청나라 정부 간의 무역 마찰을 나빙이 종교적 형상화를 빌려 자신들이 우위에 있다는 것을 은연중에 강조하는 그림이라고도 보았다. 어쨌든 서양과 동양의 만남 혹은 충돌이라는 측면에서 이 그림에 대한 해석을 시도하고 있다. 그러나 그도 어딘가 찜찜했는지 무릎을 꿇은 사람이 꼭 크리스천을 표현하고 있다고는 말할 수 없다고 했다. 킴 칼손 역시 〈두 인물도〉는 여전히 다양한 해석의 여지가 열려 있다고 주장했다. 그렇다면 나빙의 그림 속 두 사람은 서양과 중국 혹은 크리스천과 불교를 상징하는 추상의 인물일까? 아니면 다른 의도를 가지고 있었던 것은 아닐까?

먼저 이 그림이 어디에서 그려진 것인지 주목해야 한다. 이 그림이 그려지던 1762년, 나빙은 항저우에 있었다. 그때 열 장의 그림을 그려 작은 화첩으로 엮었다. 대부분 풍경화와 사군자였는데 유독 이 그림만 이채를 발한다. 그가 서호의 명승지를 둘러본 다음 찾

1762년 나빙이 항저우에서 그린 문제의 그림.
편의상 <두 인물도>라 부른다.

타이완에 전해지는
다른 정성공 초상.

은 곳이 다름 아닌 악비岳飛의 묘였다. 그런데 악비가 누군가. 바로 북방의 이민족 금나라에 쫓겨 항저우에 남송 정권이 만들어지던 시기의 명장이자 민족 영웅으로 추앙받는 대표적인 인물이 바로 그다. 다행히 나빙이 그때 항저우에서 쓴 시 여러 편이 남았다. 쓸쓸히 낙엽이 지는 가을, 충신의 울분을 기억하며 악비의 묘에 절을 올리는 나빙. 그에게 항저우는 단순히 경치가 아름다운 강남의 대도시가 아니었다. 남송 때의 원한이 서린 분노의 현장이기도 했다. 그건 명나라와 관련해서도 마찬가지였다. 그런 나빙이 악비의 묘 앞에서 무슨 생각을 하고 있었을까? 남송 때의 일을 생각하며 현재 자신들의 불운한 처지를 곱씹고 있었던 것은 아닐까? 〈두 인물도〉는 그때 그려졌다. 그런 감정이 이 그림에 투영되었다고 본다면 과장된 해석일까?

다시 그림에 눈을 돌려보자. 서양인으로 보이는 남자가 칼과 활을 들고 서 있는 무장에게 무릎을 꿇고 있다. 동서양의 서로 다른 이미지와 대립을 〈두 인물도〉를 해석하는 기초로 설정한 것에는 무리가 없어 보인다. 하지만 누가 봐도 둘은 대등한 관계로 그려진 것이 아니다. 서 있는 자에게 항복하는 장면으로 봐도 무방할 정도다. 비록 그가 등 뒤의 광배를 배경으로 서 있어 불교적 색채가 지배적이지만 칼이나 활 그리고 갑옷을 입고 있는 것으로 볼 때 그는 장수에 더 가깝다. 종교적 분위기는 나빙의 다른 그림에서 보듯 대상 인물의 신성한 권위를 강조하기 위해 차용된 것이기 쉽다. 그렇다면 그림 속 인물은 남송의 충신 악비를 그린 것일까? 남명의 마지막 장군이었던 정성공을 그린 것이라 볼 여지는 없을까?

샤먼과 앞바다의 금문도金門島를 주둔지 삼아 청나라와의 교전을 계속하던 정성공이 1658년 마침내 군대를 이끌고 난징을 공격하기에 이른다. 강남 지역에는 아직 청에 굴복하지 않은 세력들이 흩어져 있었고 그들과 연합해 난징을 차지한다면 일단 반격의 교두보는 확보하는 셈이었다. 정성공은 해안선을 따라 동쪽으로 이동한 뒤 다시 장강을 거슬러 난징으로 향했다. 그러나 결국 패하고 샤먼으로 되돌아온다. 전세는 불리해졌고 군대를 재정비할 시간이 필요했다. 앞에서 여러 번 말했듯, 그는 바다를 건너 타이완을 점령하고 있던 네덜란드를 몰아내고 그곳을 새로운 주둔지로 삼는다. 나빙은 혹시 〈두 인물도〉를 통해 그 사건을 상징적으로 그리려 했던 것은 아닐까? 악비는 서양인과 싸운 적이 없었다. 내 눈에 이 그림은 동서양의 종교적 대립을 상징한다기보다는 종교적 표현에 기반을 둔 역사적 사실에 대한 나빙의 기록화로 읽혔다. 정성공에 굴복하는 네덜란드, 나빙에 의해 신성한 불교적 이미지로 재창조된 인물 정성공.

〈행락도〉는 〈초상화〉보다 대략 100여 년 뒤에 그려졌을 것이라는 게 연구자들의 결론이었다. 그림 안에 그 이유가 있다. 〈행락도〉가 〈초상화〉를 바탕으로 그려진 새로운 버전이기 때문이다. 〈초상화〉 없이는 〈행락도〉가 그려질 수 없었다는 얘기다. 구태여 설명하지 않아도 〈행락도〉가 〈초상화〉를 모방하고 덧보탰다. 구체적으로 살펴보면 〈초상화〉에서 정성공과 신하가 마주 앉은 장면은 〈행락도〉에서 좌우만 바뀐 채 고스란히 반복된다. 두 사람의 위치가 〈초상화〉와 달라진 것은 〈행락도〉가 나중에 그려졌다는 증거에 해당한다. 또 있다. 바로 주인공의 얼굴이다. 〈초상화〉야 더 보탤 말이 없는 정성공의 얼굴이다. 그런데 〈행락도〉에서 정면을 바라보는 세 인물의 얼굴을 겹쳐 보면 수염의 길이에 따라 나이 차이를 구분했을 뿐 한 사람임을 금방 알 수 있다. 그리고 그 얼굴은 볼 것도 없이 〈초상화〉 속 정성공을 그대로 모사한 것이다. 얇은 입술과 치켜올린 눈꼬리가 그것을 말해준다.

그렇다면 〈행락도〉의 세 인물 중 누가 정성공일까. 가운데 푸른색 옷을 입은 인물이다. 10여 년 만에 상봉한 어머니를 잃었고 아버지 정지룡은 적들의 편이 되었다. 그는 한순간에 부모를 모두 잃었다. 아버지의 저택과 입고 있던 푸른색 옷을 태우며 복수를 다짐한다. 그 뒤 푸른색은 정성공의 상징처럼 여겨졌다. 그렇다면 그 옆에 서 있는 인물이 누구인지도 궁금하지 않을 수 없다. 기념관 측도 의견이 나뉘었지만 난 왠지 아버지 정지룡이 아닐까 의심한다. 자세히 보면 두 사람은 마치 손을 잡고 있는 것처럼 보인다. 만약 그가 신하였다면 그럴 리 없다. 이제 많은 시간이 흘렀으니 살아서 서로 반목했던 부자를 화가는 저렇게라도 화해시키고 싶었던 게 아닐까? 마지막으로 〈초상화〉의 정성공과 같은 자세로 뒤쪽에 자리 잡은 이는 누구일까? 정황상 정성공의 후손일 가능성이 제일 높지만 세 사람의 얼굴이 같은 모델에서 나온 것을 보면 큰 의미를 부여하긴 어렵다. 설령 〈행락도〉가 그려지던 당시 그가 살아 있는 인물이었다고 해도 그의 얼굴을 사실적으로 그릴 수는 없었을 것이다. 엄연히 청나라의 치하였고 화가마저 이름을 남기지 못하는 상황이었으니까. 아무튼 하나의 그림에서 나온 두 폭의 정성공 초상화라니. 〈초상화〉와는 달리 갑옷을 벗고 용무늬가 사라진 푸른색 옷만을 입은 정성

1790년 베이징

1

2

3

1.　　　<행락도> 속 인물.
2,3.　　나빙이 그린 인물들.
얼굴선이 함몰되는 유사한 표현이 보인다.

5

6

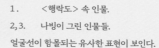

4

4.　　　<행락도> 속 인물.
5,6.　　나빙이 그린 인물들.
입술의 라인이 서로 닮았다.

공······ 전쟁이 끝난 뒤인 것이다.

박제가가 〈모자도〉에 남긴 글처럼 나빙은 "이제 죽고 없어" 〈행락도〉를 그린 화가가 누구인지 증명할 방법은 요원해 보인다. 나빙이 자신의 그림에 남긴 흔적들과 〈행락도〉의 그것들을 비교한다고 해서 묘수가 생길 것 같지도 않다. 흔히 말하듯 증명할 길 없는 물증에다 심증만 마구 차오르는 형국이었다. 마치 고운 모래를 쥐고 있는 것 같았다. 모래는 손가락 사이로 모두 빠져나가고 촉감만 남은 기분. 손아귀에서 사라진 모래의 촉감만을 가지고 내 손에 모래가 있었다고 우겨댈 수는 없는 노릇이었다. 〈모자도〉도 〈초상화〉도 〈행락도〉도 마찬가지였다. 내게 남겨진 이 거부할 길 없는 강렬한 느낌을 남에게 고스란히 전해줄 수 없다는 사실이 아쉬웠다. 또 그것이 정성공이란 인물과 관련된 그림의 운명이기도 했다. 누구도 내가 그렸다고 떳떳하게 말할 수 없었던 화가들.

난징 공격에서 패한 정성공은 1661년 12월 네덜란드로부터 타이완을 빼앗지만 이듬해 6월 급작스레 병으로 숨을 거둔다. 그의 나이 불과 서른여덟이었다. 그가 죽고 20여 년도 지나지 않아 바다를 건너온 청군에 의해 타이완의 정씨 정권은 막을 내린다. 이로써 명나라 회복의 희망은 모두 사라졌다. 약삭빠른 상인이자 해적에 불과했던 정지룡에서 시작해 일본에서 동남아시아에 이르는 거대한 대양을 누비며 막대한 부를 쌓았던 해상왕이자 명나라의 마지막 영웅으로 기억될 정성공에게 이르는 긴 이야기는 이제 종지부를 찍었다. 하지만 사람들의 기억 속에는 오히려 비운의 인물들이 오래 남는 법인지도 모르겠다. 그의 조각상이 신전에 모셔졌고 바다의 여신

박제가, 〈연평초령의모도延平髫齡依母圖〉(부분), 국립중앙박물관. | 『1790년 베이징』 **마음산책**

독자님, 안녕하세요. 마음산책입니다.

『쪽빛으로 난 길』의 저자가 십수 년 여정의 결과물인 두 번째 책을 냅니다. 모든 건 의문의 그림 한 점 때문이었습니다. 양반가의 서자로 태어나 시대가 끌어안지 못할 만큼 앞선 실학자이자 화가, 시인이었던 박제가의 〈연평초령의모도〉. 명·청 교체기에 청나라에 저항한 장수 정성공의 어린 시절을 담은 그림입니다. 누가 봐도 박제가답지 않으며 한국 회화사에서도 낯선 화풍, 그리고 조선으로서는 위험한 주제. 그런데도 박제가의 이름이 명백히 남겨 있다는 수수께끼 때문에 저자는 오래도록 가슴을 앓다가 그림의 사연을 직접 좇기로 했습니다. 정말 그린 이가 누구인지, 박제가인지 다른 조력자가 있는지, 그는 왜 이런 것을 그려야 했는지 궁금했지요. 그렇게 단서를 좇아, 단서의 단서를 좇아 조선통신사가 오갔던 일본이며 좁은 세상이 갑갑했던 박제가가 숨을 틔웠던 중국 곳곳을 돌아다니고 보니 결국 역사와 기행이 섞인 추리물 같은 책이 되었네요. 그만큼 과정도 결과도 즐거운 책이지만, 편집자로선 그 옛날에도 한·중·일 자유인들이 누린 우정과 풍류에 뭉클함을 느낍니다. 더큰 세상을 담는 데에는 역시 예술만 한 게 없나 봐요. 자꾸 보고 싶어요.

마음산책 드림

마조처럼 그도 바다의 신이 된다. 멀리 일본의 외딴섬 히라도에서 태어나 바다의 제왕이 되었던 정성공은 죽어 『삼국지』의 관우처럼, 조선의 임경업처럼 이곳 민간의 신앙 속에서 다시 부활한다.

섬 구랑위 가장자리에 거대한 정성공의 석상이 바다를 굽어보고 있었다. 선착장으로 가는 골목마다 진주 가게가 눈이 부셨다. 사람들은 저마다 쪼그려 앉아 접시만 한 검은 조개 입을 벌리려 애를 썼다. 칼날이 꾹 다문 조개 입 사이를 파고들자 거리로 불려 나온 패류는 힘이 풀려버렸다. 너덜너덜해진 속살 사이로 진주가 알처럼 들어차 있었다. 업자들은 저것들을 상처라 부른다고 들었다. 나빙에게도 잊지 못할 어떤 상처가 있었던 것은 아닐까. 남겨진 그의 그림들도 저 진주처럼 자신의 시간과 상처의 기록이었을 것이다. 나는 양저우를 떠나 이 바다를 건너 광저우로 향하던 나빙과 서울에서부터 압록강을 건너 베이징으로 향하던 박제가의 길에, 그 길 위에서 품었을 기대와 상처들에 조금은 더 다가가고 있길 바랐다.

바다로 열린 항구도시

이른 아침 버스며 지하철에서 내린 사람들은 골목을 향해 뛰었다. 손수레와 자전거와 짐을 가득 실은 차량들이 뒤엉켰다. 중국 전역으로 보내질 물건들로 혼잡한 이 거리가 십삼행十三行이 있던 자리였다. 십삼행이란 청나라 초기부터 아편전쟁 이전까지의 대외무역항을 가리키는 지명이자 상인 집단을 아우르는 말이기도 했다. 그러니까 이곳은 당시 외국의 무역선과 상인 들이 광저우를 드나들던 가장 번화한 출입구이자 시장이었던 것. 서양의 그림도 이곳으로 들어왔다. 처음은 16세기 후반 선교사들이 가져온 성화聖畵였다. 그들 중에는 우리에게도 잘 알려진 마테오 리치Matteo Ricci도 있었고 선교사 주세페 카스틸리오네Giuseppe Castiglione, 중국 이름 랑세녕郞世寧은 청나라 황실의 그림을 도맡아 그리던 궁정화가가 되었다. 유화와 동판화가 유입되었고 서양의 그림은 급속하게 중국 내에 퍼졌다. 광저우의 부유한 상인의 집에는 각국에서 들어온 다양한 것들, 이를테면 이탈리아의 유화와 프랑스의 시계, 제네바에서 만든 보석함 등을 중국의 족자 그림들과 함께 방에 장식하는 것이 유행일 정도였다.

나빙은 무슨 이유로 이곳 광저우에 왔던 것일까. 현재까지 확인된 것만 두 차례 이상이었다. 그의 광저우로의 여정이 단순히 국제무역항을 통해 유입되던 서양화를 관찰하기 위한 목적만은 아니었을지도 몰랐다. 나빙이 광저우를 다녀간 기록을 보지 못했었더라면 취안저우의 이슬람 사원에서든 아니면 샤먼 정성공기념관의 〈초상화〉와 〈행락도〉를 보면서든 나빙과 〈모자도〉와의 관계에 대해 아무런 실마리도 끄집어내지 못했을 것이다. 자신이 다녀온 어느 곳의 지명을 기록으로 남긴다는 것은 그만한 이유가 있었을 것이라 예상해볼 수 있다. 적어도 기록하거나 기념할 만한 무엇이 있었다면 그 장소는 다른 곳과 구별되는 특별한 의미를 지닌 공간이 되는 법이다. 나빙은 시를 짓고 나서 "최근에 광저우에 일이 있어" 혹은 "광저우에 갔다가 돌아와서"라며 부인 방완의方婉儀의 그림에 긴 글을 남긴다. 하지만 다녀왔다는 사실만 남겼을 뿐 이곳에서 무엇을 했는지에 대해서는 입을 다물었다.

당시에는 유일하게 공식적으로 개방된 국제 항구가 광저우였다. 젊은 그는 정열적이었고 서양의 그림에 대한 궁금증도 남달랐다. 나빙의 거처에서 서양의 풍경화를 보았다고 기록한 이도 있었다. 바로 나빙과 같은 해 태어난, 고위 관리이자 평생의 후원자이기도 했던 옹방강翁方綱이었다. 그는 서예가로도 이름이 높았고 훗날 베이징에서 박제가와의 교분도 자못 흥미로웠다. 당시 베이징을 드나들던 조선의 선비들이 누구보다 먼저 만나고 싶어 하던 인물이기도 했다.

나빙의 생애에서 많은 주목을 끄는 이도 바로 옹방강이었다. 그는 한때 광저우의 관리로 있었고 그 역시 서양화를 보고 난 뒤 시를 지어 남기기도 했다.

무역의 목적은 이윤이었고 그림도 마찬가지였다. 바다를 건너온 낯선 문화는 광저우에 정착하기까지 혼란과 변화의 시간이 필요했다. 여전히 낯선 것들은 양극단의 평가 속에서 빠르게 자리를 잡거나 배척되곤 했다. 물론 서양의 그림이 이곳으로 건너온 것만은 아니었다. 같은 목적으로 그들은 여기의 그림뿐 아니라 마치 일상생활을 담은 사진과도 같은 기록화를 자기들 나라로 가져갔다. 나무를 손질하는 목수나 시장의 채소 장수를 그린 그림들도 건너갔다. 처음 엔 홀대받던 서양의 그림들은 시간이 지나면서 수요가 늘었고 나중엔 오히려 중국인 화가들이 유화를 익혀 역수출을 하는 상황으로 반전되기도 했다. 광저우에서 그려진 유화들이 다시 바다를 건너 서양으로 향했고 일부는 나가사키로 가는 배에 실렸다. 아예 그림을 익힌 화가들이 배를 타고 먼 곳으로 이주를 감행하는 경우도 있었다.

나빙은 자신의 그림에 서양화의 영향을 받은 흔적을 고스란히 남겼다. 그는 귀신 그림을 많이 그렸다. 이런 종류의 그림은 중국 회화사에서 연원이 깊었다. 나중에 다시 보겠지만 그의 대표작 중 하나로 알려진 〈귀취도鬼趣圖〉가 있다. 여덟 폭으로 나누어 서로 다른 기이한 형상의 귀신을 그렸는데 마지막 장이 인체의 해골이었다. 그는 이 해골의 모티프를 안드레아스 베살리우스Andreas Vesalius의 1543년 작품에서 가져왔다. 나빙은 같은 소재로 여러 폭의 귀신 그림을 더 그렸고, 나중에 베이징에서의 일이지만 박제가도 이 그림에 글을 남겼다. 나빙이 만년에 그린 귀신 그림에서 해골의 형상은 노골적이다. 몰려오는 수많은 귀신에 맞서 홀로 화살과 모래시계를 들고 대적하는 모습이 버젓이 등장한다. 이 이미지의 출처는 아직 알려지지 않았다. 어떤 이는 '죽음'에 대한 나빙의 인식을 보여준다고도 하고, 아편전쟁으로 대변되는 당시 서양 세력에 대한 그의 경계심의 표현으로 읽기도 한다.

그는 심심풀이로 그림을 그리는 사람이 아니었다. 그림을 팔아 밥을 먹어야 하는 전문직 화가였다. 세상은 빠르게 변하고 있었고 그 속에서 살아남으려면 스스로 변화해야만 한다는 것을 누구보다 잘 알고 있었다. 나빙에게도 그런 기대와 목적이 있었을 것이다. 만주족도 한족도 아닌 서양에서 온 파란 눈의 선교사 화가 랑세녕이 황제의 가장 가까운 자리를 차지하고 있는 실정이었다. 말을 타고 초원을 달리던 만주족 황제는 그에게 말 그림을 주문했다. 가로로 8미터에 달하는 100마리의 말 그림은 더없이 화려하고 섬세해서 누구라도 한번 그의 그림을 보고 나면 살아 있는 말을 보고 있는 듯 할 말을 잃을 정도였다. 황후의 초상도 있었고 황제가 생일에 사냥하는 장면도 그의 손에서 나왔다. 나빙도 서양의 화가들에 의해 그려진 베이징 천주교 성당의 그림들도 이미 보았다. 저들의 그림은 자기가 지금껏 목숨 걸고 그린 그림들과는 전혀 달랐다. 마치 살아 있는 듯 생동감이 넘쳤다. 그런 것이 황제의 눈에 들어는지도 몰랐다. 나빙도 어디선가 돌파구를 찾아야만 했다. 그도 서양의 그림을 유심히 관찰했고 거기에서 얻은 이미지들을 자신의 그림 여러 곳에

나빙의 <귀취도> 중 여덟 번째 그림(왼쪽)과
16세기 베살리우스의 그림을 1973년에
다시 모사한 것(아래).

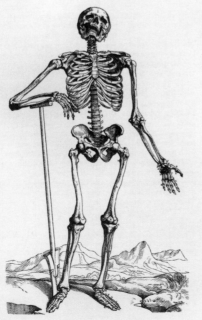
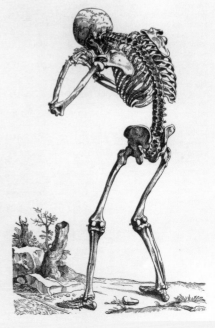

차용했다.

목적지에 가까워지고 있다는 것을 직감적으로 느꼈다. 이들의
거리에는 다른 곳에서는 맡을 수 없는 냄새가 멀리까지 풍겼다. 흰
모자를 쓴 회족回族들이 연기를 피워 올리며 양꼬치를 구웠다. 푸줏
간 옆에서는 벽돌을 쌓아 만든 화덕에 쟁반만 한 빵을 구웠고 유독
소고기라면집이 많았다. 술은 팔지 않았다. 하루의 일과는 시계처럼
정확했고, 내게 그들은 너무 종교적이다 싶을 정도로 율법에 충실해
보였다. 그런 고지식함이 불편할 때도 있었지만 꼭 그렇지만도 않았
다. 해마다 큰 명절인 춘절이 오면 대부분의 중국 식당이 문을 닫았
다. 짧아도 일주일이었고 한 달을 넘기기도 했다. 그럴 때면 나는 늘
이들의 거리를 찾아서 끼니를 구했다. 모든 게 율법에 충실한 그들
덕분이었다. 멀리 초록색의 유리기와가 빛났다. 광저우의 이슬람 사
원 회성사懷聖寺의 지붕이었다.

"무슬림인가요?"

이틀 전 나는 사원 문 앞에서 거절을 당했었다. 오늘처럼 이슬
람 신자인가를 묻는 문지기 사내 앞에서 어찌할 줄 몰라 우물거린
탓이었다. 그걸로 끝이었다. 두 손을 설레설레 저었고, 나는 하소연
을 늘어놓았고, 융통성 없는 그는 아예 문을 닫아걸고 말았다. 오늘
은 기필코 사원 안으로 들어가야만 했다. 1초도 망설이지 않고 '예
스'라 대답을 할 것이다. 그런데 오늘은 흰 모자를 쓴 무슬림들이 바
삐 사원 안으로 걸음을 옮길 뿐 출입문을 지키는 이는 보이지 않았
다. 말하자면 오늘은 그들의 주일이었던 셈.

녹음이 짙은 측백나무가 먼저 시야를 가렸고 경내는 생각보다 조용했다. 희고 긴 겉옷을 입은 사람들이 소리 없이 걸었다. 무려 1300여 년 전 당나라 때 지어졌다는 회성사는 흔히 보았던 보통의 사찰과 별반 다르지 않았다. 전각들에 한자와 나란히 쓴 이슬람 문자가 없다면 지극히 중국적이었는데 내가 보고 싶은 것은 따로 있었다. 목을 뒤로 한참을 꺾어야 겨우 꼭대기가 보이는, 높이가 거의 40미터에 육박하는 원형의 미너렛이었다. '광탑光塔'이라고도 불렸다는데 혹시 저 탑 끝에 불이라도 피워 올렸다는 말인가. 잠시 탑을 올려다봤다. 이슬람 사원의 상징과도 같은 탑의 정상에는 닭 모양의 풍향계가 있었다고 했다. 예전 같으면 이곳 광저우의 항구를 향해 다가오는 배들의 이정표가 되었을 탑의 맨 꼭대기에, 멀리서 보면 입을 다문 연꽃 봉오리 같은 둥근 지붕, 돔이 하얗게 빛나고 있었다.

회성사의 건물은 취안저우의 이슬람 사원 양식과 전혀 달랐다. 돔은 있었지만 키 큰 돌기둥은 처음부터 만들지 않았던 듯했다. 서역으로부터 떠나와 새로 뿌리를 내린 곳에 자신들의 사원을 지어야만 했던 사람들. 종교와 건축의 상관관계를 떠나서 누구나 자신들의 몸과 머리에 익숙한 건물을 원했을 것이다. 다행히 그것이 가능하다면 말이다. 취안저우처럼 이슬람 사원의 원형에 가까운 모습을 그대로 옮겨 온 듯 지을 수 있었던 건 사실 매우 드문 경우였다. 그 반대의 경우가 훨씬 더 많았다. 회성사를 세운 무슬림들은 돌기둥을 포기하는 대신 하늘로 솟구친 저 미너렛을 선택한 모양이었다. 저것만큼 시선을 압도하는 건물이 없었을 광저우에서는 그게 오히려 자신들의 정체성을 보여주는 데 효과적인 방법인지도 몰랐다. 낮고 검은 기와지붕들 사이로 백련처럼 하얗게 솟은 탑이라니. 일본에서 오는 배든 아니면 남쪽 자카르타에서 오든, 강물을 거슬러 십삼항으로 진입하는 배는 저 등대 같은 미너렛을 목적지로 배를 몰았을 것이다. 배가 항구에 닿기도 전에 사람들의 눈을 사로잡았을 흰 탑과 돔.

강을 건너고 싶은 날은 배를 탔다. 강의 이쪽과 저쪽을 여객선이 자주 오갔고 자전거나 오토바이도 함께 승선했다. 광저우에서는 배가 더 편했다. 가끔 몸체가 무거워 보이는 화물선들이 탁한 강물을 갈랐다. 〈모자도〉와 관련된 곳을 찾아다니는 동안 나는 베이징에서 만난 박제가와 나빙은 무엇을 주제로 대화를 나누었을까 자주 생각했다. 둘 사이를 가깝게 만들었을, 거창하게 사상이랄 것까지는 아니어도 공통된 관심사나 취향이 있었다면 그들은 좀 더 쉽게 친해졌을 것이다. 이곳 광저우는 어땠을까. 조선도 일본과 마찬가지로 외국과의 무역에 나서야 한다고 의논을 펼치던 젊은 박제가는 일본의 나가사키는 물론 이곳 광저우와 남중국 해안의 무역도시를 주르르 꿰고 있었다. '있는 것과 없는 것을 교역하는 것이 천하의 통용되는 법'이라 생각했던 그는 한 번도 와본 적 없는 이 도시의 혼잡과 장려함과 물품의 교역에 대해 나빙에게 물었을까? 이미 광저우를 다녀간 적이 있는 나빙은 그런 박제가에게 무슨 이야기를 들려줬을까?

박제가에게 이곳 광저우는 국제무역을 주장하는 장면에서만 등장하지 않는다. 예상 밖의 만남도 있었다. 베이징에서 박제가가 나빙을 처음 만나던 1790년 8월, 그는 베이징에 가기 전에 러허熱河

에 머물렀다. 황제의 생일잔치가 그곳에서 먼저 열렸다. 조선뿐 아니라 몽고와 라오스에서 온 사신도 있었는데 그중 박제가와 필담을 나눴던 이들이 바로 베트남에서 온 사신들이었다. 그해 박제가가 서울을 떠나기도 전에 베트남 사신들이 도착한 곳이 광저우였다. 조선 사신들이 압록강을 건너 러허로 향해 가고 있을 때 이들은 광저우의 북쪽 관문 메이링梅嶺을 넘어 장강을 따라 동쪽으로 내려간 뒤 양저우에서 대운하를 타고 베이징으로 북상하고 있었다. 공교롭게도 이때 베트남 사신들이 지나간 길은 이곳 광저우에서 나빙이 고향 양저우로 돌아가는 경로와 같았다. 박제가는 그렇게 대륙을 관통해서 황제의 여름 별장에 도착한 베트남 사신들을 러허에서 만나게 되는 것이다. 얼마 뒤 그들을 다시 본 건 베이징 원명원의 배 안이었다. 그들과 헤어지고 난 뒤 박제가는 잠깐 광저우와, 그곳보다 더 먼 나라의 이들을 떠올리곤 했다.

경우가 다르다

새벽에 일어나 등불을 돋우고 원굉도袁宏道의 「서문장전徐文長傳」을 읽었다.

스무 살의 박제가가 묘향산 여행기에 남긴 구절이다. 서문장은 명나라의 화가이자 시인이며 극작가였던 서위徐渭를 말한다. 독특한 글씨도 즐겼다. 약관의 박제가의 글에서 그를 만나게 될 줄은 예상도 하지 못했다. 서위라니, 나는 잠시 고민에 빠졌다. 내가 기억하는 박제가는 실학자이자 배운 바를 성실히 실천하려는 모범적인 경세가로서의 그가 제일 앞에 있었다. 그리고 평생에 걸쳐 자신의 생각을 이루려 동분서주 좌충우돌하던 열정 가득한 인물이 바로 그였다. 그런 그에게 서위라니……

젊은 그가 쓴 여행기는 아름답고 산뜻했다. 책장을 쉽게 넘기기 어려우리만치 빛나는 감수성이 글 행간에 넘실거렸다. 목청 높았던 그의 주장에 가려 내가 미처 보지 못했던 그의 다른 면모였다. 현실에 두 눈을 부릅뜬 실학자 박제가와 넘치는 끼와 흥을 주체 못하던 광기 어린 예술가 서위의 만남이 어색하게만 보였던 것은 내 속단이었는지도 몰랐다. 박제가도 누구 못지않은, 자의식 충만한 시인이란 사실을 왜 깜빡 잊고 지냈던 것일까. 그렇게 나는 기억의 한쪽 구석에서 잠자고 있던 박제가의 그림 〈모자도〉를 오랜만에 다시 끄집어낼 수 있었다.

「서문장전」을 읽던 어느 새벽 묘향산으로 떠나기 전 짐 꾸러미에 어떤 책을 넣을까 즐거운 고민에 빠졌을 박제가를 상상하며 〈모자도〉와 박제가와 서위를 나란히 늘어놓았던 때가 기억에 새롭다. 가난한 박제가는 어려서부터 읽고 싶은 책을 빌리면 늘 손바닥만한 공책에 옮겨 적었다고 했다. 그 새벽의 「서문장전」도 자신이 베껴 쓴 필사본이었을 것이다. 스무 살, 묘향산으로의 먼 여행길이었다. 그 길에, 하필이면 고르고 고른 책이 어째서 원굉도의 것이었으며 그중에서도 「서문장전」을 읽던 새벽의 순간을 글로 남겼을까? 무엇이 그를 묘향산으로, 그 새벽으로, 서위로 이끌었을까? 스무 살, 그의 속내가 궁금했다. 이 구절을 만나지 못했다면 아마 〈모자도〉를 찾아 나설 결심은 좀 더 미뤄졌을 것이다. 그림에서든 글에서든 누구보다 자유분방함을 추구한 서위였고 「서문장전」을 지은 원굉도 역시 서위에 뒤지지 않는 문제의 인물이었다. 두 사람은 살아서 보지 못했다. 글로써 서로 감응한 격이었다. 「서문장전」의 한 대목이다.

온 세상의 선비 중에는 자기의 뜻에 차는 이가 없다고 보았으며, 마침

내 세상에서 알아주지 않았다. 그의 가슴속에는 또 닳아 사라질 수 없는 자욱한 기운이 있고, 영웅이 길을 잃어 발붙일 집조차 없는 슬픔이 있었다. 그 시는 성을 내는 것 같고, 비웃는 것 같으며, 물이 골짜기에서 울부짖는 듯하고, 새싹이 흙을 뚫고 나오는 것 같았다. 과부가 밤중에 곡을 하는 듯하고, 나그네가 추위 속에 길을 떠나는 것 같았다.

서위가 죽은 뒤 우연히 그의 글을 읽은 원굉도는 자기도 모르게 놀라 펄쩍 뛰며 지인에게 물었다. '이 글은 누가 지은 것인가? 살아 있는가 아니면 옛날 사람인가?' 여태까지 서위를 몰랐던 자신을 책망하며 그는 등불 아래서 그의 글을 읽다가 소리치고, 소리치다가 다시 글을 읽었다. 이런 사람을 여태 모르고 살았던 자신이 부끄러웠다. 그래서 한번 용기를 내어 숨을 들이마시고 지은 글이 「서문장전」이었다. 서위는 젊어서 병법에 관심을 기울였다. 당시 왜구 퇴치를 총괄하던 호종헌胡宗憲의 휘하에 있으면서 글을 짓기도 했다. 시와 그림과 서법에서도 누구와 비교하기 어려울 만큼 기이했다. 뜻을 잃고 세상을 떠돌 때면 먼 북방의 사막도 멀다 하지 않았고 늘그막엔 정신착란과 광기와 분노가 더 깊어졌다. 부인을 살해한 죄목으로 옥에 갇혔고 자해했다. 원굉도는 「서문장전」을 이렇게 끝맺는다.

서문장은 끝내 세상에서 뜻을 펼치지 못하고 분노를 품은 채 죽고 말았다. 그는 어느 면에서도 기이하지 않음이 없었던 사람이다. 슬프다!

뒤늦게 원굉도가 서위를 알아보았듯 박제가는 그의 글을 통해

서위를 만나고 있었다. 그도 저런 시인이고 싶었던 것일까? 아니, 스무 살의 그는 자신의 가슴 깊숙한 곳에 무엇이 쌓여 있었길래 저렇듯 울울하고 쓸쓸한 감정에 빠져들었던 것일까. 어쩌면 그의 글에서 언뜻언뜻 비치는 도저한 자의식의 분출이 그런 감정들과 관계가 있는 것인지도 몰랐다. 그는 실학자이자 시인이었다. 그러니까 이제껏 나는 그의 한쪽 모습만을 가지고 그의 전부인 양 뭉뚱그려 생각하고 있었던 것이다. 다면체의 인격을 가진 것이 인간일 수 있다는 사실을 자주 깜빡했다. 박제가라고 달랐을까. 개혁적인 실학자이자 견고한 원칙주의자였으며 꿈꾸는 시인이기도 했다. 그가 자신에 관해 쓴 글 「소전小傳」의 대략이다.

그의 사람됨은 이러하다. 고고한 사람만을 가려 더욱 가까이 지내고 권세 있는 자를 보면 일부러 더 멀리하였다. 그런 까닭에 세상과 맞는 경우가 드물어 언제나 가난했다. 어려서는 문장가의 글을 배우더니 장성해서는 국가를 경영하고 백성을 제도할 학문을 좋아하였다. 몇 달씩 집에 돌아가지 않아도 사람들은 알지 못했다. 고명한 일에만 마음을 두고 세상일에는 무심하였으며, 사물의 이치를 종합하여 깊고 아득한 세계에 침잠하였다. 100세대 이전의 사람에게나 흉금을 털어놓았고 만 리 밖 먼 땅에 가서 활개를 치고 다녔다.

구름과 안개의 기이한 자태를 관찰하고 온갖 새의 신기한 소리에 귀를 기울였다. 아득히 먼 산, 해와 달과 별자리, 작은 풀과 나무, 벌레와 물고기, 서리와 이슬, 날마다 변화하지만 정작 왜 그러는지는 알지 못

1790년 베이징

하는 것들의 이치를 마음속에서 깨달으니, 말로는 그 실상을 다 표현할 수가 없고 입으로는 그 맛을 충분히 담아낼 수가 없다. 스스로 생각하기를 저 혼자만 알 뿐 다른 사람들은 그 즐거움을 알지 못한다고 여겼다.

아아! 몸만 남기고 가버리는 것은 정신이요, 뼈는 썩어도 남는 것은 마음이다. 이 말의 뜻을 아는 자는 생사와 성명의 밖에서 그 사람을 만나게 되리라.

서위의 집이 사오싱에 있었다. 이곳으로 올 때면 늘, 처음 그의 그림과 글씨에서 받았던 당혹스러움의 이유가 무엇이었을까 되묻곤 했다. 〈모자도〉처럼 여러 상징이 들어찬 '읽는 그림'도 아니었다. 말 그대로 보는 즉시 감각되는 파초와 꽃과 눈 쌓인 대나무와 비에 젖어 번들거리는 바위……. 그렇지만 그동안 보아온 것들과는 달랐다. 지금껏 내 관념 속에 남아 있는 그림들과는 처음부터 뭔가 어긋났다. 당혹스러워 섣불리 뭐라 말하기도 어려웠다. 그건 아마도 감정이나 정서에 속한 문제와 맞닿아 있을 듯했고 자연과 인간, 어쩌면 세상을 바라보는 삶의 태도와도 관련이 있어 보였다. 대문을 들어서자 고즈넉한 마당이 방문객을 맞았다. 정갈한 흙 마당을 지나자 담 아래 연못이 있었고 무성한 등나무가 넓은 그늘을 만들었다. 어느 핸가, 초여름에 이곳을 찾았을 땐 불꽃 같은 석류꽃이 마당에 가득했었다. 연못 속을 헤엄치는 물고기 몇 마리. 등나무가 무성한 서위의 집, 청등서옥靑藤書屋이었다.

그의 그림과 글씨는 자유롭다 못해 거침없이 분방하고 때론 격렬해서 서너 평을 넘지 않을 전시장은 열기로 가득했다. 무엇을 어떻게 보아야만 하나, 걸음이 자꾸 멈칫거렸다. 곧 종이에서 부서져 내릴 듯 메마른 나뭇가지와 흥건한 물기로 손을 대면 축축하게 젖은 잎사귀가 만져질 것만 같은 그림들……. 폭발하는 감정들이 종이 위에 무작위로 흩뿌려졌고 먹물은 무방비로 달아나 이리저리 튀었다. 솟구치는 감정이 분수처럼 터졌다. 적나라한 감정들의 속살 앞에서 적잖이 당황했던 기억. 흥분과 분노와 안타까움과 여린 떨림까지, 박제가는 서위의 어떤 것들과 만나고 싶었던 것일까. 그도 서위의 그림처럼 저렇게 폭발하는 감정과 생동하는 기운을 느끼고 싶었던 것일까? 그것을 시에 담고자 했던 것일까?

서위나 원굉도는 창작에 있어서 누구보다 개성적이고 자유로운 표현을 추구한 자들이었고 그 물길을 따라가면 양명학에 닿는다고 읽었다. 그 사상을 집대성한 왕양명王陽明의 이름에서 유래한다. 그는 여기서 멀지 않은 위야오余姚에서 태어나 사오싱에서 살다가 묻혔다. 그러니 사오싱은 양명학의 산실과도 같다. 서위는 이래저래 그런 문화적 풍토 안에서 자랐다. 이곳의 풍조와는 달리 주자학이 주류를 이루던 조선에서 양명학은 배척되거나 금기어에 속했다. 인기 없는 학문이 아니라 관심조차 줄 필요가 없는 하찮은 학문으로 취급되었다. 극단적인 경우 죽음으로 몰렸다. 사오싱을 비롯한 당시 강남에서는 오히려 양명학이 주류를 이뤘다. 철학자이자 탁월한 군사 전략가였던 왕양명은 사상과 실천이라는 측면에서 위대한 업적을 쌓은 인물로 평가된다.

철학이나 사상을 말할 형편은 아니지만 서위를 좀 더 이해하기 위해서는 피해 갈 일도 아니다. 그건 「서문장전」을 읽던 스무 살의 박제가를 이해하는 일이기도 하다. 조선의 선비 대다수가 거들떠보지도 않던 인물의 글을 박제가는 여행 가방에 챙겨 넣었다. 그보다 아래 세대인 홍한주는 이런 기록을 남기기도 했다. "서위나 원굉도 등의 무리들은 자질구레한 문체로 점점 망국의 문장으로 빠져들었다." 사실 내가 글로 읽은 박제가 역시 주자학적 사고에서 크게 벗어난 인물은 아닌 것처럼 보였다. 그러나 늘 의심했다. 그는 생각에 있어서 다른 이들보다 유연한, 동시대의 사대부들과 비교하자면 색깔이 달랐다. 적어도 하나의 잣대로 세상을 함부로 재단하지 않았고 자신과 다른 생각을 남들에게 강요하는 것을 누구보다 경계했다. 박제가의 이야기를 더 들어본다.

중국에 양명학이 존재하는 것은 사실이지만 주자의 적통 역시 그대로 남아 있다. 우리나라는 사람마다 정자와 주자를 말하여 온 나라에 다른 의견이 전혀 없다. 양명학을 주장하는 사대부가 전혀 없는 것은 추구하는 목적이 하나로 집중되었기 때문이 아니겠는가? 사람들을 과거 시험으로 몰아가고, 풍기風氣로 옴짝달싹 못하게 묶어놓았기 때문에 그와 같이 하지 않으면 자신의 몸을 붙일 곳이 없고 자손을 보전하지 못한다. 이것이 바로 중국보다 우리가 못한 이유다.

내용인즉 이렇다. 조선에서는 오로지 주자학 하나만 떠받든다는 것. 주자의 학문을 배워, 아니 주자가 해석한 사서삼경을 익혀 과거에 합격하는 것만이 사대부가 원하는 유일한 목적이라 보고 있다. 만약 그 길을 거부하거나 벗어나면 출세는커녕 자손들마저도 곤궁에 빠지고 만다는 것이 조선 사회를 바라보는 박제가의 시선이다. 그렇게 합격을 해도 세도가의 자손이 아니면 벼슬조차 얻기 어려웠다. 그래서 놀고먹는 양반을 도태시켜야 한다는 주장으로 이어진다. 박제가는 '더 나은 조선'을 위해서라면 자신을 걸고 싸우는 사람이었다. 조선이 부강해지고 백성들이 가난에서 벗어날 수만 있다면 물불을 가리지 않는 모범생이었다. 배운 자로서의 책무라 여겼다. 하지만 그게 전부는 아니었다. 그는 또 다른 욕망의 주머니를 늘 지니고 다녔다. 시인으로서의 자신이었다. 그는 세상을 경영하는 일과 시를 쓰는 일은 다르다고 생각했다. 다른 것은 몰라도 시만큼은 자신의 목소리로 써야 한다고 믿었던, 천생 시인이었다.

서위가 죽고 난 뒤 이곳 청등서옥은 다른 주인을 맞는다. 다름 아닌 샤먼의 정성공기념관에 걸려 있던 〈정성공 초상화〉의 숨겨진 화가가 아닐까 의심했던 인물, 바로 진홍수였다. 그의 부친이 서위의 친구였다. 현재 남아 있는 이곳의 현판도 그의 글씨였다. 인물화에 능했던 그는 참으로 독특하기 이를 데 없는 그림들을 많이 남긴다. 그도 경천동지의 명청 교체기를 온몸으로 체험한 경우다. 황제가 자결하고 청나라의 군대가 베이징을 점령했다는 소식이 이곳까지 전해졌다. 청군이 파죽지세로 강남을 휩쓸며 내려오자 진홍수는 머리를 깎고 절로 피신한다. 그와 가까웠던 자들 여럿이 호수에 몸을 던졌고 그가 모셨던 스승이자 역시 양명학에 기반을 두었던 즙산학파

戢山學派의 학문적 지주 유종주劉宗周는 굶어 죽었다. 진홍수는 미처 날뛰었다.

나는 어쩌자고 소설로 영화로 본 〈남한산성〉이 떠올랐을까. 전쟁이 일어났고, 적들이 몰려오고, 목숨이 경각에 놓인 사람들의 선택에서 무엇이 옳고 무엇이 그른 것일까. 맞서 싸우다 죽을 것인가, 아니면 무릎을 꿇어서라도 국가와 백성의 목숨을 살릴 것인가. 전쟁은, 삶은 둘 중 하나를 선택하는 기회도 허락하지 않을 때가 다반사였다. 맞서 싸워 적들을 몰아낼 수도 있었고 무릎을 꿇는 것과 동시에 죽음을 맞이할 수도 있었다. 코앞의 일을 누구도 알 수가 없는데 미래를 예측한다는 것은 그저 암울한 희망 사항일 뿐이었다. 저마다 주장하는 살길은 다 달랐고 명분과 실질의 다툼은 끝날 줄을 몰랐다. 그뿐이라면 그것마저도 다행이라 말할 수 있을 것이다. 하지만 죽음도 살아 있음도 전쟁의 마지막이 아니었다. 어느 것을 선택해도 심판과 비난은 시대와 시대를 넘어 이어졌다. 전쟁은 또 다른 전쟁을 불렀다. 자결로 만고의 충신이 되었고 항복의 글을 써 만고의 역적이 되기도 했다.

몇 해 전 난징에서 우연히 10미터에 육박하는 서위의 그림 〈잡화도雜花圖〉를 본 적이 있다. 많은 이들이 남긴 글 중에 나빙의 오랜 친구 옹방강의 것도 있었다. 알려진 그의 서체와는 아주 다른, 기분에 취해 한껏 풀어진 글씨였는데, 그건 아마도 서위의 그림에서 받은 감흥을 주체하지 못한 그의 마음이었을 것이라고 나는 보았다. 실물로 만나는 그의 그림은 마치 어제 그린 것처럼 더하고 뺄 것 없는 화가의 감정이 고스란히 전해졌다. 그의 그림 앞에서 또 한동안

서위, 〈잡화도〉

발목이 붙들렸었다. 나는 조선 시대 그림에서 이런 종류의 그림을 본 기억이 없었다. 인간의 감정은 밖으로 드러내는 것이 아닌, 속으로 억누를 것을 강요받던 시대에서는 태어날 수 없는 그림이었다. 시인 박제가가 「서문장전」을 읽던 그 새벽은, 어쩌면 그런 조선 사회와의 불화의 시작이었는지도 몰랐다.

박제가의 글 이곳저곳에 서위와 원굉도의 글을 공들여 읽은 흔적이 눈에 띄는 이유도 그래서였을 것이다. 그의 시에서 느껴지는 신선한 바람도 거기에 있을지도 몰랐다. 시인 박제가에게 예술은 또 시는 '경우가 달랐다'. 그도 사서삼경과 사마천의 『사기』를 읽는 선비였고 예의와 염치를 따지는 유학자였지만 인간의 마음에 귀를 기울이고 자신의 내면을 들여다볼 줄 아는 시인이기도 했다. 서위와 진홍수의 그림을 유독 좋아한 이가 하필 나빙이었다. 나빙만 그런 것은 아니었지만 그는 그림 곳곳에 그런 자신의 흠모의 마음을 글로 남겼다. 멀리서 보면 진홍수의 그림과 오인할 정도로 똑같이 그린 그림이 여럿이었다. 그렇게 서위와 진홍수의 격정과 예술이 다른 이들에게로 이어진다. 믿기 어려운 기량과 높은 격조로 보는 이를 숨 막히게 만드는 그림도 있지만 도무지 불감당의 격정 앞에서 발을 떼지 못하게 만드는 그림도 있다. 기쁘다고 늘 웃는 것만은 아니다. 울기도 한다. 나빙과 박제가의 대화 목록에 서위의 이름을 올려놓았다.

나빙의 집

　지금이야 인근 상하이와 항저우에 밀려 소도시 취급을 받지만 나빙이 살았던 당시만 해도 양저우의 위상은 지금과는 천지 차이였다. 강남의 동서를 가로지르는 장강과 대륙을 남북으로 잇는 경항대운하가 만나는 교통의 요지 중 요지였던 곳이 양저우였다. 그 덕에 교역이 발달했고 특히 소금업이 양저우 경제의 주요 토대를 이뤄 일찍부터 동남 제일의 도시로 오랫동안 지위를 누렸다. 부유한 상인들이 많았고 그들의 후원으로 예술이 흥성하는 도시로 성장할 수 있었다. 나빙이 살았던 당시 양저우에서 활동하는 화가만도 백 수십 명에 달했다고 전한다. 도시의 신흥 세력으로 성장한 상인들의 미감은 이전과는 달랐다. 개방적이었고 낡은 전통에 연연하지 않았다. 무엇보다 개성적인 화가의 그림들이 그들의 구미에 당겼다. 그렇게 이전 어느 시대와도 확연하게 달라진 예술 환경이 빠르게 무르익던 양저우에서 나빙이 태어났다.

양저우의 예전 중심가에서 동쪽의 대운하로 연결되는 둥관제 東關街로 가다 보면 주택가 좁은 골목인 미퉈샹彌陀巷이 나온다. 자세히 살피지 않으면 그냥 지나치기 쉬울 정도로 표지판은 희미하다. 골목 중간쯤, 성벽처럼 높고 좁은 잿빛 담벼락을 꺾어 돌면 '나빙의 옛집'이 모습을 드러낸다. 이젠 어엿하게 이정표가 있는 문화재로 관리원이 상주하지만 처음 양저우에 왔을 때는 지도를 들고도 여러 번 허탕을 쳤다. 그다음엔 수리 중이었고 어느 날엔 휴관하는 날이어서 굳게 잠긴 대문을 보며 발걸음을 돌려야 했다. 화가 나빙과 그의 가족이 살았던 집 앞에서 숨을 고른다. 1790년 베이징에서 나빙을 만나고 헤어진 박제가가 언제고 한 번은 와보고 싶다던 양저우였다. 그럴 수 있다면 이곳 나빙의 집에도 들렀을 그였다. 대문을 열고 들어서면 나는 늘 서울의 남산 자락과 혜화동 어디에 있었다는 박제가의 집을 그려보곤 했다. 그의 집은 어땠을까. 이렇게 눈앞에 명백한 실물과 그저 이쯤이나 저기쯤의 짐작 속 서울 박제가의 집터 사이에서 나는 때론 질투가 났고 한편으로 그 어림짐작이 다행이다 싶기도 했다.

나빙의 집안이 원래부터 이곳에 산 것은 아니었다. 명나라 중기에 그의 선조가 안후이성安徽省 황산 아래 유서 깊은 마을인 청칸呈坎에서 양저우로 이사를 왔다. 그곳은 나씨들의 오래된 집성촌이었다. 청칸이란 이름에서 보듯 마을이 들어선 자리는 고심에 고심을 거듭한 흔적이 역력했다. '강남에서 제일가는 마을'이라는 자부심답게 사방이 산으로 둘러싸인 아늑한 곳에 강을 끼고 자리를 잡았다. 역사가 오랜 마을에서 자주 보이듯 청칸도 물을 끌어들여 마을을 감싸는 넓은 호수를 만들었다. 호수 옆으로는 당당한 크기의 서원이 자리했고 대대로 벼슬길에 오른 선조들을 모신 사당의 규모도 굉장했다. 시간을 가늠하기 어려운 골목의 돌길들, 돌길과 나란히 흐르는 좁은 도랑을 걸으며 나빙이 이곳에 살았다면 그의 집은 어디였을까 주위를 두리번거리곤 했다. 그의 선조들의 과거만으로 보면 그는 말 그대로 혁혁한 가문의 후손이었던 셈이다. 그런 자신들만의 오랜 전통 속에서 자란 나빙은 대륙의 주인이자 스스로 일등 민족이라 자부심 높았던 한족으로서 청나라의 지배를 받는 현실을 도무지 받아들일 수 없었을 것이다. 그가 가진 태생적인 한계였다.

양저우에서 태어난 나빙의 유년은 평범했지만 위기가 일찍 찾아왔다. 그 자신도 그림 그리기를 즐겼고 당시 유명 화가들과도 친분이 두터웠던 부친이 일찍 운명을 달리했다. 어린 그는 숙부의 손에 맡겨졌다. 고위직은 아니었지만 부친과 숙부 모두 향시에 합격해 지방의 관리로 일했다. 나빙은 스무 살이 되던 해 방완의와 혼례를 올렸고 아들 둘과 딸 하나를 낳았다. 그는 일찌감치 집에서 멀지 않은 서방사西方寺 뒷방에서 홀로 시 짓고 글씨 쓰던 70대의 김농金農을 스승으로 모시고 시와 그림을 배우기 시작했다. 그가 남들처럼 과거를 보지 않고 화가의 길로 들어선 것이 가정 형편 탓이었는지 아니면 청나라의 관리가 되기를 애초부터 거부한 것인지는 분명하지 않다. 부인도 시와 그림에 능했다. 자녀들 또한 그림에 재주가 있었고 가족 모두가 매화 그림에 일가를 이룬 보기 드문 경우에 속했다. 훗날 사람들은 그런 그들에게 '나씨네 매화파羅家梅花派'라는 별칭을 따로 붙여줄 정도였다.

스승 김농의 고향은 항저우였다. 1763년 스승이 세상을 떠나자 나빙은 항저우로 가 부음을 전한다. 비록 만주족의 세상이었지만 항저우는 한족들의 자부심의 상징과도 같은 곳이었다. 나빙은 항저우의 여러 곳을 방문했고 그때마다 그림을 그렸다. 앞에서 본, 해석이 엇갈리는 나빙의 그림 〈두 인물도〉도 바로 이때 그려졌다. 전각가로 유명했던 정경丁敬1695-1765은 김농의 친구였다. 그 역시 벼슬길에 오를 기회가 없지 않았지만 항저우를 떠나지 않았다. 나빙은 스승의 지우인 그를 위해 초상화를 그렸다. 그가 답례로 인장을 파 나빙에게 선물했다. 그런데 그게 예기치 않은 파장을 불렀다. 겉으로 드러낼 수는 없었지만 항저우는 청나라에 대한 반감이 어느 곳보다 드셌다. 정경의 제자들은 오랑캐 조정에서 벼슬을 한 자의 자식에게 스승의 물건을 줄 수는 없는 일이라고 항의했다. 나빙에게는 적지 않은 충격이었다.

안후이성 청칸에서 양저우로 이주한 나빙의 조상이 처음 터를 잡은 곳은 이곳 '나빙의 옛집'에서 멀지 않은, 현재 양저우 시립병원이 있는 자리였다. 번가원樊家園이라 불렸다. 베이징을 점령한 청나라는 군대를 몰아 거칠 것 없이 남쪽으로 내려왔고 마침내 양저우에 도착했다. 1645년 4월이었다. 성을 지키던 장수 사가법史可法은 항복 대신 싸움을 택했다. 청의 군대는 사흘을 회유했고 결국 공격명령을 내렸다. 본때를 보여줄 의도였는지 청나라 군대와 투항한 한족 군인들의 약탈은 무자비했다. 눈에 띄는 대로 죽였고 도시는 불길에 휩싸였다. 수십만 명이 도륙되었다고 역사는 기록한다. 이때 번가원에서도 참극이 일어난다. 나빙의 증조부 나인미와 증조모 이씨가 그곳에 살고 있었다. 성문이 무너졌고 저항은 불가능했다. 피난만이 겨우 살길이었는데 이씨는 임신 중이어서 몸을 움직이기 어려웠다. 살아남아서 당할 일은 불을 보듯 뻔했다. 치욕을 당하거나 치욕을 당하고 죽는 것. 나인미는 어머니를 모시고 성을 빠져나갔고 이씨는 번가원 누각 아래 장작을 가득 채웠다. 그녀는 집안의 동서들 그리고 이웃의 여자들과 누각 위로 오른 다음 불을 놓았다. 청나라의 군대는 떠난 뒤 비가 내렸고 누각에서는 열세 구의 시신이 발견되었다고 전한다. 양저우를 쑥대밭으로 만든 청나라 군대는 계속해서 남진했고 결국 정성공의 어머니 다가와가 거주하던 취안저우의 저택을 포위한다. 바다를 건너와 아들 곁에 머물던 그녀도 나빙의 증조모와 같은 운명을 맞는다. 역사는 이 비극을 '양저우 10일'이라 기록했다.

양저우에서 남쪽에 과저우瓜洲가 있다. 장강과 대운하가 교차하던 양저우로 통하는 운하는 접근하는 방향에 따라 사방으로 물길이 뚫렸다. 과저우는 장강 서쪽에서 강물의 순방향을 타고 오다가 양저우로 진입하는 최단 거리 운하였다. 광저우를 다녀오던 나빙이나 베이징으로 가는 베트남 사신들은 모두 과저우를 거쳐 양저우로 진입했을 것이다. 과저우는 양저우의 관문이었던 셈. 그러니 강과 운하를 이용해 대륙의 남북이나 동서를 관통하기 위해서는 반드시 거쳐야 하는 곳이기도 했다. 그 덕분에 갑문 주위의 역참 마을과 장강의 물살이 쌓아 만든 모래섬에는 이곳을 지나간 수많은 시인 묵객들, 소동파와 왕안석과 이백과 백거이 등 이름만 대면 알 만한 인물들의 사연 가득한 시와 전설들이 넘쳐났다. 금나라의 군대에 쫓긴 송나라의 황제 조구趙構가 황급히 강을 건너 항저우로 달아나던 때에도 이곳을 지났고, 샤먼에서 군사를 일으켜 남해안을 돌아 장강을 거슬러 난징으로 진군하던 정성공의 군함이 숨을 고르던 곳도 여기 과저우였다. 돌보지 않아 숲으로 변해버린 모래섬에 정성공의 시가 새겨져 있었다. 만주족 오랑캐를 토벌하러 난징으로 진격한다는, 그의 절절한 복수의 열망이 그 안에서 끓어올랐다.

정성공은 난징에서 패하고 다시 이곳을 지나 샤먼으로 되돌아간다. 그렇게 명나라의 마지막 저항군이 퇴장한 운하와 바다의 길로 새로운 주인이 지나갔다. 청나라 황제 건륭은 여러 차례 베이징에서 대운하를 타고 내려와 양저우 행궁에 머물렀다. 돈 많기로는 어디 누구에게도 뒤지지 않았던 양저우의 소금 상인들은 앞다투어 황제에게로 나아갔다. 사치스럽기로야 대적할 곳이 없던 양저우의 음식이었지만 그들은 황제의 입에 맞지 않을까 애를 태웠다. 황제의 일행은 어마어마해서 숙소를 채비하는 것도 만만치 않았다. 나빙은 일행이 머물 사찰의 벽화를 그려달라는 의뢰를 받기도 했다. 다행인지 불행인지 그가 그렸다는 벽화는 소실되어 현재는 전해지지 않는다. 화창한 봄날, 과저우를 지나던 건륭 황제는 흥에 겨워 시 한 수를 남긴다. "푸른 버들과 붉은 복사꽃이 흐르는 강물 위에 가득." 나빙은 그런 과저우를 자주 드나들어야만 하는 일이 있었다.

내가 본 나빙과 박제가는 누구보다 목소리가 컸고 타고난 다혈질에 자부심과 자만심이 동시에 넘쳤다. 그것이 그들을 지탱하고 끌어가는 힘이었다는 것을 모르진 않는다. 그러나 그것들로도 다 알지 못하는 것이 한 인간의 복잡한 면모다. 두 사람도 그렇다. 그렇게 돌출된 말과 행동에 가려져 잘 보이지 않지만 그들에게서 뜻밖의 모습이 드러나는 순간들이 있다. 그동안 내가 본 사람들이 맞는가, 의심이 드는 그런 순간들. 박제가의 이런 경우다. 연구자들에 의하면 우리나라 종두법의 역사에 박제가의 역할이 자못 컸다고 한다. 그가 연평 현령으로 재직하던 시절 베이징으로부터 전해진 종두법을 직접 이방의 아들과 조카에게 시험하여 이후 치료법을 개발하는 데 공헌을 했다는 기록을 읽을 때 그렇다. 때론 시대를 너무 앞질러 가며 실현 가능성이 없어 보이는 주장을 굽히지 않은 박제가가 안쓰러울 때, 나는 다시 스무 살의 그가 「서문장전」을 읽던 묘향산

의 새벽을 떠올리곤 한다. 나빙도 그랬다. 한족 중심의 배타적 성격에다 타고난 재주로 때론 호탕함을 넘어 안하무인이던 맨얼굴을 마주하고 나면 종종 고개가 절로 저어질 때가 있다. 그렇지만 이곳 과저우에서 그동안 알지 못했던 그의 또 다른 면모를 보게 된다.

여러 해 동안 양저우 지역에는 극심한 가뭄이 들어 대기근이 발생했다고 전한다. 많은 유랑민이 생겨났고 부모를 잃은 어린아이들이 급속히 늘어났다. 부유한 소금 상인은 기금을 모아 그들을 위해 양저우에 보호소를 마련하지만 얼마 지나지 않아 그마저도 자리가 턱없이 모자랐다. 상인들은 다시 재물을 덜었다. 그러고 이곳 과저우에 잇달아 육영당育嬰堂을 세운 다음 운영과 관리 책임을 나빙에게 의뢰를 했다. 그는 흔쾌히 받아들였다. 몇몇은 운영에 필요한 기금을 내면서 나빙에게 그림을 요구하기도 했다. 앞을 못 보거나 말을 못 하는 아이들, 병들거나 부모를 잃은 어린 그들과 세밑을 함께 보내던 날, "촘촘하게 눈이 내려 산은 보이지 않고 강물 위로 노 젓는 소리만 들린다"라고 나빙은 시에 적었다. 왜 그에게 보호시설을 맡겼는지 양저우에서 나빙의 평판이 궁금했지만 그것과 관련된 이야기는 따로 찾지 못했다. 다만 그 역시 태어난 이듬해 부친이 돌아가시고 연이어 모친마저 잃은 고아였다는 사실과 연관이 있지 않을까 추측할 뿐. 1790년 베이징으로 떠나기 2년 전이었다.

<모자도>, 양저우로 오다

　〈모자도〉가 의심스러웠던 여러 이유 중에는 박제가와 관련된 부분이 가장 먼저 눈에 들어오지만, 사실 그림의 세부를 보고 나서 느낀 것은 훨씬 더 복잡했다. 그림 자체가 가지고 있는, 그려진 대상들 간의 관계들이 일목요연하게 해석되거나 정리되지 않는 불협화음 때문이었다. 게다가 그런 미묘한 관계들을 알아채기 시작한 것도 일본의 히라도와 중국 취안저우를 방문하고 나서부터였다. 하지만 내가 가지고 있는 의문점들도, 또 그를 해석하는 의견마저도 〈모자도〉를 보는 개개인의 안목에 따라 언제든 달라질 수 있는 문제였다. 그렇다면 좀 더 객관적으로 설득 가능한 방법은 없을까? 가정과 가능성만으로는 부족했다. 가장 어려운 부분이기도 하지만 그림의 실체에 다가가기 위한 최소한의 조건이기도 했다. 더구나 〈모자도〉처럼 서로 다른 의견과 주장이 난무하는 그림일수록 상식적으로 수긍할 만한 명확한 근거나 증거가 무엇보다 절실했다. 이제 그 문제를 풀어야 했다.

　사실 그림 〈모자도〉에서 나빙이든 박제가든 확실히 그들의 필치라는 것을 찾아내 증명할 수만 있다면 참 많은 것이 순조로울 것이다. 그러나 사정이 그렇지만은 않다. 그나마 나빙의 그림은 남겨진 것이 많지만 박제가는 비교할 만한 그림도 글씨도 몇 되지 않는다. 전혀 가능성이 없다는 얘기가 아니라 다양하게 해석될 여지가 그만큼 많다는 거였다. 지금까지는 〈모자도〉에 그려진 대상들을 중심에 두고 의문을 풀고자 했다면 이제부터는 그림을 제외한 나머지 부분, 박제가와 초순의 글씨 그리고 인장에 대한 진위 규명이 순서였다. 먼저 박제가가 남긴 글씨다. 가장 중요하고 결정적인 부분이지만 아쉽게도 현재 남은 그의 친필과 서체가 좀 다르다. 그래서 그림 〈모자도〉도, 그림에 남은 그의 글씨도 가짜라 의심받는다. 하지만 글자 하나하나를 자세히 살펴보면 사정이 꼭 그렇지만은 않다는 것이 내 생각이다. 글의 내용 역시 따져볼 것이 수두룩해서 박제가와 관련해서는 나중에 베이징 편에서 다시 꺼내보겠다.

　이제 나중에 첨부된 것으로 보이는 〈모자도〉 상단에 있는 초순이라는 사람의 글을 보자. 그는 청나라 말 진중하고 박학한 학자로 알려진 인물이다. 그가 하필이면 이곳 양저우 출신이다. 일단 박제가의 글의 진위 여부를 보류하고 나면 그가 남긴 이 글이 어쩌면 〈모자도〉의 수수께끼를 우회적으로 풀 실질적인 열쇠가 될 수도 있었다. 더구나 초순의 글에는 〈모자도〉와 관련된 아주 중요한 진술이 여럿이었다. 그의 글 역시 가짜라는 주장이 있다. 하지만 나는 그렇게 생각하지 않는다.

류와 처음 만난 건 엉뚱하게도 찻집에서였다. 그는 누군가와 그림을 감상하고 있었다. 나는 호기심이 발동해 차를 마시다 말고 그들 자리에 끼어들었다. 류는 양저우 토박이에다 화가였다. 그렇게 말문을 트고 바로 그날 저녁 그의 친구며 가족들과 모여 저녁을 함께 했다. 그게 벌써 10년이 넘었었다. 양저우에 오면 늘 그들이 반겨주었고 나에게는 든든한 지원군이나 다름없었다. 류가 차를 하나 고르라며 자기의 서재로 이끌었다. 오늘은 양저우에서 멀지 않은 이정儀徵박물관의 연구원 우 선생과 약속이 있었고 그에게 줄 선물이라고 했다. 내가 부탁한 만남이었는데 격식은 류가 차린다.

나중에 다시 살펴보겠지만 〈모자도〉에 글을 남긴 초순은, 공교롭게도 훗날 베이징에서 박제가와 유득공이 인연을 맺게 되는 완원阮元의 친척이자 학문적 동반자였다. 완원의 원적이 이정이었고 박제가의 뒤를 이어 다시 추사 김정희로 연결되는 만남의 꼭짓점에 그가 있었다. 그런데 초순이 남긴 글에 따르면 바로 그의 아들 완복阮福이 한때 〈모자도〉의 소장자였다는 것.

사실 그동안 양저우에서 초순의 글씨를 여러 차례 볼 수 있었고 나 역시 구할 수 있는 그의 글씨들을 따로 모아 〈모자도〉에 남은 그의 필적과 자세하게 비교를 해오던 터였다. 초순의 글씨들은 연령대에 따라 서체의 편차가 컸는데 그건 글씨를 오래 쓴 사람들에게서 볼 수 있는 일반적인 특징이었다. 그래서 보통의 눈으로 〈모자도〉에 남은 그의 글씨를 보면 기본기도 없는 엉성한 필치라고 생각할 수 있었다. 하지만 그건 선입견이었다. 결론부터 말하자면 그의 친필이 맞다는 것이 내 생각이다. 글씨를 오래 써온 많은 사람이 그

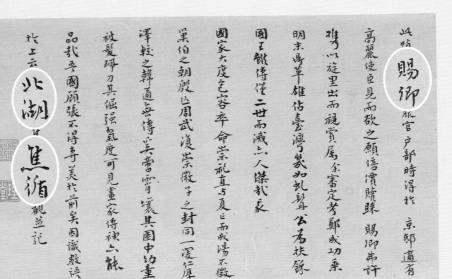

1

2   3

확대한 부분을 비교하면 동일한 서체라는 것을 알 수 있다. 3번 도판이 흐려 판독이 어렵지만 1번 왼쪽에 찍힌 도장과 같은 것으로 보인다.

렇듯, 그 역시 시기별로 나이가 들어감에 따라 서체에 확연한 차이가 있었다. 그도 일반적으로 잘 썼다고 평하는, 일률적이고 반듯하고 흠잡을 데 없는 장년의 글씨가 있었다. 하지만 나이가 들어서는 이전과는 딴판이었다. 삐뚤고 헝클어지고 들쑥날쑥한, 도무지 서법을 배운 자가 쓴 것이라고 보기 어려웠지만 그것이 자연스럽게 받아들여지던 곳이 양저우였다. 오히려 평생 하나의 서체로 일관한 자를 찾는 게 더 어려웠다. 나빙도 그랬고 명필로 이름난 완원도 마찬가지였다. 〈모자도〉에 상단에 있는 글씨는 초순이 노년에 쓴 그의 친필이었다.

우리가 잘 아는 추사 김정희의 경우를 보더라도 그렇다. 한 치의 흐트러짐 없이 날카롭고 굳센 글씨도 있지만 그가 생의 거의 마지막에 썼다는 서울 봉은사의 판전板殿이란 글씨를 떠올려보라. 마치 어린아이가 쓴 것처럼 천진스럽다. 그런 것이다. 한 사람이 썼어도 전혀 다른 사람의 것처럼 보일 수도 있는 것이, 그래도 글씨 좀 쓴다는 사람들이 은연중 원하는 경지인 것이다. 초순의 글씨가 어느 수준으로 평가받는지 나는 모르겠다. 대신 그의 장년의 글씨 역시 잘 썼다는 평가에 합당한 요소를 두루 갖추었다고는 말할 수 있겠다. 하지만 노년의 것은 그것과는 많이 달랐다. 줄도 맞지 않고 자와 획도 흔들리지만 어린아이가 쓴 것처럼 꾸밈없고 욕심 부리지 않는 노학자의 담담함이 엿보였다.

〈모자도〉에 쓴 그의 글씨를 보자마자 우 선생의 첫마디는 "초순의 친필이 맞습니다!"였다. 잠깐의 망설임도 없었다. 그는 『완원과 이정阮元与儀徵』이라는 책을 낸 연구자여서 그런지 초순의 글씨도 글씨였지만 글의 내용에 관심이 많았다. 처음 보는 그림이라고 했고, 나는 〈모자도〉에 얽힌 간단한 이야기와 내가 왜 이곳까지 오게 되었는지 설명했다. 그 역시 그림 구석구석을 꼼꼼히 살폈다. 그러곤 도저히 알 수 없다는 표정을 짓더니 되레 같이 간 류를 쳐다보며 물었다. "이 그림이 나빙과 관련이 있다고요?" 류가 내 쪽으로 고개를 돌렸지만 나 역시 그에 대한 답을 쉽게 할 수는 없었다. 자신이 없어서가 아니었다. 너무 긴 이야기였고 〈모자도〉의 세부 하나하나를 예를 들어가며 설득할 상황도 아니었다. 무엇보다 우 선생도 류도 박제가를 잘 알지 못했다. 박제가와 히라도의 정성공, 그리고 베이징에서 나빙과의 만남까지를 어떻게 속 시원히 다 설명할 수 있을까. 이제 초순의 글을 읽어보자.

이 그림은 조카 사경賜卿이 호부戶部의 관직에 있을 때 북경에서 얻은 것이다. 마침 고려의 사신이 보고는 두 배의 값을 주고라도 구입해 가기를 원했다. 사경은 허락하지 않고 이를 가지고 고향으로 돌아와 내게 보여주며 감정해달라고 부탁했다. 찾아보니 정성공은 명나라 말엽 혁명의 때를 타서 대만을 점거하였으니 거의 규염공虯髯公이 부여扶餘의 국왕이 된 것보다 더했다. 비록 2대만 겨우 전하고서 멸망하였지만 또한 인걸이었다. 우리 국가에서 크게 포용함을 베풀어 제사 지낼 것을 명하였다. 이는 바로 하나라가 망했을 때 탕왕이 소백巢伯의 조공을 구하지 않고, 은나라가 망하자 주나라 무왕이 미자微子의 봉함을 다시 높여준 것과 같다. 깊은 어짊과 두터운 은택은 한통韓通이 아무 전함이 없는 것에 견준다면 어찌 하늘과 땅 차이가 아니겠는가? 그림 속의 어린아이는 머리를 풀고 칼을 찼으니 그 굳센 기상을 볼 수가 있다. 화가가 그림 솜씨 또한 뛰어나다. 우리 나라의 고개지顧愷之와 장승요張僧繇도 이 앞에서는 그 아름다움을 오로지 할 수 없을 것이다. 이에 위에다 몇 마디 말을 기록한다. 북호北湖 초순 이당理堂이 보고 또 적는다.

이 역시 고전에서 인용한 복잡하고 어려운 예를 들어 〈모자도〉를 설명하고 있지만 일단 구체적인 사례에 관한 것들을 먼저 살펴보자. 글 첫머리에 등장하는 '사경'은 바로 완원의 아들인 완복의 호다. 그가 베이징에서 이 그림을 구해 양저우로 가져와 초순에게 보여주었고 초순이 이 글을 썼다는 것이 대강의 내용이다. 그러고 이어지는 역사 속 정성공에 관한 이야기. 그렇다면 〈모자도〉는 언제 베이징에서 양저우로 오게 되었을까? 초순이 사망한 해가 1820년이니까 적어도 〈모자도〉는 그해 이전에 완복에 의해 이곳 양저우로 옮겨졌다는 얘기가 된다. 완복은 누구로부터 이 그림을 구했던 것일까? 그건 아무래도 베이징에서 살펴볼 일이겠지만 초순의 글에서 흥미로운 부분은 '고려의 사신' 운운하는 대목이다. 이글에서 '고려'는 '조선'이다. 그렇다면 베이징에서 완복이 〈모자도〉를 가지고 있었을 때 조선에서 사신으로 왔던 누군가 이 그림을 봤다는 얘기가 된다. 1820년 이전 베이징에서 〈모자도〉를 보았던 조선 사신은 또 누구란 말인가. 누구길래 값을 두 배로 쳐서라도 〈모자도〉를 구입하려 했던 것일까? 그는 박제가를 알고 있던 인물일까? 그래서 이 그림을 사서 조선으로 가지고 가려 했던 것일까?

사실 완원은 고위 관리이자 명망 있는 학자로 알려져 있지만 가정생활은 평탄하지 않았다. 20세에 강씨와 결혼해 딸 전荃을 나았다. 그런데 여섯 살 난 전이 천연두에 걸려 죽자 부인 강씨도 그만 병을 얻어 곧 숨을 거둔다. 아들이 없었다. 부인의 장례를 치르기 위해 들인 양자가 첫째 완상생阮常生이었다. 이후 1801년 둘째 부인에게서 완개阮凱가 태어났고 같은 해 겨울 측실의 소생이 셋째 아들 완복이었다. 그러니까 나이로 보면 완복은 스무 살 이전에 〈모자도〉를 베이징에서 구했다는 얘기가 된다. 그 무렵 큰형 완상생이 호부의 주사로 근무하고 있었다. 초순은 글에서 완복 역시 호부에 있었다고 했다. 그게 아무래도 미심쩍었다. 우 선생은 이번에도 막힘이 없었다. "당시 그는 호부의 소관小官이었습니다." 소관이란 말단직인 심부름꾼 정도를 이른다고 했다.

　내가 찾아본 완복의 기록에서 〈모자도〉에 대한 것은 보이지 않았다. 현재까지 확인된, 〈모자도〉를 직접 보고 기록으로 남긴 사람은 초순이 유일했다. 그렇다면 적어도 1820년 무렵부터는 이 그림이 양저우에 있었다는 얘기가 된다. 그리고 또 하나 부연 설명이 필요한 부분은 오른쪽 아래 찍힌 인장에 관한 것이다. 정민 교수에 의해 모작임을 밝히는 고증이 있었고 나 역시 같은 의견이다. 하지만 그걸로 끝은 아니다. '심수용동치기원후소득沈樹鏞同治紀元後所得'이라 새긴 이 인장의 원본은 상하이 동쪽 촨사川沙에 거주하던 당대의 이름난 수장가 심수용沈樹鏞의 것이다. 그는 청나라 동치제 원년인 1862년 이후에 얻은 소장품에 이 인장을 남겼다. 서예와 전각으로도 이름 높았던 화가 조지겸趙之謙이 1863년에 심수용에게 만들어준 것이다. 그것을 누군가 위조하여 〈모자도〉에 찍은 것으로 보인다. 이름난 수장가의 인장을 찍음으로써 그림의 가치를 높이려는 수작이었을 것이다. 아쉬운 대목이지만 이 가짜 인장으로 인해 새로운 사실이 포착되기도 한다. 그러니까 〈모자도〉에 남은 이 인장은 1863년 이후에 찍었다는 증거인 셈이다.

사실 박제가와 〈모자도〉를 말할 때 늘 따라오는 인물이 있다. 일본인 학자 후지쓰카 지카시藤塚鄰1879-1948다. 박제가와 김정희를 비롯해 그가 남긴 조선과 청나라 그리고 일본 사이의 문화 교류사에 대한 방대한 연구 업적에 내가 보탤 말은 없지만 〈모자도〉가 세상 밖으로 알려진 계기가 그로부터 비롯되었으니 공이 작다고 할 수 없다. 그는 자신의 책에서 〈모자도〉를 손에 넣게 되는 경위를 자세하게 설명한다. 그의 이야기를 들어본다. 〈모자도〉에 관련된 부분만 줄여서 옮긴다.

1933년 여름이었다. 서울에 온 세키노關野 박사가 나의 집을 찾아왔다. 함께 김정희의 〈세한도〉를 감상하던 중 그가 갑자기 박제가의 그림 이야기를 꺼냈다. 최근 도쿄의 골동품 상인인 에토江藤 씨가 상해에서 가져온 것 중에 조선의 박제가라고 하는 사람이 그린 정성공 모자의 그림이 있는데 대단한 진품이라고 생각한다는 것이었다. 나는 완전히 감탄하여 박사에게 이 그림의 구입을 도와줄 것을 간절히 청하였다. 그해 10월 도쿄의 에토 씨로부터 기다리고 기다리던 〈연평초령의모도〉가 도착했다. 원본을 입수한 기쁨은 말로 다 표현할 수 없었다. 밤이고 낮이고 감상하고 또 감상하며 잠시도 그림 곁을 떠날 수가 없었다.(후지쓰카 지카시, 『동아시아의 문화 교류』, 김현영 옮김, 추사박물관, 2017)

그렇게 〈모자도〉는 후지쓰카의 소유가 되었다. 박제가에 대한 거의 모든 자료를 가지고 있던 그는 이 그림을 박제가가 그렸다는 사실에 의심을 품지 않았던 듯하다. 서울의 후지쓰카가 소장한 〈모자도〉는 그를 따라 일본으로 돌아갔다가 다시 다른 경로를 통해 국내로 되돌아오게 된다. 참 우여곡절이 많은 그림이다. 〈모자도〉의 이동 경로를 역순으로 추적하면, 1933년 도쿄의 골동품상 에토에 의해 후지쓰카 손에 들어오기 전인 1863년 무렵에는 상하이 어딘가에 있었을 가능성이 높았고, 그 이전인 1820년경에는 완복에 의해 양저우에 있었다는 결론에 이르게 된다. 그렇게 시대에 따라 여러 사람의 손을 거치면서 양저우에서 상하이로 다시 일본을 거쳐 국내로 돌아온 기이한 운명의 그림이었던 것이다. 이제 겨우 〈모자도〉의 이동 경로가 조금씩 모습을 드러내는 모양새다. 이제 앞부분만이 남았다. 완복의 손에 들려 양저우로 오기 전, 고려의 사신이 웃돈을 주고서라도 사고 싶어 했다던 1820년 무렵 베이징에서의 〈모자도〉의 행적 말이다. 적어도 아직까지는 그렇다. 이어지는 질문은 완복 이전에 베이징에서 〈모자도〉를 가지고 있었던 사람이다. 그는 누굴까?

베이징에 있던 〈모자도〉가 어떤 경로를 거쳐 젊은 완복의 손에 들려 이곳 양저우로 오게 되었는지 새롭게 추정할 만한 단서는 없었지만 그래도 우연치고는 너무 공교로웠다. 나빙이 살았던 양저우에서 〈모자도〉 속 초순의 글을 확인하고 그의 글로 인해 완복이란 인물을 알게 되었는데 하필이면 그의 부친이 박제가가 베이징에서 만난 완원이라니 놀라움의 연속이었다. 어쩌면 그들 사이에는 그림

〈모자도〉만으로 파악하기 어려운 다른 무엇이 있는지 몰랐다. 완원도 양저우 사람이었다. 나빙의 집과는 걸어서 채 10분도 걸리지 않았다. 두 사람 사이의 교분에 대해서 알려진 것은 없었지만 나빙의 그림 여러 곳에서 완원의 글을 확인할 수 있었다. 어찌 됐건 나빙과 완원은 서로 만났을 개연성이 높았다. 완원 역시 명필로 이름이 났지만 아들 완복과 함께 그림도 잘 그렸다. 나빙의 집과 지척인 완원의 집 뒤뜰 회랑에서 그의 꽃 그림을 보거나 아들 완복이 쓴 친필의 글씨를 우연히 만난다. 또 그들이 남긴 유물 목록을 뒤적이다 박제가의 글 속에서 자주 만나던 인물들을 보고 나면 세상일이라는 게 가릴 수 없는 우연과 필연의 어디쯤에 있겠구나 하는 생각이 절로 든다. 박제가와 양저우라니……

여리고 뜨거운 사람들

사람은 자기가 살고 있는 곳과 닮아가지 않을까 하는 생각을 이곳 양저우에선 자주 하게 된다. 시나 혹은 그림에 한정 지어서 말한다면 더욱 그렇다. 양저우의 예술은, 특히 나빙의 절정기에 해당하는 그와 그의 친구들의 그림에서 유독 도드라지는 변화무쌍과 대담함과 아스라한 풍경은 누가 일러주지 않아도 봄날의 양저우에 오면 절감한다. 양저우의 봄은 호수에 물이 차오르듯 어느 순간 슬며시 눈앞으로 다가온다. 그 봄의 기운을 따라 사람들은 '날씬한 호수' 수서호瘦西湖의 오솔길을 따라 다리 위로 몰려갔고 호숫가로 달려가 물을 찰랑거렸다. 공기를 들이마실 때마다 취기가 풍겨올 만큼 계절은 흥청거렸다. 질탕한 봄의 수서호에서 또 이 봄만큼 명랑하고 유쾌하고 세속적인 양저우의 화가들을 떠올렸고, 서울의 백탑파와 박제가의 글들을 떠올렸고, 그것들이 왜 이 계절과 어울려 설렘으로 다가오는지를 다 설명할 필요는 없었다. 자칫 방심하면 몸에서 무언가 훅 빠져나갈 것만 같은 순간들. 양저우의 봄은 사람을 무방비로 만들었다. 박제가는 나빙을 만나기 전부터 이곳 양저우의 흐드러진 봄 풍경을 이미 들어 알고 있었다.

毋將一紅字 '붉다'라는 글자 하나만 가지고
泛稱滿眼華 온갖 꽃 통틀어 말하지 마라
華鬚有多少 꽃술도 많고 적은 차이 있으니
細心一看過 세심하게 하나하나 보아야 하리

어느 날 꽃을 바라보던 박제가의 시선이다. 그의 눈에 비친 꽃들은 그저 '붉은' 꽃이 아니다. 세상의 꽃들을 '붉다'라는 단어 하나로 뭉뚱그리는 무심함과 무신경을 그는 늘 경계했다. 얼굴은 얼굴이되 제각각 다르듯 꽃도 나무도 나뭇잎도 그렇다는 것. 낡고 고루한 관습은 사회의 제도에만 있는 것이 아니라 시와 글, 그림도 마찬가지라는 것을 늘 스스로 경계하지 않으면 그 안에 빠져 잊고야 만다고 자신을 다그쳤다. 그에게 시는 과거의 시를, 어느 시인의 눈길을 답습하는 것이 아니었다. '예술은 경우가 다르다' 하고 박제가는 믿었다. 접시꽃과 꽈리와 패랭이꽃에서 그만의 새로운 세상을 보았고 수박을 먹는 쥐와 소나무를 쪼는 딱따구리에서 그는 시의 기미를 읽어냈다. 아니, 박제가는 '하늘과 땅 사이에 가득 찬 모든 것이 다 시'라고 고백한다. 그런 박제가의 새롭고 가볍고 산뜻한 시선은 어디서 찾아든 것일까.

원하는 어떤 것에 대한 집착과 몰입은 개성을 중시하는 요즘 시대엔 오히려 당연한 덕목이라 여기겠지만 박제가 당시에는 그렇지 않았다. 늘 억제해야 할 무엇이었다. 하지만 어느 때부턴가 이런 인식이 달라지기 시작했다. 나만의 취향을 밖으로 들어내는 것에 조금씩 당당해지고 있었다. 취미 이상의 일종의 병으로 치부하는 자들도 있었지만 박제가는 그들과 생각이 달랐다. 그런 집착과 몰입을 '벽癖'이라 했다. 뭔가에 미쳤다는 얘기다. 이런 벽이 새로운 유행처럼 그들 사이에 번져갔다. 박제가에겐 꽃에 벽이 있었던 친구가 있었다. 그가 각종 꽃을 그리고 『백화보百花譜』라 이름 지었다. 이를 위해 박제가 쓴 글이다. 필요한 부분만 따로 옮겨본다.

> 벽이 없는 사람은 쓸모가 없는 사람이다. 김 군은 꽃밭으로 달려가 꽃을 쳐다보며 종일 눈도 깜빡이지 않고 가만히 그 아래에 자리를 깔고 눕는다. 손님이 찾아와도 한마디 말도 나누지 않는다. 이를 보는 사람들은 그가 미친 사람이거나 바보라고 생각해 웃고 손가락질하며 욕하기를 그치지 않는다. 그러나 그들의 웃음소리가 그치기도 전에 (꽃의) 생생한 모습을 그려낸다. 김 군은 마음으로 만물을 스승 삼았고 (꽃을 그리는) 기예는 천고에 으뜸이다. 아아! 저 별 볼일 없이 천하의 큰일을 그르치면서도 스스로는 지나친 병통이 없다고 생각하는 자들은 이 (그림)첩을 보고 경계로 삼을 수 있을 것이다.

박제가는 그런 '벽'을 긍정했다. 사실 긍정 이상으로 보였다. 박제가와 그의 친구들만이 아니었다. 조선이든 중국이든 그들 이전에도 이런 지극히 사적인 경향이 어디선가 움트고 있었다. "사람에게

벽이 없으면 더불어 사귈 수 없다. 깊은 정이 없는 까닭이다"라고 말한 이는 진홍수의 친구이자 뛰어난 산문으로 널리 알려진 장대張岱 1597-1680라는 인물이었다. 박제가는 자신이든 남이든 무엇인가에 빠져들어 몰입하는 것을 경계할 것이 아니라 오히려 장려할 무엇으로 여겼다. 그건 그만의 독특한 성향도 아니었다. 나빙은 유독 매화 그림을 즐겨 그렸다. 그뿐 아니라 그의 아내도, 두 아들과 딸도 매화 그림에 일가견이 있었다. 사실 일찍 작고한 그의 아버지도 다르지 않았다. 그런 나빙이어서 자신이 좋아하는 화가들의 매화 그림을 따로 모아 『매보梅譜』를 엮었고 스스로를 매치梅癡, 매화에 미친 사람이라 불렀다. 그도 박제가와 마찬가지였던 셈이다. 아니, 더하면 더했지 그런 집착과 몰입에 있어서는 두 사람 모두 누구에게도 뒤지지 않을 인물이었다.

박제가와 함께 늘 떠오르는 사람, 이덕무도 마찬가지였다. 책을 좋아하던 그를 사람들은 간서치看書癡라 불렀다. 매화에 미친 나빙처럼 책에 미쳤다는 뜻이다. 박제가 역시 자신이 좋아하는 무엇인가에 몰두하는 것을 지지하듯 이덕무도 같은 생각이었다. 체면이나 남의 시선 탓에 좀처럼 자신의 속내를 밖으로 드러내는 일에 익숙하지 않았던 조선의 선비들에게 어떻게 이런 흐름이 만들어지게 되었을까? 그리고 이렇듯 흥미롭고도 새로운 개성의 표현이 중국과 조선의 여러 분야에서 불쑥불쑥 튀어나오게 된 이유는 무엇일까? 그것들은 서로 어떤 영향을 미치고 있었던 것은 아닐까? 사실 오사카에서 원중거 등과 어울렸던 기무라 겐카도 일행의 학문과 일상에서도 그런 흐름들이 포착되곤 했다. 유행에 가장 민감하게 반응했던 조선의 신세대라 불러도 손색이 없어 보였다. 더구나 그들은 호기심에서라면 누구에게도 뒤지기 싫어하는 예술적 성향이 다분한 인물들이었다. 눈에 보이지 않는 어떤 바람이 불고 있었던 것인지도 몰랐다. 또 이런 장면은 어떤가. 이덕무가 늘 책만 읽고 글만 지었던 것은 아니다. 그도 그림을 자주 그렸다.

가을날 흰 종이를 바른 환한 창문에 국화 그림자가 비쳤다. 먹을 열게 갈아 즐거이 그림자를 따라 그리는데 한 쌍의 큰 나비가 향기를 쫓아 꽃 위에 앉았다. 더듬이가 마치 구리선같이 또렷해 국화에 보태어 그렸다. 또 참새 한 마리가 날아와 가지를 잡고 매달렸다. 그 모양이 더욱 기이하고 놀라워 날아가기 전에 서둘러 그리고는 붓을 놓았다.

마치 스냅사진처럼 선명하고 정갈하다. 그림을 대하는 이전의 무겁고 진지한 분위기는 이덕무의 시선에서 한층 발랄하고 경쾌해진다. 절대로 어겨서는 안 되는 신성한 경전의 구절처럼 케케묵은 화보를 끝도 없이 베끼고, 법첩이 나달나달해질 때까지 쓰고 또 쓰기를 반복하던 질긴 관습의 궤도에서 성큼 이탈한 자는 과연 무슨 생각을 했던 것일까? 그는 누구보다 진지한 성격의 인물이었다. 책을 사랑했고 책 읽기를 평생 즐겼고 쓰는 것을 멈추지 않았다. 그런 그에게 시란 그림이란, 아니 예술이란 무엇이었을까? 나빙이 살았던 당시, 그보다 앞선 선배들과 그를 합친 여덟 명의 화가를 양주팔괴 揚州八怪라 부른다. 그 당시 양저우를 대표하던 여덟 명의 괴짜 화가 정도로 이해하면 된다. 괴짜가 물론 나쁜 의미는 아니다. 그만큼 이전의 그림과는 여러 가지로 아주 달랐다는 말이다. 나빙의 스승인 김농도 그 안에 포함된다. 그중에 판교板橋 정섭鄭燮이란 이가 있다. 과거에 합격한 진사 출신이었고 시와 대나무 그림으로도 쟁쟁했다. 글씨 또한 이름에 값했다. 어느 날의 풍경이다.

내 집에는 두 칸 초가집이 있어 남쪽에 대나무를 심었다. 여름이 되자 대나무 새순이 돋았고 녹음이 드리웠다. 그 가운데 작은 침상을 놓았는데 시원하고 쾌적했다. 가을과 겨울 사이, 주위에 병풍 모양의 틀을 만든 다음 가운데 가로로 길게 창문을 내고 희고 얇은 종이를 붙였다. 화창한 어느 날, 파리 한 마리가 날아와 종이를 부딪치며 동동동, 작은 북소리를 냈다. 대나무 그림자마저 종이 위에 흩어지니 천연의 그림이 따로 없었다. 나는 대나무를 그리면서 누구로부터 배운 바가 없었다. 대부분 종이 창문이나 흰 벽에 비친 해와 달의 대나무 그림자에서 얻었다.

오래전 처음 양저우에 와 우연히 펼쳐본 화집에서 보았던 대나무를 기억한다. 이른바 댓잎이 바람에 휘날리는 풍죽風竹이었다. 지금까지 내가 보아온 어떤 대나무 그림과도 달랐다. 휘릭, 그림으로부터 내게로 건너온 것은 대나무가 아니라 바람이었다. 그들은 바람을 그리려 하고 있었다. 책장을 넘겼다. 바람에 다시 새하얀 매화 꽃잎이 어지럽게 흩날리는 봄의 어느 언덕을 그렸고 늙어 썩은 매화나무 등걸에서 활처럼 솟구치는 새 가지를 놓치지 않고 화면에 담았다. 그들의 그림들엔 인간의 과도한 의지와 관념과 철학이라는 이름으로 꾹꾹 채워진 인공의 대나무와 매화가 아닌, 흙에 뿌리를 내리고 계절에 따라 꽃과 잎을 피워 올리는 살아 있는 생명이 숨 쉬고 있었다. 그들의 그림 위에도 꽃을 바라보는 박제가의 눈빛처럼 어떤 보일 듯 보이지 않는 미세한 흔들림이 남아 일렁거렸다. 봄이 와버린 양저우 호숫가에서 나는 다시 백탑파, 그들과 박제가의 생각에 빠져들고 있었다.

나는 양주팔괴의 그림을 미치광이들의 그림으로만 알았다. 전통을 버리고 기어이 새로운 것만 좇아다니는, 어리석고 삿되며 기이하고 남의 눈을 빼앗을 그림이 무엇인가만을 궁리하던, 한때의 유행에만 열을 올리던 경박한 무리로 들었다. 그것이 얼마나 편협한 시각이었는지 이곳 양저우에서 그들의 그림을 만나고 나서야 깨달았다. 오랫동안 자괴감이 뒤따랐다. 그러면서 내 기억 속에 남아 있는 조선의 그림들을 떠올렸다. 동시대의 그들은, 조선의 화가들은 어떤 선입견이나 편견 없이 자신의 감정에 충실한, 그런 그림을 그렸던 적이 있었던가? 시인 박제가가 조선에서 느낀 갑갑함이 혹 이런 것은 아니었을까? 책은 주자가 쓴 것 이외의 것은 읽을 필요가 없다고, 이백과 두보의 시를 외우고 따르면 되는 것이라고, 생각의 눈을 닫아버린 조선 사회에서 박제가는 설 곳은 보이지 않았다. 그는 지금의, 자신의 시를 쓰고자 했던 시인이었을 뿐. 조선이라는 사회에서 처음부터 좌절하고 도태될 운명이었는지도 몰랐다. 마치 그것을 미리 예감하고 있었다는 듯,

나는 어릴 적부터 고운 최치원과 중봉 조헌의 사람됨을 사모하였다. 비

록 사는 시대는 다르나 말을 끄는 마부가 되어 그분들을 모시고 싶다
는 간절한 소망을 지니고 있었다. 당에 유학하여 진사가 된 최치원은
고국에 돌아온 뒤로 신라의 풍속을 혁신하여 중국의 수준으로 진보시
킬 방도를 고민했다. 그러나 쇠락한 시대를 만난 까닭에 가야산에 은
거하여 어떻게 일생을 마쳤는지조차 알 수가 없다.

『북학의』 서문의 한 구절이다. 젊은 박제가의 쓸쓸한 고백처럼
들린다. 그는 조선의 최치원이 되고 싶었던 것일까. 그럴 수 있다면
그러고 싶었을 것이다. 그는 서울과 베이징을 오가던 길목에서 늘
최치원을 떠올리곤 했다. 자신도 그의 길을 가고 있는 것이라고. 신
라인 최치원이 10대의 나이에 당나라의 과거에 오른 뒤 벼슬살이를
하던 곳이 이곳 양저우를 중심으로 한 강남땅이었다. 그의 글 속에
도 양저우가 빈번하게 출현했다. 그러니까 박제가에게 양저우는 최
치원으로부터 비롯된 그의 열정과 고뇌의 상징적인 장소였던 것이
다. 그런 곳에서 온 화가 나빙을 베이징에서 만난 박제가는 어떤 표
정을 지었을까. 최치원의 때로부터 1000년이 지났어도 경직된 시대
에 멸시받는 서자로 태어난 그에겐 질곡의 연속이었고 그는 그때 이
미 늙어버린 것인지도 몰랐다. 혼례를 올린 이틀 뒤 야심한 밤에 혼
자 말을 몰아 친구들과 술을 마시고 달빛 아래서 백탑을 물끄러미
바라보던 그때, 자신이 세상과 어긋나기 시작했다는 것을 박제가는
몰랐을 것이다. 그 무렵 태백산에 들어가 열흘 만에 돌아온 그에게
장인은 물었다.

"산에 들어가 무엇을 했는가?"

"불경을 읽었습니다." 사위의 대답이었다.

구불구불 미로 같은 호수의 물길이 끝나가고 있었다. 호수의 북문이었다. 문을 나서자 긴 성벽이 시야를 가로막았다. 당나라 시절의 터라고 했다. 양저우는 이전 왕조의 폐허를 버리고 남쪽으로 물러서며 도시를 새로 축성했다. 수나라에서 당나라로, 다시 송나라에서 명나라가 멸망해가는 '양저우 10일'의 비극을 땅 아래 묻고 집을 다시 짓고 성벽을 축조했다. 호수를 감싸는 감미로운 미로가 옛 왕조의 폐허가 만든 것인지 기억하는 이가 있을까? 저 성벽 너머에 박제가가 닮고자 했던, 죽어서 신선이 되었다는 최치원의 기념관이 자리했다. 찾아오는 이는 가뭄에 콩 나듯 드물었다. 최지원에서 시작해 박제가와 김정희로 이어지는 만남과 헤어짐의 연보가 그곳의 주된 진열품목이었다. 이들이 생각하는 두 나라 간의 인연은 늘 한쪽으로 기울었다. 높은 곳에서 낮은 곳으로, 그렇게만 보였다. 운명은 어떻게 오는가. 최치원의 뒷모습과 아직 오지 않은 박제가의 미래가 겹쳐 보일 때가 많았다. 아무도 기억하지 않아서 다행인 것도 있었다. 폐허 위 수서호의 만화방창한 봄빛이 그랬다.

서방사는 만년의 김농이 그림 그리고 글씨를 쓰던 곳이다. 그런 연유로 양주팔괴기념관으로 모습을 바꿨다. 숙소에서 가까워 자주 갔다. 돌에 새겨진 나빙의 그림도 있었고 김농, 정섭의 것도 보았다. 어느 땐 매화꽃이 벌어졌고 또 언젠가는 양저우 사람들이 사랑하는 경화瓊花를 보는 행운도 따랐다. 흰나비를 닮아 나비꽃이라고도

圈一點
處凍領
此語之妙
呂示吾門
諸弟子
也　冬忿先
　　生記

김농이 그린 매화.

宋擇氏
澤禪師
善畫梅
嘗云用心
四十年
纔能作
花圈少
圓耳元
趙子固亦
云濃墨
點椒大
是難事
可見古人
不苟敗
煤禿管
豈肯輕
易落于
紙上耶
今畫梅

불렸다. 이곳으로 스물다섯의 나빙은 매일같이 늙은 스승을 찾아왔다. 나빙의 집에서 서방사까지는 '향을 한 대 사를 거리'였다. 나빙은 푸른 파초 아래 잠든 늙은 스승을 그렸고 일흔을 훌쩍 넘긴 스승은 제자의 아내 방완의의 서른 살 생일에 맞춰 축시를 지어 보냈다. 그로부터 이태 뒤 김농은 세상을 떠났다. 나빙은 스승의 고향 항저우로 갔다. 스승의 유해를 그곳으로 모시기 위해서였다.

나는 박제가를 비롯한 백탑파의 글들과 그들이 보여주는 어떤 장면에서, 또 서위와 나빙과 양주팔괴들의 때론 자질구레하고 때론 치기 넘치는 그림들에서 오히려 이전과는 전혀 다른 새로운 감각의 기미를 느끼곤 한다. 그걸 가벼움이나 발랄함이라 불러도 상관없었고, 격정의 끝 저 깊은 곳에 도사리고 있을 고독이라 말할 수도 있을 듯했다. 그들은 밖이 아닌 자신들의 내면으로 눈을 돌렸다. 그 속에도 오랜 시간 무의식 속에 깊이 뿌리를 내린 버려야 할 것들이 있는지 의심했다. 그들은 남들과 달라 보이려 했던 것이 아니라 어쩌면 자신에게 가장 어울리는 것을 찾고 있던 것은 아니었을까? 그 탓에 때로는 스스로 종종 초라해졌었는지도 모르겠다. 그들은 그런 환희와 고뇌의 감정을 숨기지 않고 시로 그림으로 남겼다. 그들은, 남들보다 여리고 또 좀 뜨거운 심장을 가졌던 사람들이었을 게다.

서방사에서 나빙의 옛집을 지나면 베이징으로 향하는 대운하로 이어진다. 양저우는 강과 바다가 만나는 곳이라 잡히는 어종도 달랐다. 그중 낯익은 물고기 하나. 봄이면 민물 복어가 양저우 시장에도 나왔다. 서울 혜화동 장경교 시장 어귀에서 저 뭉툭하고 구름 무늬 찬란한 물고기를 보며 입맛을 다셨을 박제가의 봄날도 이러했

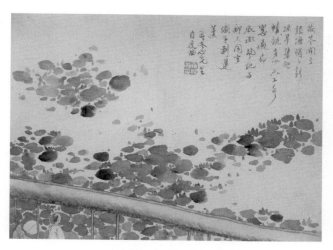

나빙이 그린 연꽃이 핀 호수.

을까. 운하의 물은 고요했다. 최치원이 신라로 떠나고 마르코 폴로가 동방으로 와 양저우 운하에 발걸음을 내렸다. 곧 환갑을 바라보던 나빙은 둘째 아들 윤찬과 집을 나와 이리로 왔다. 수차례 먼 남쪽 바다를 돌아 취안저우와 광저우를 향해 떠나던 곳도 여기였을 것이다. 1790년 이른 여름, 두 사람은 이곳에서 베이징으로 가는 배를 기다리고 있었다. 그로부터 석 달이 지난 8월 어느 날, 베이징 유리창 거리를 서성이던 조선의 선비 박제가와 나빙이 만난다. 어쩌면 두 사람은 서로의 눈길 속에 숨겨진 보이지 않는 바람의 낌새를 먼저 알아채고 있었는지도 몰랐다. 봄은 무르익었고 나는 양저우의 민물 복어 요리가 궁금해졌다. 누군가 떠난 자리에 새로운 이가 찾아들었다. 류에게 전화를 걸었다.

유리창

　박제가는 베이징을 모두 네 차례 다녀갔다. 과거나 현재나 제국이라는 이름으로 화려한 문명을 꽃피웠던 곳치고 스스로 세상의 중심이라 여기지 않았던 곳이 있던가? 로마도 파리도 그랬고 박제가가 바라보던 당시 청나라의 수도 베이징도 마찬가지였다. 수도의 중심이야 황제의 거처인 자금성이었지만 조선에서 온 박제가에겐 정양문 서남쪽 유리창琉璃廠 거리였다. 베이징에 머무는 동안 그가 제일 자주 찾았던 곳도 여기였을 것이다. 유리창의 역사는 명나라로 거슬러 올라간다. 베이징이 수도로 정해지자 새로 황성을 짓기 위해 건축자재별로 여러 지역에 품목별 공장이 설립되다. 이곳은 도자기처럼 기와나 벽돌 등에 유약을 발라 굽던 공장들이 들어찬 구역이었다. 그것들 대부분은 황궁을 짓는 데 들어갔다. 자금성의 저 황금빛 기와가 다 이곳에서 생산되었다. 유리창이라 불리게 된 이유다.

　황성과도 가까웠고 근처에는 당시 베이징에서 가장 번화한 상점 거리도 있어 유리창 주위에 한족들이 모여 살았다. 전국에서 가장 많은 사람이 몰려드는 시기는 과거를 앞두고서였다. 말하자면 수험생 촌이 형성되었는데 과거가 끝나면 사정이 달라졌다. 집안 형편이 넉넉한 자들이야 그대로 다음 시험을 준비하면 되겠지만 여의치 않은 이들은 가지고 있던 책이며 서화나 골동품을 팔아 생계를 꾸렸다. 아예 그렇게 과거를 준비할 작정으로 베이징에 오는 이들도 있었다. 어떤 이들은 직접 서점을 열기도 했다. 유리창은 시간을 거듭하면서 자칭·타칭 베이징 최대의 문화의 거리로 변해갔다. 서점과 고서화의 거리로 명성을 날리게 되는 시초였다.

거래가 활발해지고 상점들이 늘어서자 온갖 것들이 유리창으로 몰려들었다. 이름 하여 노점상들이 활개를 쳤고 온갖 유흥거리로 거리는 북새통을 이뤘다고 한다. 야바위와 마술패들이 지나는 이들을 붙잡았고 술집과 찻집이 넘쳐났으며 외국에서 들여온 물건도 이곳에서 팔려나갔다. 유리창이 가장 융성해지는 데 지대한 공헌을 했던 일은 건륭황제의 명으로 편찬되기 시작한 '사고전서四庫全書'라는 어마어마한 출판 기획이 그 중심에 있었다. 기왕의 책은 물론이고 지방 굴지의 소장가의 서재에 보관돼 있던 책도 베이징으로, 유리창으로 유입되었다. 조선에서 온 사신의 주된 목적 중 하나가 새로 나온 양질의 책을 구매하는 것이었다. 개인도 마찬가지였다. 그러니 누구보다 책을 좋아하던 박제가도 유리창을 자주 찾을 수밖에 없었을 터. 그때가 유리창의 황금기였다.

유리창 거리를 한 바퀴 돌아본 뒤 지하철을 타고 맨 먼저 찾아간 곳은 마테오 리치, 중국 이름 이마두利瑪竇의 무덤이었다. 무덤 앞에 시든 꽃다발이 놓여 있었다. 흰 꽃이었고 줄기를 묶은 빨간색과 흰색 그리고 녹색의 리본을 보다가 그의 고향이 이탈리아라는 걸 기억해냈다. 그가 이탈리아를 떠나 인도의 고아^{Goa}를 거쳐 중국 남부 광저우 옆에 있는 도시 자오칭肇慶에 도착한 때가 1583년이었다. 그는 머리를 삭발하고 승려 행세를 했다고도 전해진다. 그러곤 한자를 익혀 잘 알려진 『천주실의天主實義』와 기하학책인 『기하원본幾何原本』을 펴낸다. 그리고 또 하나의 책 『교우론交友論』이 있다. 친구와 우정에 대한 잠언을 엮은 이 책은 이후 조선으로 들어와 적지 않은 영향을 끼쳤다고 한다. 서울의 백탑파와 박제가에게서도 그런 영향이 나타나곤 했다. 마테오 리치는 베이징에 머물다 죽어 이곳에 묻혔다. 그의 무덤 옆으로도 이국에서 생을 마감한 선교사들의 흰 비석이 숲처럼 늘어서 있었다. 바다와 바다를 건너 미지의 대륙으로 와 그들은 결국 자신들의 나라로 돌아가지 않았다. 무엇이 이들을 붙잡았던 것일까. 흔들림 없는 신앙심이었을까, 아니면 다른 무엇이 있었을까.

　마테오 리치가 이 땅에 남긴 성취는 많았지만 내 관심은 1602년에 그가 제작한 세계지도에 자주 쏠렸다. 그의 지도를 보면 실체로서의 땅과 바다에 대한 실감이 아니라 인간 개인이 체험하거나 상상할 수 없는 거대한 관념을 보는 것이 아닌가 하는 착각에 빠지곤 했다. 만약 지도라는 것이 동시대인들의 지식과 관념의 깊이와 넓이에 상관한다면, 그가 그린 지도를 펼치던 당시 중국과 조선의 지식인들이 마주했을 혼란은 내 상상 이상이었을 것이다. '중국'이란 글자 그대로 이들은 자신이 세상의 중심이라 여겼고 그것에 조금의 의심도

품지 않았다. 하지만 그렇게 자부한 곳이 세상에 어디 이곳뿐이었던
가. 그런 그들에게 마테오 리치의 지도 위에 펼쳐진 세상은 '둥근 하
늘과 네모난 땅'이 아닌 거대한 구였다. 늘 중국을 가운데 놓고 동쪽
의 나라로 불리던 조선을 지나 둥근 지구를 돌고 돌면 결국 서쪽과
만나게 되는 역설 앞에서 그들의 신념은 얼마만큼의 강도와 크기로
흔들렸을까.

　박제가가 베이징을 두 번째 방문하던 1790년 8월 무렵, 나빙
은 이곳 유리창 관음각觀音閣에 머물고 있었다. 그곳에서 두 사람이
처음 만난다. 관음각은 어디에 있었을까? 지금까지 알려진 바로는
유리창 동쪽 거리 끝에서 동남쪽으로 몇 골목 떨어진 호국관음사
가 그곳이라 했다. 하지만 베이징에 와 다시 찾은 몇 자료들, 이를테
면 청나라 때의 지도를 토대로 그린 유리창 거리나 도시 개발을 위
해 유리창 지역을 조사한 베이징 시의 보고서 속에 표기된 관음각
은 그 자리가 아니었다. 바로 유리창 동쪽 거리가 끝나가는 지점에,
지금도 건재한 화신묘火神廟 건너편이 바로 나빙의 거처인 관음각이
있던 곳이었다. 청일전쟁 중이던 1940년대까지도 건물은 건재했으며
2층의 누각 안에 관음보살상이 모셔져 있어 관음각이라 불렀다는
것. 누각 아래에는 반원형의 통로가 안쪽 골목으로 이어졌고 그곳에
는 규모가 큰 저택이 있었다고 했다. 더 오래전에는 불전이 있는 사
찰이었다는 기록도 있었다.

　기록을 종합해보면, 나빙이 그의 그림 등 여러 곳에 남긴 관음
각이란 장소는 유리창 동쪽 거리에 있던 2층의 누각을 가리키는 말
인 동시에 누각에서 골목으로 이어지는 지역을 아우르는 명칭으로

유리창 동쪽 거리.
나빙이 거처하던 관음각이 저기쯤에 있었을 것이다.

보였다. 이곳에서 서화점을 운영했던 이들의 증언도 마찬가지였다. 유리창 관음각은 제법 알려진 곳이라 종종 약속 장소로 이용되었다고 했다. 하지만 관음각이란 명칭은 베이징에 수도 없이 많아 '유리창'을 앞에 붙여야 이곳인 줄 알았다는 증언도 있었다. 1790년 8월, 나빙은 박제가에게 초상화를 그려주며 "유리창 관음각에 머물 때"라고 썼다. 나빙과의 만남을 계기로 박제가는 그곳에서 많은 사람과 얼굴을 익혔다. 당시 그들의 사랑방이라 불러도 손색없어 보이는 공간이었다. 2층의 관음각이 있었을 곳으로 추정되는 자리는 이제 화랑과 붓과 종이를 파는 상점으로 변해 있었다. 안을 드나들었다는 골목은 보이지 않았다. 두 사람이 처음 만나 긴 시간을 함께 보냈을 관음각은 이제 사라진 듯했다.

1790년, 박제가는 유득공과 함께 유리창을 찾았다. 그들의 눈을 사로잡았던, 수만 권의 책이 쌓여 있어 보는 것만으로도 고개가 아팠던 서점들은 다 옛날얘기였고 골동품이며 서화를 사고팔기 위해 몰려들던 사람들도 종적을 감춘 지 오래였다. 그렇다고 그런 길고 화려했던 역사가 아주 사라져버릴 것 같지는 않았다. 묵직한 내용의 책과 고서 대신 테마를 가지고 문을 연, 이를테면 작은 독립서점이 하나둘 생겨나기 시작했고 종류도 다양한 공예점이 자연스럽게 거리로 스며들었다. 베이징의 옛 지도와 흑백사진만을 모아놓은 가게도 문을 열었고 정체를 알 수 없는, 문을 열고 안으로 들어가야 어떤 음식을 파는지 겨우 짐작하게 만드는 야릇한 식당도 터를 잡았다. 수제 기타와 손으로 만든 책이 있었다. 거리의 주인공들이 달라지는 중이었다. 그래도 여전히 골목과 더불어 나이 든 늙은 이들이 장기판을 앞에 두고 고량주를 마셨고 푸성귀와 꽃을 심은 화분이 길을 막았다.

　장은 유리창 서쪽 거리에서도 좁디좁은 골목으로 한참을 들어간 곳에 있는 작은 도자기 가게를 운영한다. 말이 도자기지 사실 그의 가게를 채우고 있는 건 전부가 깨진 도자기 파편뿐이다. 관음각도 사라진 판에 어차피 시간은 남아돌았고 그 핑계 삼아 골목을 이잡듯 훑고 다니던 중이었다. 헤드랜턴을 켜고 푸른 청화백자 쪼가리를 유심히 살피는 사내의 굽은 등이 보였고 나는 무엇을 하는 곳일까 궁금해 걸음을 멈췄다. 안으로 들어가도 그는 요지부동이었다. 그림도 몇 걸려 있었고 허술한 유리 진열장의 도자기들은 허옇게 먼지를 뒤집어써서 처연하기 이를 데 없었다. 눈이 마주쳤지만 누구냐고 묻지도 않았다. 대신 물을 끓여 찻물을 부어놓고는 다시 돋보기를 들어 파편을 주시했다. 그게 다였다. 누런 신문지가 어지럽게 쌓인 탁자 옆에 자리를 잡고 앉았다. 가게라기보다는 연구실처럼 보이는 이곳을 찾는 이는 별로 없는 듯했다. 나는 금이 간 청화백자에 노란차를 따랐다.
　나는 무료해지는 시간이면 어김없이 그의 연구실로 놀러 갔고 그는 늘 그 자리에 그 모습 그대로 있었다. 어느 날 도자기 파편을 죽 늘어놓고 어느 것이 고려청자인지 맞춰보라며 나를 시험에 들게 했다. 비전문가의 눈엔 그 색이 그 색이었다. 오이처럼 푸릇푸릇한 깨진 도자 파편 사이에서 고려청자의 '비색'을 찾아낼 도리는 없었다. 그래도 가끔은 인근의 상인처럼 보이는 자들이 불쑥 문을 밀치고 들어와 장과 몇 마디를 나누곤 곧 사라졌다. 근처 서점에서 가까워진 예葉와 함께 찾았을 땐 신기한 것을 보여주겠다며 실내의 불을 모조리 껐다. 이보게 장, 오늘은 무슨 묘기를 선물한 것인가. 나는 그저 궁금할 따름이었다. 장은 암흑천지의 연구실 가운데 서서 분필 크기의 작은 손전등을 하얗고 얇은 도자기 파편에 바짝 가져다 댔다. 예도 나도 불빛 가까이 얼굴을 디밀었다. 그러자 놀라운 일이 벌어졌다. 빛을 받아 반투명으로 변한 파편 안에서 마치 부호 같은 글자가 서서히 모습을 드러냈다. 전등을 끄면 감쪽같이 사라지는 신비한 마술. 나와 예는 마주 보며 와, 와 탄성을 질렀다. 작은 키의 장은 서커스단의 어린 마술사처럼 어깨를 들썩했다. 불을 켰다. 더 이상은 비밀이라는 도자기 파편 연구가 장. 그런 날은 길 건너 양 씨네 수육집으로 가는 게 일반적인 순서였다.

유리창에서 가까운 남천주당으로 간다. 이곳에도 마테오 리치의 흔적이 있었다. 홍대용과 박지원과 이덕무까지, 조선에서 온 사신들이 빼놓지 않고 들렀던 곳. 그들은 성당의 천장에 그려진 생동감 넘치는 그림을 보고는 차마 믿어지지 않아, 혹 그림 속 사람들이 떨어지지나 않을까 걱정이 돼 불안한 걸음을 경중경중 옮겼다고 했다. 태어나 처음 보는 까마득히 높은 벽돌집과 마치 살아 움직일 듯한 그림은 놀라움과 두려움의 연속이었다. 베이징에서의 일상이 그랬을 것이다. 그것들을 가지고 이곳, 청나라의 수도이자 세상의 중심에 나타난 서양인의 나라를 상상하는 일. 눈앞에 실물을 보고서도 의식은 가닿지 않는 미지의 또 다른 세상. 박제가는 예수교가 성행하는 베이징의 현실이 개탄스럽기 짝이 없었다.

아무 곳이나 돌아다니다가 예가 일하는 서점에 들르는 것도 하루의 일과라면 일과였다. 사다리에 올라 새로 들어온 책을 꽂고 있는 그. 나는 서가에서 나빙의 스승 김농의 전집을 펼친다. 박제가와 함께 베이징에 머물던 유득공은 어디서 들었는지 이런 말을 남기기도 했다. "세상에 전해지는 김농의 그림 태반은 나빙의 손에서 나왔다고 한다." 그런 소문이 단지 소문만은 아닐지도 모르겠다는 의심을 살 만한 그림이 종종 등장했다. 누가 봐도 한 사람의 그림인데 글씨는 김농과 나빙 둘이었다. 가난한 스승을 위해 나빙이 대신 그림을 그렸다는 일화가 사실이었던 것일까. 김농의 글씨도 서체가 여럿이었다. 부드럽고 유려한 글씨도 있었지만 마치 마른 참나무 장작을 빠개놓은 듯 거칠고 파격적인 글씨가 예사롭지 않아 보였다. 왜 괴이하다는 평가를 듣는지 알 만했다. 박제가도 그 무렵 베이징에서 김농의 글씨를 보았는지 "김농의 풍격이 서위를 압도하네"라고 적을 정도였다. 김농이 따로 정성을 들여 쓴 글씨 중에도 마테오 리치의 『교우론』에 나오는 구절이 여럿 보였다. "그러므로 마땅히 벗을 자기처럼 여겨야 한다." 그의 책 첫머리에 나오는 글이었다. 멀리서 예가 급하게 손을 흔들었다.

모니터 속에 나빙의 난초 그림이 있었다. 늘 보던 대로 정밀하고 때론 거침없는 그의 그림이 분명했다. 그런데 뭔가 이상했다. 난초 옆에 쓴 나빙의 글 속에 낯익은 글자가 있었다. '영재泠齋'는 바로 유득공의 호였다. 이게 어찌 된 일일까? 1790년 8월 나빙은 박제가와 유득공에게 그림을 선물했다. 초상화와 매화였다. 유득공에게는 따로 난초 그림을 주었다. 그때의 장면이 유득공의 글 속에 남아 있었다. "나빙은 난초를 그린 다음 옆에다 꽃이 진 빈 대궁을 보탰다. 빈 대궁은 두 사람이 떠난 뒤의 자신의 마음"이라고. 그때의 그림 중 박제가의 것은 여태 남았고 유득공에게 준 것만 종적이 묘연했다. 그런데 지금 눈앞의 난초 그림이 바로 그날 나빙이 유득공을 위해 그린 것으로 보였다. 이런 우연이라니, 가슴이 뛰었다. 나빙은 난을 치고 시를 적은 다음 작은 글씨로 당시의 현장을 써내려갔다. 가볍게 풀어 옮긴다. "영재 선생이 조선으로 돌아가려 할 때 난을 그리고 시 한 편을 적는다. 나빙의 쓸쓸함을 알 것이다. 붓을 내려놓고 탄식하네." 그림 왼쪽에 검고 진한 먹으로 그린, 꽃잎이 떨어진 빈 대궁. 유득공의 기록과 일치했다. 그날의 그림이 인터넷을 떠돌고 있었다. 예의 얼굴을 쳐다봤다. 그는 내 떨리는 심장을 알지 못할 것이다.

　이젠 사라진 관음각이 있었을 자리를 어림짐작해보았다. 나빙이 머물던 숙소는 그렇다 쳐도 2층의 관음각만이라도 저 자리에 있

1790년 8월, 나빙이 유득공에게 그려준 난초 그림.

었다면 어땠을까? 수차례 베이징을 다녀와 전하는 박제가의 말과 글을 사람들은 믿지 않았고 비아냥댔다. 더럽고 냄새나는 오랑캐가 황성을 차지해버린 그놈의 나라에 무엇이 볼 게 남았느냐며 그의 잦은 발걸음을 비웃었다. 중국에 미친 놈, 그들 눈에 비친 박제가였다. 그러나 그에게 베이징은 다른 세상을 바라볼 수 있게 만들어주는 유일한 창이자 돌파구였다. 조선보다 이곳에서 자유를 느꼈고 읽고 싶은 책들과 배워야 할 제도가 사방에 널려 있었다. 오히려 베이징을 다녀온 적도 없는 자들의 비난이 더 거셌다. 조선보다 늘 한 수 아래로 깔보던 저것들이 어찌 황제의 나라를 차지했는지 그들은 도무지 받아들일 수 없었다. 박제가는 그렇게 생각하지 않았다. 그에게 베이징은, 말하자면 관장만 바뀌었을 뿐 여전히 봐야 할 책과 배워야 할 문명이 차고 넘치는 거대한 도서관이자 지식의 창고였다. 그것을 포기할 수는 없었다. 그는 이곳에서 무슨 생각에 골몰하고 있었던 것일까.

유리창

박제가, 나빙을 만나다

나빙이 베이징을 처음 방문한 것은 1771년이었다. 작고한 스승 김농의 지우였던 고위 관료의 초청도 있었지만 그는 따로 해야 할 일이 있었다. 김농이 출세의 뜻을 접고 양저우의 작은 절 뒷방에 거처를 정하고 두문불출하던 시절에 나빙은 제자를 자청했다. 그에게서 시와 그림을 배웠다. 젊어서 시로 명성이 높았던 김농도 과거를 준비했고 출세를 의심하는 사람이 없을 정도로 촉망받는 인재였다. 그러나 그가 사숙했던 스승이 역모로 엮이자 김농은 갈 곳을 잃었다. 집안마저 기울어 정처 없이 떠돌다 늘그막에 정착한 곳이 양저우였다. 한때 베이징에서도 기숙하며 지냈던 김농의 거처도 이곳 유리창 근처였다. 나빙은 그때 흩어진 스승의 시를 모아 속집을 엮을 생각이었다. 그는 생전에 스승이 펴낸 시집을 늘 지니고 다녔다. 그렇게 김농이 다녔던 길을 쫓아 톈진天津의 객사에 묵으며 여러 날을 지낸 적도 있었다. 동년배이자 평생의 후원자로 친교를 맺는 옹방강을 처음 만난 것도 그 무렵이었다. 그와의 인연은 그 후로도 평생 동안 이어졌다. 나빙의 부탁으로 옹방강은 '양저우 10일'의 참화 속에 자결한 나빙의 증조모를 위해 긴 추모의 시를 지었다. '나열부시羅烈婦詩'라는 제목이었다.

1778년 5월, 혈기 왕성한 스물아홉의 박제가는 이덕무와 함께 처음 베이징에 입성한다. 이미 오래전부터 벼르던 베이징행이었기에 그는 무척이나 바빴다. 여행기나 시를 쓰는 대신 그의 관심사였던 수레의 구조와 배 만드는 방법 등 실생활에 필요한 것들을 찾아 조사나 취재에 열을 올렸다. 그는 시인이 아닌 조선의 제도 개혁을 택했다. 대신 당시 이덕무의 기록 속에서 박제가를 행적을 엿볼 수 있었다. 서울을 떠나기 전날 밤 박지원 등과 닭이 울 무렵까지 작별의 정을 나누던 장면부터 베이징에서의 여정을 마치고 다시 압록강을 건너던 날의 사정이 그의 기록 안에 자세하다. 조선으로 돌아가던 길, 박제가와 이덕무는 서장관의 숙소에서 밤늦게까지 이야기꽃을 피웠다. 그날 밤 박제가는 호랑이가 무섭다며 밖으로 나오지 못하고 서장관의 숙소에서 잠을 청했다는 이야기까지. 그해 두 사람은 처음 유리창을 방문했다. 그 뒤 하루가 멀다고 유리창으로 왔다. 억소리 나는 무수한 책 목록을 꼼꼼히 옮겨 적었다. 고개가 쑤시고 아팠다. 남천주당 천정에서 본 해괴한 그림이 아기 예수의 탄생 장면인 것을 그들은 몰랐을 것이다. 아직 젊고 팔팔한 나이였지만 그때 "북경의 여름 더위는 마치 불구덩이 속에 앉아 있는 것 같았다"라고 이덕무는 기록했다.

그해 6월 중순에 박제가와 이덕무가 베이징을 떠나고 이듬해인

1779년 5월, 나빙은 두 번째 베이징 길에 오른다. 당시 부인 방완의는 병이 깊었다. 때를 놓치면 안 되는 말 못 할 이유라도 있었던 것일까, 나빙은 끝내 집을 나선다. 부인마저 남편의 외유를 말리지 않았다. 그도 발걸음이 잘 떨어지지 않았는지 병든 아내를 침상에 두고 말없이 집을 나서는 우울한 심정을 시로 남긴다. 결국 나빙은 길을 떠났고 불과 보름 뒤 방완의는 양저우 집에서 숨을 거둔다. 폐결핵이었다고 전한다. 운하를 떠가는 배 안에서 나빙은 아내의 죽음을 알 수 없었다. 양저우를 출발한 지 한 달이 다 되어갈 무렵 나빙은 산둥성 지난濟南의 객사에 들었다. 밤이 되었고 잠든 꿈속에 부인 방완의가 자신이 그린 매화 그림을 들고 나타났다. 자기는 이제

윈난성雲南省으로 간다며 손으로 꽃가지를 들어 돌아갈 길을 가리키더라는 것. 이날이 6월 11일 밤이었다고 나빙은 기록했다. 베이징에 도착한 건 8월이 다 되어서였다. 그리고 얼마 뒤 양저우에서 사람이 찾아왔다. 부인 방완의의 부음이었다.

그녀 역시 시를 즐겼고 그림에도 남달랐다. 두 사람이 함께 그린 그림이 적지 않았다. 나빙이 바위를 그리고 나면 그녀가 바위 주위에 대나무를 그렸다. 또 그녀가 완성한 그림 옆에 나빙이 글을 남기는 경우도 종종 있었다. 나빙에게 방완의는 부인이자 함께 화가의 길을 가는 동지이며 반려자였다. 그런 그녀가 급작스레 세상을 떠났다는 비보가 날아든 것이다. 비통했고, 할 수 있는 것이라고는 그저 길고 긴 시를 지어 통곡하는 일뿐이었다. 나빙의 증조모를 위해 추모시를 지었던 옹방강은 이번엔 방완의를 위해 묘지명을 지었다. 그해 겨울, 양저우로 돌아가지 못한 나빙이 베이징에서 그린 그림이 한점이 있었다. 위쪽에 반야심경을 공손하고 반듯하게 적었고, 활짝 핀 매화나무 가지 아래 눈부시게 하얀 옷을 입은 여인이 염주를 손에 든 채 앉아 있는 그림. 여인은 상념에 잠긴 듯 살포시 눈을 감았다. 그녀 옆에 "불제자 나빙이 손을 깨끗이 하고 경건하게 그리다"라고 썼다. 죽은 아내를 위해 그린 그림 같았다.

이덕무와 함께 베이징을 다녀간 지 10여 년이 흘렀고 박제가도 이제 중년이었다. 1790년 5월 건륭황제의 팔순 잔치를 맞아 사신단이 꾸려졌고 이번에 이덕무가 아닌 유득공이 그와 동행이었다. 압록강을 건넜다. 황제의 잔치는 베이징이 아닌 러허에서 먼저 열렸고 사신 일행은 그리로 직행했다. 박지원이 청나라를 다녀와 쓴 『열하일기』의 무대가 그곳이다. 이때의 기록은 유득공이 남긴 것에 자세하다. 언제 끝날 줄 모르는 황제의 연회에 참석해 각국에서 온 사신들을 만나기도 했다. 몽고의 왕과 베트남과 라오스와 미얀마에서 온 사신도 있었다. 박제가는 필담이 가능했던 베트남의 사신과 시를 주고받을 정도로 가까이 지냈다. 러허에서의 잔치가 끝나자 조선의 사신은 다시 베이징을 향해 걸음을 재촉했다. 황제보다 먼저 도착해야 하는 일정이었다. 1790년 7월 말, 베이징이 코앞이었다.

박제가가 서울을 떠나 러허를 거쳐 베이징으로 향하고 있을 무렵 나빙은 베이징에 먼저 도착해 있었다. 이번에는 둘째 아들 윤찬과 함께였다. 그도 10여 년 만이었다. 부자는 유리창에 거처를 정했다. 그가 왔다는 소식에 예전에 교류했던 사람들이 찾아왔고 그는 답례로 작은 부채에 난초며 대나무며 수석을 그려 선물했다. 먼 여행길 탓이었는지 나빙은 여러 날 아팠다. 10여 년 전 병든 부인을 두고 기어이 베이징에 와야 했던 것처럼 이번에도 마찬가지였다. 적지 않은 나이에 아들을 대동하고 나섰던 이유는 바로 황제의 팔순 잔치 때문이었다. 황제의 잔치는 오랫동안 성대하게 열렸고 각국에서 수백 명이 넘는 사신이 베이징으로 모여드는 축제이자 거대한 국제시장이 열리는 것과 다름없었다. 그런 기회를 놓칠 수 없었다. 그들을 만나 다른 세상의 새로운 소식을 듣기도 했지만 무엇보다 자신의 그림을 팔 절호의 기회이기도 했다. 10년을 주기로 어김없이 베이징을 찾아야만 했던 이유 중 하나가 거기에 있었다.

베이징에 도착한 박제가는, 지금은 속칭 '전문前門'이라 부르는 정양문正陽門 동북쪽, 현재 중국 공안국 근처에 있던 사신단 숙소에 묵었다. '남관南館'이라 불렀고, 서쪽 담 옆으로 자금성 북쪽 호수에서 내려온 옥하玉河가 흘러 '옥하관'이란 별칭도 있었다. 남관과 이웃한 한림원翰林院은 과거시험에 합격한 이들이 공부를 하며 지내는 곳이었다. 그해 베이징에서 박제가의 첫 만남은 이곳에서 이루어졌다. 그해 과거에 합격한 젊은 인재들의 초대로 한림원에서 게를 안주로 술을 마셨다. 취해 잠이 들었었나 보다. 놀라 깨고 보니 가을의 술자리였다고 박제가는 회상했다. 그 자리에서 얼굴을 익힌 뒤 박제가와 여러 번 만나 시를 주고받게 되는 인물 장문도張問陶도 동석을 했다. 그는 이미 젊어서부터 시인으로 이름이 높았고 그림과 서예도 월등했다. 박제가와는 시 몇 편을 주고받는 인연으로 끝나지 않았다. 그는 나빙과의 인연도 깊어 박제가와 마찬가지로 그의 거처인 유리창 관음각을 자주 찾았고 나빙의 그림에 꽤 많은 글을 남겼던 장본인이었다. 1790년 8월, 10여 년 만에 다시 찾은 박제가의 베이징 생활은 그렇게 시작되고 있었다.

한림원에서 술자리를 가진 뒤 박제가는 서둘러 유리창으로 갔다. 그림도 보고 싶었고 책도 궁금했다. 그동안 유리창은 얼마나 변했는지 얼른 가 확인하고 싶었고 누군가를 만나보고 싶다는 기대도 컸다. 그가 처음 어디서 어떻게 나빙을 만나게 되었는지는 기록에 없다. 박제가는 베이징 오기 전 누구에게든 물어 나빙의 이름 정도는 이미 알고 있었는지도 몰랐다. 그렇다면 유리창 거리에 들어서자마자 그를 수소문을 했을 것이라는 추측도 가능했다. 어쨌든 박제가와 나빙이 함께 등장하는 첫 장면은 이곳 유리창 나빙의 집에서였다. 나빙이 전동벽이라는 이에게 선물한 매화 그림 부채에 박제가가 시를 써주었다. "우연히 그림 보러 길을 나섰다가 사찰에서 좋은 벗 만났네"라고 그날의 기억을 남겼다.

　나빙과의 만남은 계속 이어졌다. 그가 난초와 대나무를 그리고 나면 박제가는 그 위에 시를 적었다. 당시 박제가의 기록을 보면 온통 나빙과 그의 거처에서 만난 사람들 얘기뿐이었다. 그때 나빙은 10여 년 전 작고한 부인 방완의 유고집인 『반격시집半格詩集』을 가지고 있었나 보다. 그것을 박제가에게 보여주었다. 박제가는 그녀의 시를 꼼꼼히 읽었다. 그러고 시집에 부칠 글 한 편을 써서 나빙에게 건넸다. 방완의의 가계와 성정에 대한 대목까지 자세한 것을 보면 나빙으로부터 많은 이야기를 들었다는 것을 짐작할 수 있다. 나빙의 거처는 이런저런 일로 찾아오는 사람들로 언제나 붐볐다. 박제가는 자주 그곳을 찾았고 유득공도 늘 동행했을 것이다. 사실 기록으로만 보면 유득공의 것이 훨씬 자세하고 구체적이어서 그들이 만나 무슨 대화를 했고 어떤 일이 있었는지 마치 그 자리에 함께 있는 듯 착각이 들 정도다. 박제가와 함께 베이징을 다녀온 이때의 일들을 유득공은 책으로 정리해 남겼다. 그 내용에는 아예 나빙의 항목을 따로 두었을 뿐만 아니라 다른 이와의 이야기 중간에도 나빙이 자주 튀어나왔다. 내용도 내용이려니와 글도 제법 길었다. 잠시 유득공의 눈을 빌려 그때의 장면들을 보자.

　이런 일이 있었다. 황제의 생일잔치는 러허에서 끝나지 않고 베이징의 별궁인 원명원에서 다시 성대하게 열렸다. 아마 그곳의 연회에 참석하고 돌아오던 길에 유리창의 나빙의 처소에 들렀던 것 같다. 원명원의 화려한 누각들과 바다처럼 넓은 곤명호를 본 뒤라 유득공은 조선에서 말로만 듣던 항저우의 서호가 무척이나 궁금했다. 그래서 나빙에게 묻는다.

"선생께서는 서호를 유람하신 적이 있습니까?"

"여러 번 노닐었습니다." 나빙이 대답했다.

"원명원이 서호에 비해 어떻습니까?" 유득공이 다시 물었다.

"어찌 감히 천연의 산수를 당해낼 수 있겠습니까?"

"산수는 천연이 낫겠지만 누각마저 서호가 꼭 훌륭하지는 않을 것입니다."

"누각도 당연히 뛰어나지요." 나빙의 대답이었다.

이 말을 들은 유득공은 나빙이 모든 면에서 베이징의 원명원보다 항저우의 서호가 더 낫다고 뻐기거나 우기고 있다고 생각했다. 하긴 글로만 상상했지 가본 적이 없는 항저우의 서호를 유득공은 알 수 없었고 그날 본 저 그림 같고 환상 같은 황제의 궁전 원명원보다 더 근사한 풍경이 있을 것이라고 인정하기도 어려웠을 것이다. 실제로 두 곳의 경치를 두고 어느 곳이 더 낫다고 말할 수는 없었지만 나는 이 대화에서 나빙의 속내를 어렴풋이 짐작할 수 있었다. 한마디로 항저우의 서호는 한족 문화의 자부심이라는 것. 하지만 이곳 베이징의 원명원은 만주족인 청나라 황제가 인공으로 조성한 호수와 누각일 뿐이라는 의미가 숨어 있는 듯했다. 제아무리 호수를 크게 파고 누각을 화려하게 만들어도 나빙에게는 곧 물러갈 한갓 오랑캐의 유물로밖에 여겨지지 않았을 것이다. 감히 항저우의 서호와 비교할 바가 아니었다.

또 다른 장면 하나. 여느 날처럼 유득공은 박제가와 함께 나빙을 찾았다. 그의 처소에 장도악이라는 인물이 와 있었다. 그는 양저우에서 소금과 관련된 일을 하다 베이징에 잠시 와 있었다. 그 역시 산수화를 잘 그렸다. 나이도 가장 어린 데다가 성격도 자유분방했나 보다. 그가 부채에 시를 써 유득공에게 선물했다. 그러고 나서는 두 사람에게 밖으로 나가 술을 한잔하자고 이끌었다. 그러자 나빙이 자신의 손님을 빼앗아 간다며 버럭 화를 냈다는 것. 두 사람 간에 큰 싸움이 벌어졌다. 그래서 박제가는 장도악과 함께 밖으로 나가고 유득공만 나빙의 처소에 남았다. 그렇게 상황은 일단락되었다. 나빙의 처소를 나간 박제가와 장도악은 어디로 가서 술을 마셨을까? 멀리 다른 곳으로 가지 않았다면 두 사람은 이곳 유리창 거리 어느 주점에 앉아 잔을 부딪쳤을 것이다. 반갑고 흥겹지만 그만큼 어색하기 짝이 없는 시간들……. 거리를 걷다 보면 문득 그런 장면이 궁금해졌다.

당시 나빙의 생활을 짐작케 하는 일화도 유득공의 기록으로 전한다. 베이징에서 그와 박제가는 늘 붙어 다녔다. 그날은 궁전의 뜰에서 황제의 생일에 바쳐진 진귀한 보물을 구경했다. 수레에 가득한 금불상이며 산호와 옥과 호박琥珀으로 만든 기이한 나무 장식에 넋을 빼앗겼다. 실제의 고목 줄기에 각종 보석으로 꽃과 잎을 조각해 매단 이 진상품은 지금 보아도 혀를 차게 만든다. 가장 값비싸고 화려한 것들이 황제의 생일에 맞춰 제작되었고 심지어는 다른 모양의 '수壽' 자를 만 개나 쓴 도자기 병이 만들어질 정도였다. 모든 게 늙은 황제의 만수무강에 바쳐졌다. 둘은 유리창 가게에 들러 값비싼 골동품들을 구경한 뒤 다시 나빙에게 갔다. 거처에 모르는 이가 와 있었다. 그 사람이 편지와 물건 하나를 나빙에게 내밀었다. 흑색을 띤 주먹만 한 크기의 옥이었다. 한참을 어루만지며 살펴보던 나빙이 드디어 입을 열었다. "맞습니다. 살 만한 물건입니다." 그자가 떠나자 궁금함을 이기지 못한 박제가가 무슨 일이냐고 물었다. "어떤 지체 높은 사람이 오래된 옥을 사려고 하는데 의심스러워 내게 편지를 보내 물어왔습니다. 그것을 내가 감정해준 것입니다."

나빙은 가난했다. 이미 오래전에 과거는 단념했지만 그림만 그려서 먹고사는 게 녹록하지 않았다. 앞서서 보았듯 양저우는 강남 교통의 요충지여서 물류의 교역이 활발했고 소금 사업으로 재물을 축적한 부유한 상인들이 많았다. 그들 중에는 나빙의 선조들이 터를 잡고 살던 안후이성 출신들이 제법 있었다. 그들이 양저우에서 활동하던 화가들의 주요 고객이었다. 재력을 바탕으로 서화뿐 아니라 골동품 수장에도 일가를 이루었다. 그들의 수장품은 상상 그 이상이었다. 길을 잃을 것만 같은 어마어마한 저택에 종류별로 나뉜 수장고가 따로

있었고 책도 그렇게 나눠 보관했다. 나빙은 자주 그들의 초청에 응해 그림을 그려주었고 그들이 소장했던 진귀한 물건들을 보며 감식안을 익혔다. 자기도 적지 않은 서화며 골동품을 가지고 있기도 했다. 그것들을 팔아 생계를 이어가는 때도 있었다.

둘째 아들과 지내던 베이징에서의 생활도 곤궁하기는 마찬가지였고 그는 돈벌이가 필요했다. 사실 황제의 생일잔치에 참가하기 위해 베이징을 찾은 외국의 사신들에게도 그림을 팔았지만 정기적으로 서는 큰 시장, 이를테면 10여 년 전 박제가도 일부러 찾아갔던 융복사隆福寺의 장터 등이 유명했는데 나빙도 그런 곳을 찾아 거래를 성사시키기도 했다. 나빙과 같은 화가들만이 아니라 고위 관리들마저 시장에 직접 나와 물건을 흥정했다. 유리창에서 서점을 경영하는 많은 이들 중에도 사대부 출신들이 적지 않았다. 일찍이 상업과 무역에 관심이 컸던 박제가였다. 당시 베이징에서 그림과 글씨는 누군가한테 주는 선물만이 아닌 상점이나 시장에서 거래가 되는 상품이었다. 그림의 크기와 종류에 따라 일정하게 값을 매긴 화가도 있었다고 한다. 요즘 말로 하자면 정찰제 판매였다. 그들과 마찬가지로 그림을 팔려고 아들과 함께 유리창에 머물던 나빙이나 서점 주인들을 볼 때 박제가는 무슨 생각이 들었을까. 적잖이 당황했을까, 아니면 부러웠을까? 이들 사이에는 그림에 관련된 흥미로운 이야기가 하나 더 있다.

박제가가 그랬듯 나빙 역시 베이징으로 오면서 많은 것을 챙겼다. 부인의 시집은 물론 제법 값이 나가는 오래된 그림도 한 점 가지고 있었다. 당나라 때 인물화와 소 그림으로 이름났던 한황韓滉이 그린 〈춤을 추는 회족 여인〉이다. 그런데 이 그림에 '조선인朝鮮人'이란 인장이 찍혀 있었던 것. 이를 본 박제가와 유득공은 깜짝 놀라 어떤 사람인지 나빙에게 묻는다. 그는 안기安岐1683-1745?라는 인물로 그 또한 양저우에서 소금업으로 재산을 크게 모았고 그가 소장했던 서화 역시 질과 양에서 비교할 상대가 없었다고 전해진다. 안기의 소장품에 대해서는 그가 지은 『묵연휘관墨緣彙觀』이란 책에 자세하다. 감식안도 높아서 서화에 남은 그의 인장은 진품임을 보증하는 것과 마찬가지였다고 한다. 대상인의 집답게 그의 저택 역시 양저우의 옛 도심에 있었는데 이제는 흔적도 없이 사라졌다. 그가 살았던 골목은 지금도 그의 성을 따 '안가항安家巷'이라 불린다. 양저우에는 안기와 관련된 흥미로운 일화가 다수 전해진다. 그의 선조가 조선인이었고 그 역시 '조선인'이라 새긴 인장을 즐겨 사용했다. 그런데 하필이면 나빙이 가져온 그림에 그의 이름이 남아 있었던 것이다. 처음 듣는 조선인의 인장을 보고 박제가와 유득공의 두 눈이 휘둥그레졌을 것은 불을 보듯 뻔한 일. 그렇게 그들 사이는 조금씩 가까워졌다.

박제가, 나빙과 헤어지다

나빙은 이제나저제나 두 사람이 오기를 기다렸다. 어쩌면 마지막이 될지도 모르는 자리였다. 나빙은 정성껏 두 사람의 초상화를 그렸고 매화도 두 폭 마련해놓았다. 드디어 그들의 목소리가 들렸다. 박제가와 유득공에게 그림을 선물하고 그것도 모자라 옆에 시를 적었다. 그는 또 유득공을 위해 난을 그렸고 이별을 서글퍼했다. 얼마 전에 기적처럼 만난 난초 그림을 제외한 유득공의 초상화와 매화 그림은 현재까지 나타나지 않고 박제가의 두 그림만 남아 전한다. 손바닥만 한 크기의 초상화 옆에 시를 적은 다음 나빙은 "건륭 55년(1790년) 8월 18일 양저우의 나빙이 베이징 유리창 관음각에서 그리다"라고 썼다. 그림 속에 작달막한 키의 박제가가 서 있었다. 먹의 농담이 적절하게 녹아든 무르익은 솜씨였고 글씨 또한 달필이었다. 그의 이름이 없어도 가볍고 산뜻한, 누가 봐도 나빙의 그림과 글씨였다. 이날 박제가는 자신이 서울에서 가지고 간 〈노주설안도蘆洲雪雁

圖〉라는, 갈대와 기러기를 그린 그림을 나빙에게 보여주고 감정을 부탁했다. 나빙은 그 그림 위에 글을 남겼다. 그렇게 좀 요란해 보이는 이별을 했다. 박제가는 나빙과 헤어진 뒤 이별의 쓸쓸함을 시로 적에 그에게 부쳤다. "넋이 나간 듯 꿈결인 듯 눈물만 흐른다."

　　나빙이 박제가와 유득공에게 준 그림은 초상화와 매화 그림 각 한 폭과 그에 더해 유득공에게 준 난초, 그러니까 며칠 전에 예가 찾아 보여준 것이 전부인 줄 알았다. 그런데 가만히 정황을 살펴보니 그게 아닐 수도 있었다. 나빙은 박제가에게는 난초 그림을 주지 않았더란 말인가? 그럴 리가 없었다. 둘의 기록에는 보이지 않지만 함께 규장각 검서관으로 근무했던 성해응成海應이 남긴 『서화잡지書畵雜誌』라는 책 속에는 흥미로운 기록이 숨어 있다. 베이징을 떠난 두 사람은 나빙이 그려준 초상화와 매화와 난초 그림 각각 한 폭씩을 지닌 채 서울로 돌아왔다. 박제가는 그때 가져온 나빙의 난초 그림을 성해응에게 선물했다. 그러니까 나빙이 그들에게 준 것은 모두 여섯 폭이었던 것. 그중 실물과 사진으로 살아남은 게 박제가의 초상과 매화 그림 그리고 유득공에게 준 모니터 속의 난초 그림 단 셋뿐이었다. 성해응은 박제가를 통해 나빙의 집에서 다툼이 있었던 장수옥의 그림도 보았노라 적고 있다. 그와 박제가는 사실 남다른 인연으로 묶여 있는 사이였다. 바로 앞에서 언급한 오사카의 기무라 겐카도가 통신사 일행과 헤어지며 〈겸가당아집도〉라는 그림을 선물한 성대중이 성해응의 부친이었다.

　　혹, 서로 이별의 인사도 없이 조선으로 떠나는 일이 생길까 걱정이 들어 서둘러 만났던 탓일까. 나빙에게서 초상화를 선물로 받

나빙의 자화상.

은 지 10여 일 후 박제가와 유득공은 다시 그를 방문한다. 이때 본 그림이 화가로서 나빙의 명성을 알리는 데 한몫을 한 그의 대표작 〈귀취도〉였다. 그는 무슨 연유에선지 귀신을 보는 특별한 능력이 있다고도 했고, 그림의 가치를 높이려 꾸민 헛소문이라는 말도 있었다. 나빙은 비슷한 내용의 귀신 그림을 여러 개 그렸는데 공교롭게도 스승인 김농의 그림에도 유사한 귀신의 형상이 등장했다. 사실 김농만이 아니라 중국 회화사에는 귀신과 관련된 역대 화가의 계보가 없지는 않다. 그러나 조선에서 온 박제가와 유득공은 나빙의 〈귀취도〉를 보고 난감했을 것이다. 사대부가 귀신을 그리다니…… 조선에서는 도무지 상상조차 하기 어려운 그림이었다. 하지만 다행히 그림 위에 그날의 기록을 남긴다. 당시 내로라하는 인물들이 다투어 글을 보탠 그림 끝부분에 박제가의 친필 글씨가 또렷했다. "건륭 경술년(1790년) 9월 초하루에 조선의 박제가와 유득공이 보다." 글씨 아래 박제가의 붉은 인장.

　나빙이 그려준 박제가의 초상화는 마흔 살 무렵, 실제 그의 모습을 추정할 수 있는 유일한 그림이다. 키가 작았던 박제가에 비해 훤칠했다는 유득공의 기록에 따르면 나빙이 그린 이 초상화는 박제가를 앞에 두고 그린 것이 아니다. 두 사람이 나빙을 방문하기 전에, 그러니까 나빙은 자신의 기억 속에 저장된 박제가의 인상을 더듬어 그렸다는 얘기다. 물론 이미 여러 차례 만남이 있었고 눈썰미 있는 화가였으니 나빙은 박제가의 특징을 누구보다 정확하고 예민하게 포착하고 있었을 것이다. 작은 키와 짙은 눈썹. 무관의 벼슬로 왔으니 공작 깃이 달린 전립을 쓴 모습을 그렸다. 그리고 손에 들린 부채. 앞에서 보았듯이 자의식이 남달랐던 박제가는 스스로에 대해 쓴 「소전」을 남겼다. 첫머리에 그의 용모를 짐작하게 하는 구절이 있다.

물소의 이마에 칼 같은 눈썹, 초록빛 눈동자에 흰 귀를 지녔다.

나빙은 자신과 가까운 인물들의 초상화를 여럿 남겼다. 박제가처럼 작고 간단하게 표현한 그림도 있었지만 제법 큰 폭의 초상화도 그렸다. 이야기나 전설 속의 인물도 자주 등장했지만 살아 있는 인물을 그린 것도 꽤 되었다. 그런데 그것들 사이에는 묘한 특징과 함께 나빙만의 유사한 표현 방식들이 늘 따라다녔다. 그는 자신이 기억하는 인물들의 특징을 빠뜨리지 않고 강조하지만 그보다는 주관적인 해석이 앞서는 화가였다. 그래서 그림을 그려주고 불평을 들은 적도 있었다. 대표적인 경우가 당시 문단의 원로였던 원매袁枚의 초상화였다. 나빙이 그린 그의 초상화를 본 가족들은 이구동성으로 그와 닮지 않았다며 원성을 높였다. 그러자 원매는 장문의 글을 써서 나빙을 옹호한다.

원매의 글을 요약하자면 이렇다. 자신과 닮지 않았다고 불만을 토로하는 가족들 눈 속의 그와 나빙의 그림 속 그, 두 인물 모두 원매 자신의 모습이라는 것. 그리하여 그림 속 인물이 실제 자신과 닮았다거나 그렇지 않다고 따질 일은 못 된다는 게 그의 생각이었다. 결론적으로 보면 나빙이라는 화가의 손을 들어준 셈이었다. 화가를 믿고 자신을 맡겼으니 그가 그린 자신의 모습에 왈가왈부할 이유는

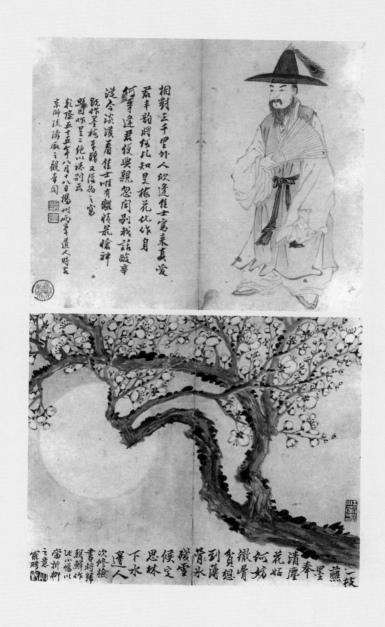

나빙이 선물한 박제가의 초상과 매화 그림.

나빙이 그린 원매 초상.

없다는 것이 문단의 원로이자 그 자신 뛰어난 시인이었던 원매의 주장이었다. 지금 읽어도 예술에 대한 감각이 남다른 그의 시각을 엿볼 수 있는 부분이다. 나빙은 스승 김농의 초상화도 그렸고 여러 점의 불교 인물화도 남겼다. 그런데 그것들에는 일정한 공통점이 있었다. 바로 대상 인물의 이미지를 소품으로 대신하고 있다는 점이다. 달리 말해 그들이 지닌 어떤 물건으로 하여금 그가 어떤 사람인지 비유적으로 표현한다는 얘기였다.

초상화 속 원매는 손에 국화꽃을, 스승 김농은 범어梵語로 쓰인 불경을 들고 있다. 국화꽃은 시인 도연명의 고사로 유명한 '귀거래'를 의미하며, 김농은 자칭 마음으로 출가한 승려였다. 그러니 불경은 그의 '불심'을 말한다. 화가란 글이 아닌 이런 상징물을 통해 인물의 대표적인 이미지를 만들어낸다. 다시 박제가의 초상화를 보자. 그가 손에 쥔 것은 우리말로 '쥘부채'라 부르는 취두선取頭扇이다. 그런데 이것이 다름 아닌 조선에서 중국으로 전해졌다는 데 방점이 찍힌다. 물론 박제가가 늘 저런 모습으로 부채를 가지고 다녔을 수도 있다. 그리고 실제로 선물용 부채들을 챙겨 베이징으로 왔다. 그러나 앞에서도 보았듯이 나빙은 인물을 그리면서 손이나 신체 어딘가에 그의 신분 혹은 어떤 특별한 상황을 암시하는 상징물을 동원하는 데 익숙한 화가였다. 그만이 그랬다기보다는 그런 표현에 누구보다 능숙했다는 얘기다. 그렇다면 혹시 박제가가 조선 사람인 것을 강조하기 위한 의도적인 선택은 아니었을까? 그래서 이런 표현 방법이 〈모자도〉 속 다가와 정성공이 가슴에 안고 있는 동물로 나타나고 있는 것은 아닐까?

드디어 떠날 날이 가까이 다가오고 있었다. 박제가는 베이징을 떠나기 하루 전인 9월 3일 마지막으로 유리창 거리를 다시 찾았다. 사신단의 부사였던 서호수徐浩修의 바람 때문이었다. 그는 꼭 구하고 싶은 책이 있었다. 바로 『황청개국방략皇淸開國方略』이라는, 청나라의 건국 과정은 물론 병자호란과 관련된 내용이 자세하게 기록된 서적이었다. 그중 청과의 화친을 반대하다 참형을 당한, 흔히 삼학사三學士라 부르는 홍익한, 윤집, 오달제의 최후에 대해 서호수는 알고 싶었다. 당시까지 심양으로 끌려간 뒤의 전후 사정이 조선에는 알려지지 않아 그들에 대한 황당무계한 소문까지 돌았다고 한다. 그러나 이 책은 구하기가 보통 어려운 것이 아니었다. 그런데 박제가가 유리창의 한 서점에서 바로 그들의 마지막을 기록한 부분을 구해 왔다. 그들에겐 천운이나 다름없었다. "숭덕崇德 2년(1637년) 3월에 홍익한 등을 베었다." 그날 잠깐이라도 나빙의 거처를 찾았는지는 기록에 없다. 그것이 베이징에서 박제가의 마지막 모습이었다.

박제가, 다시 베이징에 오다

박제가는 나빙을 비롯해 베이징에서 만났던 여러 사람과 아쉬운 이별을 한 뒤 귀국길에 올랐다. 그런데 예상치 못한 일이 일어난다. 요동 벌판을 지나 압록강을 건너던 날 박제가에게 왕명이 당도했다. 서둘러 먼저 서울로 오라는 전갈이었다. 그는 급히 말을 달려 서울로 향했고 입궐해 정조를 알현했다. 정조는 박제가의 노고를 치하했다. 그러고는 곧 직급을 승진시켜 다시 베이징으로 갈 것을 명했다. 그해 겨울 둘째 딸의 결혼식이 예정되어 있었다. 왕이 그 사실을 알고는 솜과 비단을 예물로 하사했다. 결혼식을 코앞에 두고 박제가는 다시 베이징으로 걸음을 재촉했다. 아비는 딸의 혼례를 지켜보지 못했다.

벌써 생애 세 번째 베이징으로 가는 길. 서울을 떠나 평양에 이르러 지인을 만나고 헤어졌다. 박제가처럼 잇달아 두 번씩 베이징을 가는 예는 흔치 않았다. 청천강에 다다랐다. 눈이라도 내릴 듯 하늘빛이 어둑했다. 강가엔 배가 묶여 있었고 사신들의 수레가 멈췄다. 시를 지을 엄두가 나지 않을 만큼 추운 날이었다. 길가 나뭇가지에도 얼음꽃이 피었다. 강을 건너 가산嘉山에 묵었다. 술자리에서 만난 육아六娥라는 기생이 시를 청했다. 또다시 압록강이었다. 밤, 달빛 아래 홀로 서서 눈발 흩날리는 짙푸른 강물을 바라보았다. 가산의 육아가 시를 보내왔다. 답시를 썼다. 최치원을 떠올렸다. 박제가도 최치원처럼 베이징을 떠나 더 먼 곳으로, 뗏목을 타고서라도 황하의 강물을 거슬러 물의 끝에 닿고 싶다는 생각을 했다. 목화송이 같은 눈이 내렸고 길이 얼어 미끄러웠다. 말발굽은 자꾸만 진창에 빠져 앞으로 나아가지 못했다. 베이징으로 가는 길은 더뎠다.

다시는 못 볼 것처럼 헤어진 게 얼마나 되었다고 다시 베이징에 나타난 박제가를 나빙은 어떤 얼굴로 맞았을까. 이게 무슨 일인가 싶었을 것이다. 잠깐은 놀랍고 뜻밖이었을 테지만 곧 정신을 가다듬고 박제가를 반겼을 나빙이었다. 성격 호방한 그는 기쁜 마음에 곧장 친구들을 불러 모은 다음 밖으로 나가 재회의 술잔이라도 부딪쳤을까. 헤어진 지 채 넉 달도 되지 않은 1790년 12월, 두 사람은 나빙의 거처에서 다시 만난다. 박제가는 지난 9월 유득공과 함께 감상한 나빙의 그림 〈귀취도〉를 펼쳤다. 붓을 잡았다. 지난번에 자신이 쓴 글 가까이에 시 한 편을 적은 뒤 다음과 같이 썼다.

조선 군기시정 내각 검서 박제가가 경술년(1790년) 12월 다시 북경에 들어와 삼가 쓰다.

매년 12월 19일, 옹방강의 집에서는 특별한 행사가 열렸다. 그는 송나라의 시인 소동파蘇東坡와 서화가인 미불米芾을 흠모해 아예 자신의 서재를 두 사람의 이름에서 한 자씩을 따 '소미재蘇米齋'라 불렀을 정도였다. 그날은 소동파의 생일이었다. 옹방강은 베이징의 여러 지인을 초대해 그를 기념하는 것이 연례행사였다. 나빙은 이미 여러 차례 그 모임에 참석했고 그때마다 모임을 기념하는 그림도 몇 폭 그려주었다. 동년배이자 후원자였던 옹방강이 서재의 이름을 '소재蘇齋'로 바꾸게 된 계기도 나빙이 그에게 그려준 그림에서 비롯됐다고 한다. 자신도 예상치 못하게 베이징을 다시 찾은 그해 겨울, 박제가도 그 자리에 초대를 받았다. 사실은, 기록마다 차이가 있어 날짜를 특정하기는 어려웠지만 그 무렵 소동파를 기리는 자리에 초대를 받아 옹방강의 집을 찾은 것은 틀림없어 보인다. 그것도 나빙과 함께.

박제가가 묵었던 남관을 나오면 곧 도심 운하 옥하였다. 옥하가 흘렀을 자리를 지나 천안문광장에 들어서면 멀리 정양문 성루城樓의 지붕이 보이기 시작했고 그 앞이 정양문 전루箭樓였다. 이름이 하도 여럿이라 헷갈리지만 정양문은 성루와 전루 두 개로 구성되었고 맨 앞의 전루를 예전에는 그냥 정양문으로, 현재는 쉽게 전문이라 부른다. 박제가가 이 길을 걸어 다닐 당시만 해도 정양문 성루 양쪽으론 잿빛 벽돌로 쌓아 올린 거대한 성벽이 동서로 끝도 없이 이어져 있었다. 전루 아래 동굴 같은 통로를 나서면 베이징의 가장 번화한 저잣거리가 펼쳐졌다. 한때는 기찻길이었고 이제는 아스팔트 도로지만 박제가 당시에는 이곳에도 강물 같은 운하가 흘렀고 그 위로 잘 만들어진 넓은 돌다리가 놓여 있었다. 정양교라 불렀다. 다리는 세 부분으로 나뉘었다. 가운데 화려한 난간 조각과 흰 옥돌이 깔린 곳이 황제의 길이었고 양쪽으로 두 칸의 다리가 연달아 놓였다. 길은 멀리 남쪽을 향해 뻗었다. 다리를 건너면 첸먼다제前門大街라 불리는 번화한 상가의 초입이었다. 입구엔 여전히 베이징에서 가장 크고 웅대하다는, 눈을 어지럽힐 만큼 붉은 칠을 한 다섯 칸의 패방이 우뚝 서서 지나는 이들을 내려다보고 있었다.

　늘 놀라운 베이징 거리에 서면 박제가의 고민은 깊어졌고 고민의 끝에는 늘 조선의 현실이 따라왔다. 조선의 백성은, 서울의 거리는 어째서 저렇게 풍성할 수 없는 것일까. 왜 질서와 규모를 갖춘 상점이 늘어선 거리를, 수레와 마차가 바삐 오가는 활발한 거리를 만들 수 없단 말인가. 저것들을 그대로 가져다 서울의 운종가에다 벌여놓고 싶은 게 그의 솔직한 심정이었을 것이다. 떨어지지 않는 발걸음을 오른쪽으로 돌려 골목으로 들어선다. 은과 비단과 약재를 파는 상가를 바삐 걸어 메이스제煤市街를 건너면 유리창으로 이어지는 지름길인 양메이주셰제楊梅竹斜街가 나왔다. 10여 년 전부터 박제가는 이 골목길을 얼마나 자주 오갔을까. 수십 번도 더 다닌 길이었을 것이다. 이 골목 어딘가에 나빙의 스승 김농이 머물렀고 또 누군가를 찾아 이 길로 들어서던 박지원의 기억도 있었다. 골목이 끝나는 지점에서 잠시 오른쪽으로 꺾으면 곧바로 유리창 동쪽 거리였다. 여태까지의 번잡한 골목과는 달리 유리창은 비교적 곧고 시원했다. 나빙의 처소가 있던 2층의 관음각이 멀지 않았다.

박제가는 나빙과 함께 수레에 올랐다. 초대를 받은 옹방강의 집까지는 먼 거리가 아니었지만 그렇다고 산책 삼아 걸어갈 만큼 가깝지도 않았다. 나빙은 이제 노인 축에 드는 나이였다. 베이징의 길거리나 시장 어귀에는 수레를 타라며 외치는 사람들이 줄을 지어 서 있었다. 그것으로 사람이며 물건을 실어 날랐다. 이미 10여 년 샅샅이 살펴 장단점을 비교한 적도 있었지만 박제가는 수레를 볼 때마다 또다시 만감이 교차했다. 『북학의』 첫머리가 바로 수레에 관한 긴 글로 시작하기 때문이다. 저 번화한 상점가의 물건이 양식이라면 수레는 양식을 먼 곳으로 고루 실어 나를 수 있는 유용한 도구였다. 그러나 당시 조선에서는 그와 같은 수레를 사용하지 않았다. 바닷가의 생선이 썩어나가고 쌀값이 오르는 이유가 다 그 때문이라는 게 그의 주장이었다. 수레 하나만 배워도 물가를 조절하고 상품을 전국으로 유통시킬 수 있다고 박제가는 생각했다. 그게 그토록 어려운 것일까? 옹방강의 집까지 가는 동안에도 박제가는 별의별 생각이 다 들었을 것이다. 유리창을 벗어난 수레는 남쪽 호방교虎坊橋를 돌아 차이스제菜市街로 향했다. 바퀴를 두른 쇠와 돌길이 부딪치는 소리가 귀청을 때렸다.

옹방강의 서재로 베이징의 내로라하는 명사들이 모여들었다. 나빙처럼 나이 든 이들부터 이제 막 과거에 오른 젊은 인재들까지 면면이 다양했다. 향을 피워 소동파에게 제를 올렸다. 옹방강은 서예뿐 아니라 금석학에도 일가를 이룬 인물이었다. 그의 서재에는 보물이나 다름없는 고서만 아니라 소동파의 친필 글씨와 말로만 들었던 진귀한 탁본이 상자마다 그득했다. 살면서 두 번도 보기 어려운 진품들을 친견한 박제가는 벌어진 입을 다물지 못했을 것만 같았다. 나빙과 동갑이었던 옹방강은 근시가 있어 늘 배가 오목한 안경을 가지고 있었다고 박제가는 그날을 기억했다.

나빙은 베이징에 있는 동안 매년 이 행사에 빠지지 않았고 그럴 때마다 그림을 그려 기념했다. 북송 시대에 그려졌다는 〈서원아집도西園雅集圖〉라는 그림이 있다. 당시 문화예술계에 이름난 이들인 소식과 동생 소철, 황정견, 미불, 이공린 등 16인이 서원에 모여 시를 쓰거나 글을 짓는 장면을 그린 그림이다. 유명인들의 친목 모임이라 할 수 있다. 이후 이 그림은 여러 화가가 임모하는 단골 소재가 되었다. 김홍도도 같은 내용의 그림을 남겼다. 나빙은 이날의 모임을 빗대 〈서원아집도〉를 그렸고 박제가는 옹방강과 함께 나빙이 그림 그리는 모습을 지켜봤다. 옹방강의 소장품에는 어찌 된 영문인지 겸재 정선의 〈고산정도孤山亭圖〉 한 폭이 있었다고 한다. 그는 정선의 그림이 원나라 때 저명한 화가인 황공망의 안목이 있다고 자신의 글에 썼다. 아마 내 추측으론 이날이었을 것이다. 지난여름 서울에서 가져와 나빙에게 보여주었던, 갈대와 기러기를 그린 그림 〈노주설안도〉가 있다. 박제가는 이 그림을 다시 챙겨 이번에는 옹방강에게 내밀었다. 그의 글도 받아 간직하고 싶었던 까닭이다. 그는 흔쾌히 시 두 수를 그림에 남긴다. 나빙과 옹방강뿐 아니라 이덕무와 유득공과 박제가 자신의 긴 글이 담긴 이 그림은 아쉽게도 현재 행적이 묘연하다.

놀라움의 연속이었지만 옹방강의 집에서 본 것 중 박제가의 눈을 사로잡은 물건은 단연 미불의 소유였다는 미가연산米家硯山이다.

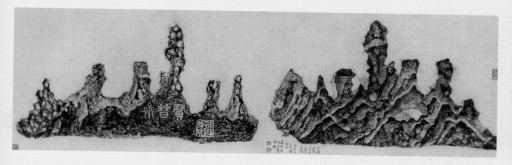

박제가가 옹방강의 집에서 본 미가연산의 모습.
나빙과 아들 윤소 등이 그린 그림과 탁본을 엮어 만든 것이다.

달리 보진재연산寶晉齋硯山으로도 불리는 기기묘묘한 산 모양을 닮은 이 돌은 벼루로도 사용되었던 물건이다. 사진을 찾아보니 세상에 둘도 없는 수석처럼 보였다. 미불은 서화로도 이름 높았지만 바위만 보면 절을 했다는 이야기가 따라다닐 만큼 기이한 인물이었다. 그의 아들도 글과 그림에 능해 나빙 부자처럼 늘 함께 거론되곤 했다. 그런 미불이 가지고 있던 천하의 보물을 박제가는 바로 눈앞에서 보는 행운을 누렸다. 나빙은 아들 윤찬과 함께 이 미가연산을 탁본을 뜨고 그림으로 그려 긴 글과 함께 남긴다. 그날의 기억이 얼마나 강렬했던지 박제가도 시를 지었다.

天下寶有三　　천하의 귀한 보배 셋이 있으니
米家硯山一　　미씨네 집안 벼루가 그중 하나라네
吾猶及見之　　내 실제 두 눈으로 똑똑히 보고는
夢想叫奇絶　　꿈만 같아 기이함에 소리를 질렀네

현재 지하철역 차이스커우菜市口 근처에 박제가와 나빙이 마차를 타고 도착한 옹방강의 집이 있었다고 전한다. 혹시나 하는 기대를 품었지만 그의 집터로 짐작되는 구역 전체가 아파트 공사를 준비 중이었다. 아무 흔적도, 팻말 하나 남은 게 없었다. 사방을 높은 담장이 가로막고 있어 안을 들여다보기도 어려웠다. 주위를 한 바퀴 다 돌았을 때 빠끔 열린 철문이 있었고 나는 안으로 고개를 들이밀었다. 다행히 인기척이 없었다. 열린 문을 지나 부서진 집들의 잔해가 가득한 빈터로 걸어 들어갔다. 깨진 벽돌과 썩은 나무토막이 나뒹굴었고 누군가 버리고 갔을 쓰레기 더미들이 뭉텅이로 쌓여 있었다. 차라리 이곳이 그의 집터가 아니기를 바랐다. 박제가와 나빙이 처음 만났던 유리창 관음각이 사라진 아쉬움을 혹시 이곳에서 조금은 보상을 받을지 모른다고 스스로 위로하고 있었는지도 몰랐다. 두 사람의 만남이 손에 잡힐 듯 감각될 장소는 관음각과 이곳밖에 없다고 여겨왔다. 박제가가 옹방강의 서재에서 그와 함께 나빙이 그림 그리는 모습을 감상하던 장면을 혼자서 상상하곤 했다. 아쉽게도 폐허나 다름없었다. 용케 살아남은 홰나무 군락만 숲처럼 무성했고 푸른 잎 사이로 빈 기와집이 무너져 내리기 직전이었다.

청대에 한족들은 정양문 안쪽인 내성內城에 거주할 수 없었다. 그래서 모여 살게 된 곳이 유리창을 포함한 이 일대였다. 과거가 열리는 해에는 전국에서 수많은 응시자가 베이징으로 몰려왔고 그들의 형편은 제각각이었다. 그래서 성省별로, 지역별로 때론 출신지의 도시 이름을 달고 독립된 건물들이 세워졌다. 베이징에서의 생활을 돕는 일종의 '향우회'와 같은 성격의 모임이 만들어졌고 그들에게 숙소가 제공되었다. 그것을 회관會館이라 불렀다. 과거시험을 준비하던 자들만이 아니라 베이징에 거주하는 상인들도 함께였다. 그렇게 동향의 사람들이 모인 공동체가 이곳을 중심으로 퍼지기 시작해 많을 때는 수백 개의 회관이 이 지역에 밀집해 있었다고 전한다. 한마디로 한족 집단 거주지였던 셈이다. 그들이 가지고 있던 공동품과 서화들은 유리창을 통해 거래가 되기도 했지만 주변의 가까운 장춘사長椿寺와 법원사法源寺에서도 그림 등 서책 시장이 정기적으로 열렸다. 나빙도 이곳으로 와 그림을 팔기도 했다. 황성을 빼앗긴 한족들은 이곳 차이스커우 구역을 기반으로 베이징에서 그들 나름의 독특한 문화를 일궜다. 남천주당이 위치한 선무문宣武門 남쪽이어서 '선남문화宣南文化'라는 별칭이 따라붙곤 했다.

옹방강의 집터에서 남쪽으로 멀지 않은 곳에 고찰 법원사가 있었다. 1771년 가을, 나빙이 베이징에 왔고 이듬해 정월 남쪽에서 공무를 마치고 돌아온 옹방강을 처음 만나게 된다. 이해에도 나빙은 소동파의 생일날을 맞아 그의 초상을 그렸다. 옹방강의 서재가 아닌 다른 이가 초대한 자리였다. 법원사 건물 벽에는 이때 나빙과 만났던 이들의 글씨가 남아 있었다. 법원사를 노래한 여덟 편의 시를 돌판에 새겼다. 여러 사람이 시 한 편씩을 썼고 옹방강은 물론이려니와 그중에 나빙의 글씨도 예전 모습 그대로였다. 아마 그보다 나중의 일이었겠지만, 박제가 1790년 베이징에 도착하자마자 숙소 옆 한림원에서 만나 게를 안주로 술을 마셨던 장문도의 그림도 이곳에 보태졌다. 장문도 역시 그해 과거에 합격한 젊은 수재였고 그 이후로도 박제가와는 좀 특별한 관계로 이어진다. 혹 박제가도 이곳을 다녀가지 않았을까? 나빙과 옹방강의 집을 방문했다가 내처 이곳에 온 적은 없었을까? 그로부터 20여 년의 시간이 흐른 뒤 이곳을 찾은 조선인이 있었다. 김정희였다. 팔팔하고 역시나 자부심 넘쳤던 20대의 그도 옹방강을 방문한다. 김정희가 베이징을 떠나기 전인 1810년 2월, 그도 이곳 법원사에서 송별연을 가졌다. 그 자리에 〈모자도〉를 소장했던 완복의 부친 완원이 동석했다. 나빙과 박제가, 완원과 김정희.

박제가는 베이징에서 세밑을 맞았다. 새해맞이는 요란했다. 걸음마다 홍등이 내걸렸고 골목 입구에는 깃발이 휘날렸다. 들뜬 사람들의 말발굽 소리가 베이징 하늘을 요란하게 흔들어대던 겨울이었다. 귀가 다 먹먹했다. 자금성 서쪽 바다 같은 호수의 물이 얼었고 사람들은 스케이트를 탔다. 이른 새벽 박제가는 새해 의식이 열리는 황성으로 들어가 오후가 돼서야 밖으로 나올 수 있었다. 밤이 되면 성안 가득 하늘 위에서 불꽃이 터졌다. 전쟁이 난 듯했다. 야심한 밤 도심의 남쪽, 황제가 하늘에 제사를 지내는 천단天壇을 찾기도 했다. 10여 년 전 처음 이덕무와 베이징에 왔을 땐 촌각을 다투며 멀리까지 바쁜 걸음을 놀렸더랬다. 박제가의 머릿속엔 무엇이든 하나라도 더 보고 기억하고 기록해야만 한다는 의무감이 가득했다. 꼼꼼히 살펴 서울로 돌아가 무엇을 해야 하는지 그는 너무나 잘 알고 있었다. 하루가 어찌 가는지도 모르던 시절이었다. 그때도 이덕무와 이곳 천단 주위를 거닐었다. 근처에 금어지金魚池가 있었다. 연못 속에는 팔뚝만 한 금붕어가 떼를 지어 헤엄쳤다. 먹이를 던지면 수면 위로 금빛 찬란한 물고기가 뛰어오르던 잊지 못할 장관. 기억이 아스라했다. 그렇게 먼 이국의 수도에서 박제가의 한 해가 저물고 있었다.

해가 바뀐 1791년 정월 초이레, 인일人日은 나빙의 생일이었다. 박제가는 긴 시를 써 그와의 만남을 기렸다. "그림으로 천하에 널리 알려져 찾는 이가 구름처럼 많았다"라며 한껏 추켜올렸지만 베이징에서 나빙의 생활은 곤궁하기 짝이 없었다. 그림으로야 베이징에서 벌써 정평이 났지만 그의 가난을 해결하지는 못했다. 옹방강 같은 고위 관리들의 살림도 그리 넉넉한 편이 아니었다. 유일한 방법

1795년 나빙이 옹방강에게 선물한 그림.
가운데 모자를 쓴 이가 소동파다.

은 황궁 안으로 그림을 들이는 것뿐이었는데 황실에서 원하는 그림도 이전과는 아주 달랐다. 설령 그들이 원한다고 기다렸다는 듯이 그림을 보낼 나빙도 아니었을 것이다. 하물며 급변하던 시절도 그들 편이 아니었다. 황제의 초상화마저 서양에서 온 선교사들에게 자리를 내준 뒤였다. 나빙도 아들 윤찬과 함께 이런저런 그림을 그려 생계를 이어갔지만 그는 타고나기를 뒤가 물렀다. 때론 호기가 지나쳐 뒷일을 잊기 일쑤였다. "고향 양저우로 돌아가지 못하고 불 꺼진 부엌에 검은 흙벽이 드러났네"라며 당시 나빙의 처소를 자주 드나들던 이가 시로 써서 남길 정도였다.

그 당시 나빙의 곤궁을 증명이라도 하려는 듯 요즘도 그의 춘화春畵라며 은밀한 눈길을 건네는 이가 있었다. 물론 가짜였지만 왜 하필 그의 춘화였을까 하는 점은 의심이 남았다. 박제가도 유리창에서 음란 서적과 춘화를 보고는 저들 오랑캐 탓이라며 한숨을 쉬었다. 나빙의 그림을 찾는 이도 이젠 예전 같지 않았다. 나빙을 처음 베이징으로 초대했던 스승 김농의 지인이며 고위 관료이자 후원자였던 영렴英廉의 사망은 그에게도 큰 타격이었다. 새로운 후원자를 물색했지만 그게 여의치 않았다. 예순을 바라보는 노화가의 처소는 찻물을 끓이지 못할 정도로 남루해갔다. 그래도 조선에서 온, 나이 어린 자신을 허물없이 맞아준 그와의 인연은 가벼울 수 없었다. 나빙을 이곳에서 만날 수 있어 많은 사람과 얼굴을 익혔고 답답하기만 했던 마음을 터놓을 수 있었다. "각자의 인생에는 저마다의 몫이 있는 법, 잘되고 못되고는 말해서 무엇하리오." 나빙의 생일, 날도 화창했다. 그날 박제가는 맘껏 취했다.

귀국할 날이 다가오고 있었다. 베이징을 떠나기 전에 나빙을 찾았다가 만나지 못했는지 아들 윤찬이 부친을 대신해 박제가에게 서신을 보냈다. "어제는 아버님께서 조금 아프셨습니다. 밤이 되자 다 나았으니 17일에 다시 오신다면 아버님과 종일 말씀을 나누실 수 있을 것입니다"라고 알렸다. 그때 박제가가 내처 다시 나빙을 방문했는지는 자세하지 않지만 그로부터 이틀 뒤인 19일에 나빙의 처소에서 만나기로 했다는 공협龔協이란 인물이 있다. 며칠이 지난 1월 22일, 박제가는 옹방강의 집에서 멀지 않은 선남방宣南坊에 거처하던 그의 초대를 받는다. 그 자리에는 서예로 이름났던 이병수伊秉綬 등이 함께했다. 박제가는 이때 자신의 혜화동 집 앞에 있던 장경교와 임금 정조가 아끼던 소나무 어애송御愛松에 대해서 그들과 이야기를 주고받았나 보다. 그리고 서울을 떠나오던 길에 가산에서 만났던 시 쓰는 기생 육아와의 인연도 그들과의 이야기 속에 들어 있었다. 공협은 육아에 관한 여러 편의 글을 남긴다. 헤어지고 해가 바뀐 뒤 공협은 박제가에 편지를 보낸다. 당신의 집 근처에 있던 소나무 아래서 함께 이야기를 나누는 꿈을 꾼다며 안부를 물었다.

　　선남방 공협의 집에서 여럿과 어울려 술자리를 가지고 얼마 뒤 박제가는 다시 나빙을 만난다. 서울로 떠나기 하루 전날이었다. 가지고 간 빈 부채를 꺼냈고 나빙은 그 위에 그림과 시를 적었다. 베이징 유리창 관음각에서의 1790년 여름과 겨울, 나빙과 박제가의 제법 긴 인연의 시간은 그렇게 저물어가고 있었다. 박제가는 서울로 돌아가는 중에도 나빙과 이들을 그리는 시를 지었다. 그들도 서울의 박제가에게 안부의 편지와 시로 답했다. 나빙도 시를 한 편 적는다.

그대와 두 차례 만났었는데
생각하니 이젠 이미 떠나갔다네
길이 먼 것 한스럽지 않으나
그대 급히 나를 떠나 안타까웠네
설핏 잠에서 홀연히 그댈 보고는
허둥대며 그대와 얘기 나눴지
모르겠네 그대도 꿈속에서
나를 만나는지 못 만나는지

여름에 이미 한차례 진한 이별을 나눈 뒤라서인지 다시 헤어지던 겨울, 눈물 바람의 극적인 송별연은 없었다. 두 사람은 그렇게 헤어졌다. 이것이 마지막이었다. 박제가가 다시 베이징을 찾은 건 그로부터 10년이 흐른 뒤였다.

베이징 5.

<모자도> 안으로

이제 〈모자도〉가 처음 내게 말을 걸어오던 그때부터 오래 기다렸던 질문과 마주해야겠다. 〈모자도〉는 누가, 언제, 어디서 그린 것일까? 사실 이 세 가지 질문은 서로 긴밀하게 연관돼 있어 따로따로 분리할 수 있는 성질은 아니다. 질문의 순서를 뒤집어보자. 〈모자도〉는 어디서 그려진 것일까. 우선은, 그림 위에 박제가 자신이 그렸다고 썼으니 〈모자도〉를 그린 사람은 박제가라는 전제에서 출발을 하자. 그렇다면 이 그림이 그려진 곳은 그가 살았던 조선의 서울이라고 보는 것이 누가 봐도 합리적인 생각이다. 하지만 과연 그럴까? 그건 다시 내가 처음부터 품었던 의문과 맞닿아 있다. 〈모자도〉는 박제가가 혼자서 그렸다고 보기 어렵다, 라는 추론으로 연결된다. 그리고 정황상 그 추론의 가장 가까운 자리에 나빙이 있다고 판단된다. 하지만 나빙이 서울에 왔을 리 만무하다.

그렇다면 박제가와 나빙이 함께 있었던 곳, 바로 1790년 베이징이 내가 예상하는 〈모자도〉의 탄생지다. 서울이 아니라는 얘기다. 물론 이 부분도 전제가 필요하다. 〈모자도〉에 나빙이 관여한 확실한 증거를 찾았을 때만 가능한 추론이다. 다시, 그림은 베이징 어디에서 그려졌을까? 그 역시 확률이 아주 높은 곳이 있다. 박제가와 나빙이 자주 만나던 유리창 관음각일 가능성을 점쳐본다. 엄밀하게 말하자면 '2층의 누각'이었다는 관음각이 나빙의 처소였다고 보기는 어렵지 않을까? 대신 그에 딸린 방이나 집, 혹은 관음각 골목 안에 있던 어디가 아들 윤찬과 머물던 숙소가 아니었을까 생각한다. 하지만 이젠 실체를 확인할 수 없으니 아쉬운 대로 '관음각'을 그들의 거처라 부르겠다.

그럼 언제 그렸을까, 라는 질문이 바로 따라온다. 나빙과 박제가가 처음 만난 건 1790년 8월이다. 그때 한 달가량 만나고 9월 4일에 헤어졌다가 그해 12월 말에 재회하고 이듬해인 1791년 1월 말경 박제가는 서울로 돌아간다. 그러니까 박제가는 두 차례에 걸쳐 한 달여씩 모두 두 달이 넘게 베이징에 머물렀다는 얘기가 된다. 그럼 그 기간 중 언제 〈모자도〉를 그렸다고 예상할 수 있을까? 처음엔 유득공이 늘 옆에 있었고, 두 사람의 행적에서 보듯 제법 많은 일이 그들에게 일어났다. 그리고 이때 〈모자도〉가 그려졌다면 유득공의 눈을 피하기는 어려웠을 것이다. 그가 보았다면 그림에 대한 언급이 있어야 마땅하겠지만 현재까지는 보이지 않는다.

물론 〈모자도〉의 내용상 누구도 함부로 기록을 남기기 어려운 측면이 있다. 하지만 10여 년 만에 다시 찾은 박제가나 처음 베이징 땅을 밟은 유득공 역시 나름 속으로 기대하며 따로 준비한 것들이 많았을 것이다. 공적인 업무에 참여하는 틈틈이 개인적인 계획대로 누군가를 만나거나 무엇인가를 찾아보며 매일 바빴을 그들이다. 유득공이 남긴 당시의 기록을 보면 어느 하루 빠끔한 날이 없을 정도다. 결정적으로 박제가가 나빙을 만나던 자리에 유득공이 빠지는 일은 거의 없었다. 그뿐만 아니라 〈모자도〉와 같이 전체적인 내용을 치밀하게 구상한 다음 인물들과 배경을 배치하고 색칠해 완성하는 이런 그림이 그리 만만한 것은 아니다. 그러니 첫 번째 나빙을 만났던 여름 무렵은 무리가 따른다. 더구나 누차 말하듯 〈모자도〉는 상황에 따라서는 심각해질 수도 있는 인물 정성공이 등장하는 그림이다. 그런 그림을 나빙이든 박제가든 아무리 첫눈에 호감이 있었다고 해도 누구든 섣불리 먼저 말을 꺼냈을 것이라고는 상상하기 어렵다. 아직은 좀 이른 감이 있다.

　　그렇다면 남은 시기는 예상에도 없이 다시 베이징으로 와야 했던 그해 겨울이다. 이때 유득공은 같이 오지 못했다. 어쩐 일인지 박제가의 기록에서 동행인의 이름도 자주 발견되지 않는다. 기록의 양이나 내용에서도 불과 몇 달 전과 비교해보면 현저하게 차이가 난다. 몇 달 만에 다시 온 곳이라 익숙했던 탓일까? 하지만 이전보다 직급도 올랐고 숙소가 있던 옥하에서 정양문을 지나 유리창에 이르는 길은 이제 손금을 보듯 환했을 것이니 여유롭기로 보자면 여름하고는 비교도 할 수 없었을 터다. 그러면 좀 더 한가롭고 또 그만의 말랑말랑한 시선으로 이전과는 다른 것들을 보았을 법한데 남은 기록은 초라할 정도로 간소하다. 특이한 점이 없지는 않다. 나빙의 생일을 맞아 꽤나 긴 시를 썼고 머물고 있던 숙소에서 읊은 시가 유독 다양하고 많다. 이전보다는 사적인 시간을 보내고 있는 박제가의 모습이 그의 시에서 더 자주 보인다. 그러곤 다시 서울로 돌아오는 길에서 남긴 몇 안 되는 기록뿐이다.

베이징에 있는 겨울 동안 박제가가 나빙을 몇 번 만났는지는 확정할 수 없다. 하지만 적어도 네 번은 넘는다. 첫 번째는 12월, 나빙의 그림 〈귀취도〉에 글을 남기던 날이었고, 다음엔 함께 수레를 타고 옹방강의 집을 방문했다. 이듬해 1월 나빙의 생일이 있었고 조선으로 돌아가기 하루 전날 마지막으로 만난다. 박제가와 동행했던 유득공의 여름 기록을 보면 아마도 베이징에서 만난 사람 중에서는 나빙과 가장 많은 시간을 함께했던 것으로 보인다. 분량에서나 내용의 세세함으로 봐도 그와 비교할 만한 인물을 찾기는 어렵다. 나빙이 선물한 초상화와 그림들을 보면 제법 돈독한 관계를 맺었다고 보아도 무리가 없을 것이다. 헤어지며 서로에게 건넨 시를 읽어보면 마치 오래 사귄 연인과 이별하듯 애틋하기 짝이 없다. 짧은 기간이었지만 박제가와 나빙 사이에는 유독 많은 공통점이 있었고 친밀감과 신뢰가 쌓여가는 중간에 헤어졌다. 하지만 누구도 예상하지 못한 일이었다. 박제가가 느닷없이 유리창에 다시 나타났고, 그러고 갑작스러운 두 사람의 해후. 만약 〈모자도〉가 베이징에서 그려졌다면 이때가 가장 유력하지 않을까? 자, 이제 〈모자도〉 안으로 조금 더 들어가보자.

그녀, 다가와

1. <모자도>의 다가와.
2, 3. 나빙의 그림 속 인물들.
얼굴의 이미지와 옷 주름이 비교된다.

1

2
3

정성공의 엄마 다가와다. 사실 〈모자도〉는 그녀의 등장만으로도 많은 의문점과 시사점을 동시에 던진다. 다가와는 섬 히라도에 살던 일본 여성이다. 그런데 그녀의 복장을 살펴보면 좀 이상하다. 일본이 아닌 중국식 의상과 헤어스타일을 하고 있다. 화가는 왜 이런 선택을 했을까? 이 질문만으로도 〈모자도〉를 그린 사람이 조선의 선비 박제가라는 사실에 커다란 물음표가 생긴다. 만에 하나 〈모자도〉를 박제가가 그렸다고 해도 문제는 산 넘어 산이다. 나는 지금도 다가와의 전체적인 표현에서 불교적인 분위기가 지배적이라고 생각한다. 그런데 유학이 사회의 주도적 이념이던 조선에서 굳이 불교적 느낌의 명나라 여성을 그린다는 것은 납득하기 어렵다. 박제가는 자신이 쓴 글에서 그녀를 '일본 종녀'라고 분명히 밝히고 있다. 그런데 왜 일본 옷을 입은 여성으로 그리지 않았을까? 〈모자도〉에서 이렇듯 그림과 글이 어긋나는 장면은 다가와 하나만이 아니다.

잠깐 나빙을 보자. 불교에 관해서라면 그는 독실한 신자이자 불교와 관련된 그림을 아주 많이 남긴, 불화 전문가라 불러도 손색이 없는 화가였다. 여러 차례 사찰의 벽화를 그린 사례가 그런 그의 성향을 말해준다. 다가와가 입고 있는 붉은색과 흰색의 옷 역시 불화에서 흔히 볼 수 있는 여성들의 옷차림과 다르지 않다. 불교와 관련한 색만이 아니라 옷 주름의 표현을 보면 숙달된 화가가 아니고서는 엄두도 못 낼 능숙함이 묻어난다. 얼굴과 손의 표현도 마찬가지다. 그녀의 귓불에 달린 귀고리는 또 어떻게 설명할 것인가. 박제가든 누구든 당시 조선에서 귓불을 뚫어 귀고리를 한 여성을 그린다는 것은 상상하기에도 벅차다. 과연 이런 다양한 여러 조건을 박제가 혼자서 소화할 수 있었을까?

태호석

다가와 뒤에 그려진, 구멍이 숭숭 뚫린 커다란 바위를 태호석太湖石이라 부른다. 바위가 출토되는 장소와 색 그리고 형태에 따라 몇 가지로 나누는데 일반적으로 태호석이라 통칭한다. 이 태호석도 다가와 만큼이나 〈모자도〉의 화가가 누구인지를 유추하는 데 아주 중요하고 결정적인 역할을 한다. 왜냐하면 태호석이라는 바위 자체가 조선에서는 나지 않는 물건일뿐더러 〈모자도〉에서처럼 정원에 설치하거나 실내에 들여놓고 감상하는 경우가 없었기 때문이다. 일본도 마찬가지다. 현재도 여전히 중국에서나 볼 수 있는 독특한 문화에 속한다. 조선에서도 부자나 고관들이 중국을 다녀오면서 태호석을 들여왔다는 기록은 있다. 그래서 간혹 태호석 하나만 덜렁 그린 그림을 본 적은 있지만 〈모자도〉처럼 그림 안에 배경으로 응용한 예는 아직 찾지 못했다. 내가 전혀 짐작조차 할 수 없는 박제가의 다른 면모가 있다면 모를까, 저렇듯 자연스럽게 태호석을 그렸던 화가를 나는 본 적이 없다.

나빙은 태호석을 자주 그렸다. 그만의 느낌이 묻어나는 태호석을 종종 그림으로 끌어들여 장식적인 효과와 긴장감 그리고 그림의 밀도를 높이는 데 적절하게 활용했다. 〈모자도〉에 그려진 것과 매우 유사한 그림도 있다. 나빙은 누구보다 태호석을 능란하게 구사했던 화가로 분류할 수 있을 정도다. 바위를 그려내는 자연스러운 필치도

그렇지만 이런 정도로 화면을 구성하고 배치하는 감각을 박제가가 가지고 있었다고 수긍하기 어렵다. 다가와와 마찬가지로 태호석도 박제가가 그릴 수 있는 부분이 아니라고 생각한다. 그의 능력을 내가 과소평가하는 것일까? 그렇지 않다. 다시 말하지만, 결코 예술적 수준의 얘기하는 게 아니다. 그림 세부에서 간취되는 화가의 숙련도에 관련된 것이다.

토끼나 고양이 그리고 개

다가와와 어린 성공이 가슴에 안고 있는 동물은 무엇이며 그것들은 무슨 의미일까. 먼저 다가와다. 〈모자도〉를 처음 본 일본인 학자 후지쓰카는 토끼라고 보았다. 나는 고양이 쪽으로 생각이 기운다. 토끼든 고양이든 박제가의 글에서처럼 '종녀'라는 그녀의 신분에 대한 상징 혹은 국제무역항 히라도와 나가사키에 살던 여자들의 풍속에 대한 은유라 해석한 적도 있다. 하지만 적어도 다가와만큼은 나빙이 그렸을 가능성이 매우 높다는 판단이 들면서부터 생각이 한층 복잡해졌다. 앞의 사례에서 보았듯 그는 어떤 사물을 통해 그림 속 인물이 어떤 사람인지, 또 화가가 바라보는 그가 누구인지를 표현하는 데 아주 능숙한 사람이다. 그런데 우연히 본 불화에 흰 고양이, 백묘白猫가 나타났다. 흰 고양이는 불교에서 무엇을 상징하는 것일까?

시대에 따라 의미가 조금씩 달라진다고는 하지만 일반적으로 흰 고양이는 '부귀'와 '극락왕생'을 의미한다는 게 도자기 연구가 장의 주장이었다. 솔깃했다. 지금까지 들었던 어떤 의견보다 설득력이

불화에서 보이는 흰 고양이(왼쪽)와
나빙이 그린 강아지 그림(오른쪽).

있었다. 〈모자도〉의 흰 고양이를 추모 혹은 축원의 의미로 보면 그녀의 불교적 이미지도 자연스러운 설명이 가능했다. 더구나 그녀의 모습에서 나빙의 증조모의 모습을 떠올린다면 더욱 그렇다. 장은 어린 성공이 안고 있는 '개'에 대해서만큼은 자신만만했다. 거두절미하고 말하면, 개는 '충절'의 의미라는 것. 정성공의 일생을 따져보지 않더라도 그 단어만큼 어울리는 것은 없을 듯했다. 충절이라는 단순한 비유를 떠올리지 못하다니, 도자기 연구가에게 한 방 얻어맞은 기분이었다. 분했지만 그가 아니었다면 의문이 어디서 풀릴지 알 수 없긴 했다. 어린 성공의 품에 개를 그려 넣음으로써 〈모자도〉를 그린 화가는 그에 대해 많은 것을 함축적으로 말하려는 것인지도 몰랐다. 〈모자도〉에는 정성공과 관련된 것으로 보이는 이미지가 하나 더 있다.

개를 그려 넣어 훗날 명나라를 위해 충성을 다하는 정성공의 미래를 그럴듯하게 표현했다고 화가는 만족했을까? 사실 그림에서 정성공의 위치나 크기 그리고 묘사의 정도로만 본다면 〈모자도〉에서 그의 위상은 빈약하기 짝이 없다. 그렇다고 박제가의 글에 '정성공은 명나라의 위대한 장군이다'라고 써넣을 수도 없는 노릇이었을 터. 〈모자도〉를 이왕이면 좀 먼 거리에서 눈을 지그시 감고 다시 보자. 그러면 화면 전체를 지배하듯 훅 하고 다가오는 것이 바로 어린 성공의 머리 위에 우뚝하게 솟아난 바위다. 오히려 주의의 어떤 산보다 강조된 인상이다. 이상하지 않은가? 산비탈에 느닷없이 솟아난 바위라니 말이다. 화면과 어울리지도 않게 유독 거칠고 우람하게 표현된 이 바위를 화가는 아무런 의도도 없이 그렸을까? 어떤 특정한 지역의 이미지를 대표하는, 예를 들어 설악산의 흔들바위 정도라면 모를까, 화면의 균형을 깨뜨려가며 저렇게 거대한 바위를 그려넣은 것은 화가의 숨겨진 의도로밖에 볼 수 없다. 이런 의문은 자연스레 미래의 정성공으로 시선이 모아진다. 〈모자도〉의 저 바위처럼 크고 우뚝하며 위대한 인물로 성장할 어린 성공, 화가의 속뜻은 그런 게 아니었을까?

사족 하나. 어린 성공의 '푸른색' 바지다. 마땅한 색이 그것밖에 없었던 것일까? 특별한 이유가 없을 수도 있다고 생각할지 모르지만 화가에게 색은 신중한 선택이다. 아마 샤먼의 정성공기념관이 소장한 두 장의 그림, 〈초상화〉와 〈행락도〉를 보지 못했다면 나도 별다른 생각 없이 그냥 지나쳤을 것이다. 두 그림 속 정성공도 푸른색 옷을 입고 있다. 색이 그려진 인물을 표현하는 경우도 있다는 것은 이미 앞에서 말했다. 다가와의 붉은색과 흰색처럼 말이다. 때로는 색 하나로 모든 것을 말하기도 한다.

혼자서 그린 것이 아니다

다가와나 태호석에서 보듯 숙련된 화가의 정교하고 유려한 솜씨가 있는가 하면 석연치 않은 부분이 공존한다는 것이 〈모자도〉의 커다란 수수께끼다. 사실 이 부분이 내게 제일 큰 혼란을 가져왔다. 우선 가장 눈에 띄는 부분을 먼저 보자. 이 그림은 크게 세 개의 공간으로 나뉜다. 다가와가 앉아 있는 뜰과 2층의 건물과 언덕, 그리고 정성공 뒤로 보이는 산이다. 이렇게 나뉜 세 개의 공간은 그것들 사이에 그려 넣은 키 작은 풀이나 나무로 연결된다. 그런데 이 부분을 그린 수준이 제각각이라는 데 문제가 있다. 건물 기둥 뒤에 묘사된 것은 제법 능숙하고 자연스러운 느낌이 있다. 하지만 다가와 양옆의 것들은 이와 확연한 차이가 있다. 더 어색하기 짝이 없는 부분은 바로 정성공 앞에 그려진, 풀인지 나무인지 구분도 어렵게 묘사된 부분이다. 산비탈과 큰 바위 사이에서 잘 구별도 안 될뿐더러 표현마저 어설프고 딱딱하기 이를 데 없다. 왜 그렸을까 의심이 들 정도다. 어떻게 하나의 그림 안에서 이런 일이 발생할 수 있을까. 저 정도라면 실수라 보기 어렵다. 만약 〈모자도〉 전체를 박제가가 아닌 나빙이 그렸다고 한다면 더더욱 의문이다. 사실 나빙과 같은 전문 화가는 저런 실수를 하지 않는다.

자세히 보면 이상한 곳이 하나둘이 아니다. 잘 보이진 않지만 다가와 왼편에 그린 나무를 확대해 보면 눈에 들어오는 것이 또 있다. 나무를 그릴 때면 보통 태점苔点이라 부르는 점을 찍곤 한다. 줄기에 핀 이끼나 부러진 가지 혹은 가시를 표현할 때도 있지만 때로는 즉흥적인 기분을 살려 단순한 느낌의 가지에 긴장과 리듬감을 불어넣는 역할을 한다. 그러니까 태점의 생명은 즉흥성과 리듬감에 있다는 얘기다. 그런 변화는 점의 크기와 위치, 농담과 모양 등 실로 다양한 상황에 능숙한 화가의 순발력에서 나온다. 그러나 이 나뭇가지에 그려 넣은 태점은 그렇지 않다. 마치 한 음의 건반을 같은 힘으로, 동일한 간격을 두고 누르고 있는 것처럼 점의 위치와 크기뿐 아니라 모양마저 일정하다. 경험 많은 화가가 그렸다면 그럴 리 없다. 나빙이라면, 아니 다가와 태호석을 저 정도로 그릴 수 있는 화가라면 있을 수 없는 일이다. 나빙이 박제가에게 선물한 매화 그림의 태점만 봐도 확연하게 알 수 있다. 화가는 저런 표현을 머리가 아닌 몸이 기억하기 때문이다.

어떻게 이런 일이 가능했을까. 〈모자도〉는 누가 연습 삼아 그린 그림이 결코 아니다. 그림에 남긴 박제가의 글씨가 그것을 증명한다. 그림이 연습이라면 글을 남길 이유가 없다. 그런데 어떻게 저렇듯 편차가 분명한 부분들이 하나의 그림 안에 고스란히 존재할 수 있었던 것일까? 이런 상식적이지 않은 부분들은 일부러도 그리기 어렵다. 더구나 〈모자도〉는 정말 마음먹고, 혹시 모를 위험을 감수해가며 주위 사람 누구도 모르게 그렸을 정성공에 관한 그림이다. 그렇다면 가능성은 하나로 모아진다. 다른 그림에서는 볼 수 없는 이런 불합리한 상황을 누군가는, 아니 〈모자도〉에 관여한 이라면 누구든 수긍하거나 용인하고 있었다는 얘기가 된다. 그게 박제가든 나빙이든 말이다.

일본화

사실 〈모자도〉를 박제가가 그렸다는 기록이나, 그림의 소재가 정성공과 그의 엄마 다가와라는 것도 참 해석하기 난해한 문제지만 그것은 시작에 불과했다. 그림의 스타일, 그림 전체를 지배하는 분위기도 상식 밖이다. 다가와와 태호석 주위가 전반적으로 중국풍의 분위기를 풍긴다면 배경의 후지산과 검고 단순하게 그려진 산자락의 표현에서는 일본적인 느낌이 매우 강하다. 스타일로만 구분하자

1790년 베이징

면 화면 아래쪽과 위쪽은 마치 다른 사람이 그린 것처럼 이질적으로 보인다. 도무지 누구 혼자서 그린 것 같지 않은 표현 방법도 그렇지만, 이런 복합적인 스타일이 한 화면에 존재한다는 것도 납득하기 어렵다. 어떤 다른 의도가 있었던 것일까. 이걸 나만 느꼈던 것은 아닌 모양이다. 〈모자도〉와는 떼려야 뗄 수 없는 인물, 후지쓰카의 경우를 보자. 그가 〈모자도〉를 처음 만나는 장면이다.

> 다가와의 단아하고 아름다운 자태나 성공의 힘이 넘치는 기백은 얼마나 잘 묘사되었는가. 그 배경에 우뚝 솟은 바위와 후지산을 형상화한 산. 색채는 보이지 않지만 히로시게廣重의 그림에서도 보이는 것 같은 묘사법이었다.(후지쓰카 지카시, 『동아시아의 문화 교류』)

이 글은 그가 〈모자도〉를 실물이 아닌 흑백사진을 보고 쓴 것이다. 그래서 "색채는 보이지 않지만"이라고 했다. 다가와와 성공이 잘 묘사되었다는 그의 진술에 동의하고 안 하고는 별개의 문제다. 이 글에서 눈여겨볼 대목은 바로 히로시게라는 인물이다. 그는 에도시대 우키요에로 널리 알려진 화가다. 후지쓰카 역시 〈모자도〉에서 '일본적'인 어떤 분위기를 감지하고 있었던 것이다. 왜 한 장의 그림에 이렇듯 중국과 일본이라는 이질적인 표현이 동시에 등장하는 것일까?

박제가의 글만으로 보자면 〈모자도〉의 배경은 일본의 히라도일 가능성이 제일 높다. 어린 성공과 다가와가 함께 살았던 곳은 그곳밖에 없었으므로. 그런데 왜 화가는 두 나라의 그림 스타일을 한 화면에 담고자 했던 것일까. 중국적이라 볼 수 있는 아래쪽 부분은 혹 나빙이 그렸기 때문이라고 치자. 하지만 위쪽의 일본적인 분위기는 어떻게 설명될 수 있을까. 이곳은 나빙의 스타일과도 거리가 멀다. 저렇게 칼로 자른 듯 검은색을 칠하는 경우는 어디서고 본 적이 없다.

일본적인 것과의 유일한 연결 고리는 박제가가 이 그림의 원작자로 지목한 최북이다. 하지만 그가 조선으로 가져온 것은 초고, 즉 밑그림뿐이다. 말 그대로 해석하면 간단한 스케치 정도로 볼 수 있다. 그리고 그것을 바탕으로 새로 본을 뜨고 색을 입힌 사람은 박제가다. 엄밀하게 말하면 〈모자도〉의 일본적인 분위기는 최북이 아닌 박제가로부터 나왔다고 보는 게 더 설득력이 있다. 사실 현재 남아 있는 최북의 그림을 마무리 살펴봐도 〈모자도〉와는 유사점을 찾기 힘들다. 그렇다면 왜 박제가는 굳이 그림에 일본적인 것을 그려 넣었으며 또 저런 표현 방식은 어디서 어떻게 습득했던 것일까?

박제가는 일본화를 본 적이 있었다. 그 당시 일본을 다녀온 통신사에 의해 많은 그림이 조선으로 건너왔다. 박제가는 1763년에 일본을 다녀온 원중거, 성대중 등과 친분이 깊었다는 것은 이미 앞에서 말했다. 아마도 그 무렵 들여왔을 것으로 추정되는 일본의 병풍도屛風圖를 보았다는 기록이 있다. 병풍도란 말 그대로 병풍처럼 화면이 분할된 형식의 그림을 말한다. 대부분 실내장식용으로 그려졌는데 그림의 내용은 무척이나 다양하다. 일본에 관한 개설서 성격의 책을 집필했던 이덕무도 그들에게 그림을 보여줄 것을 간청하는 글을 쓰기도 했다. 두 사람은 이미 서울에서 제법 여러 종류의 일본 그림을 접했던 것으로 보인다. 현재 국내에 소장된 다양한 병풍도를 보면 당시 중국에서도 조선에서도 볼 수 없던 아주 새로운 스타일의 그림이라는 걸 알 수 있다. 그중에서 어떤 그림을 보고 쓴 것인지는 구분이 어렵지만 「일본방야도병풍가日本芳野圖屛風歌」라는 박제가의 아주 긴 시가 있다. 내용은 오사카의 벚꽃이 화창한 봄날의 소풍 장면이다.

박제가의 이 시의 내용과 유사한 병풍 그림이 현재 남아 전해진다. 눈부신 황금색이 화면 전체를 뒤덮은 그림으로 만개한 벚꽃 나무 아래에서 소풍을 즐기는 봄날의 한때를 그렸다. 강과 언덕과 산자락의 칼로 자른 듯한 부분들이 〈모자도〉에 나타나는 일본풍의 스타일을 떠올리게 한다. 이와는 달리 외국과의 무역이 활발했던 시기에 그려진 특별한 것도 있다. 이런 그림은 따로 남만병풍도南蠻屛風圖라 부른다. 남만이란 네덜란드 등 외국인을 가리킨다. 제법 많은 수가 그려졌는데 강이나 바다를 전부 검은색으로 칠했다. 이렇듯 넓은 면적을 아무런 묘사 없이 검은색으로 채우는 방식은 일본의 이런 그림 말고는 보기 드물다. 앞서 후지쓰카의 지적처럼 〈모자도〉의 일본 스타일은 우키요에에서도 찾아볼 수 있긴 하다. 이미 광저우에서 살폈듯 나빙 역시 중국이 아닌 서양과 다른 나라의 이국적인 그림에 늘 호기심이 넘쳤던 인물이다. 어쩌면 그도 이미 박제가를 만나기 전에 일본의 이런 병풍도나 우키요에를 보았을지도 모른다. 누구에게나 처음 접하는 낯선 이미지는 오래 남는 법이다. 박제가가 본 강렬하고 화려한 일본 병풍도처럼, 나빙이 보았을 취안저우의 이슬람 사원처럼 말이다.

일본에서 조선으로 건너온 <벚꽃놀이 병풍도>.

그래도 의문은 남는다. 병풍도나 우키요에의 영향으로 〈모자도〉에 일본적인 스타일이 그려졌다고 해도 왜 굳이 그런 선택을 해야만 했을까 하는 질문이다. 그림의 배경이 일본이라서? 아니면 최북이 일본에서 가져온 그림을 보고 그렸기 때문에? 아무래도 설득력이 떨어진다. 일본이 배경인 이유라면 다가와의 복장을 어떻게 설명할 것인가. 최북의 그림을 보고 모사한 것이라 해도 결론은 마찬가지다. 최북도 저렇듯 스타일이 다르게 그렸단 말인가. 마땅한 이유가 없다. 어쩌면 〈모자도〉에 2층의 서양식 건물을 그렸던 구체적인 이유와는 다른 무엇이 있을지도 모른다. 좀 더 근본적인 의도 아래에서 계획적으로 진행된 것은 아닐까 하는 의심. 그래야만 저런 불편한 동거가 설명된다. 그림의 통일된 분위기를 해치면서까지 일본적인 스타일을 넣어야 했던 이유는 무엇일까?

일본도

〈모자도〉에서 내 시선을 붙잡는 물건을 하나 더 소개한다. 성공이 허리에 차고 있는 칼이다. 일본에서 자란 그가 어려서부터 검술을 익혔다는 것은 미루어 짐작할 수 있다. 게다가 칼은 이 그림의 배경이 일본이라는 사실을 한층 강조하는 역할을 한다. 그런데 세부를 자세히 보면 뭔가 이상한 점이 눈에 띈다. 〈모자도〉의 어린 성공은 중국 취안저우로 떠나기 전인 일곱 살 무렵의 모습일 것이다. 하지만 허리에 차고 있는 칼은 목검이 아닌 실제 칼처럼 보인다는 게 문제다. 붉은 손잡이와 칼집의 장식, 허리에 묶은 흰색 끈 등을 보면 목검이라는 생각이 들지 않는다. 정성공의 미래의 모습에 대한 또 다른 상징일까 그래도 뭔가 찜찜한 구석이 있다.

1790년 박제가는 군관의 자격으로 베이징에 왔다. 나빙이 그린 그의 초상화에서 보듯 갓이 아닌 공작 꼬리가 달린 전립을 썼다. 서울에서 출발할 때 박제가도 꽤 많은 물건 보따리를 쌌을 것이다. 자신의 책도 넣었고 그들에게 보여줄 그림도 챙겼고 중국인들에게 인기가 많던 청심환도 잊지 않았다. 그런데 이때 가져간 것 중 유별난 물건이 있다. 바로 일본도와 돌화살촉이다. 화살촉도 그렇지만 왜 하필 칼을 가져갔을까…… 나는 고개가 갸우뚱해지곤 했다. 지금 생각으론 언뜻 납득이 가지 않지만 혹시 이 물건들이 베이징행이라는 특수한 상황과 무슨 관련이 있었던 게 아닐까. 박제가의 신분이 문신이 아닌 무신의 직분이었다고 해도 선물용으로 보기에는 좀 어색하다. 그런데 이런 정황을 설명해줄지 모를 그만한 사연이 있었다.

서울을 떠나기 불과 한 달 전인 1790년 4월, 박제가는 정조의 명으로 『무예도보통지武藝圖譜通志』라는, 말하자면 조선 무예의 이론과 실기에 관한 교본을 이덕무와 막 완성한 뒤였다. 여러 해 전 방영한 조선 최고의 협객을 다룬 TV드라마의 주인공 무사 백동수와 함께였다. 이덕무와 박제가는 이론을, 백동수는 실무를 담당했다. 병사들이 쉽게 익힐 수 있도록 글과 함께 자세한 그림을 실은 책이다. 그런데 이 책 내용 중 색다른 부분이 보인다. 바로 칼을 다룬 항목인데 일본도에 대한 설명이 따로 있었다. 그 첫머리에 이런 구절이 눈에 들어왔다.

사람마다 한 자루의 긴 칼을 차고 있는 데 이를 패도佩刀라 한다.

패도라니, 내 눈이 번쩍 뜨일밖에. 물론 '칼을 차다'라는 뜻이지만 꼭 그렇지만도 않다. 이덕무는 『청령국지蜻蛉國志』라는 일본 개설서를 내면서 아예 「패도」라는 대목을 따로 나누어놓았다. 좀 자세히 보면 '칼을 차다'라는 동작을 말하기도 하지만 일본의 일반적인 풍습인 '칼을 차고 있는 행위' 그 자체를 가리키는 단어이기도 하다는 것이다. 박제가가 〈모자도〉에 남긴 마지막 구절을 다시 보자.

칼을 차고 놀고 있는 어린아이가 성공이다.

박제가는 베이징으로 가져간 일본도를 앞에서 여러 번 언급한 장문도라는 이에게 선물한다. 장문도는 "취중에 칼을 벗어 주었다"라고 했다. 보기에 따라서는 낯선 장면이지만 전혀 없지도 않다. 바로 유득공이다. 그도 유리창 서점 주인이었던 최기라는 사람에게 "차고 있던 칼을 끌러서 주었다". 장문도는 1790년 8월에 베이징에서 가장 먼저 만났던 인물로 등장했고 나빙의 처소에서도 곧잘 어울렸다. 젊고 영특한 시인으로 이름났던 그에게 호감이 있었는지 박제가가 건넨 시도 여러 편이다. 처음 만난 자리에서 칼을 준 것 같지는 않다. 그해 여름과 겨울 동안 베이징에서 만난 인사들 중에서는 나빙 다음으로 빈번한 교류를 했던 것으로 보인다. 사실 나빙이 박제가에게 선물한 초상화나 유득공이 남긴 재미있는 에피소드를 제외하면 장문도와 나눈 시편이 제일 많다. 장문도 역시 나빙을 자주 찾아오던 가까운 사이였다. 박제가는 언제 어디서 그에게 칼을 선물했을까. 왜 또 하필 그여야만 했을까. 다행히 장문도는 이때의 일을 두 편의 긴 시로 기록한다.

박제가가 가져간 일본도는 임진왜란 당시에 왜군이 두고 간 것이었다. 이때 임진왜란은 중요한 의미를 지닌다. 조선을 돕는다는 명분으로 명나라의 군대가 왜란에 참전했고 전쟁이 끝난 뒤 조선은 그 은혜에 감복했다. 그러고 몇 십 년 뒤, 그 명나라가 청나라에게 패망하자 은혜를, 의리를 지켜야 한다고 주장하던 조선의 대의명분론의 진원지가 바로 임진왜란이었다. 그러니 박제가가 베이징으로 가져간 임진왜란 당시의 일본도는 그저 뜬금없는 물건이 아니었던 것. 박제가와 장문도 사이에 어떤 교감이 있었기에 그 먼 길을 무릅쓰고 가져간 일본도를 그에게 주었던 것일까. 혹시 그 자리에 나빙도 함께 있었거나 아니면 박제가가 가져간 일본도를 보았던 게 아닐까? 지나친 상상이라 말할 수도 있지만, 그런 경우가 아니라면 겨우 일곱 살 어린 성공이 목검이 아닌 진검을 허리에 차고 있는 이유를 어떻게 설명할 수 있을까.

다시, 서양식 건물에 대해

일본 히라도에서 나는 〈모자도〉의 서양식 2층 건물이 정성공의 어린 시절 그곳에 있었던 네덜란드와 영국의 상관 건물을 상징하는 것은 아닐까 예상했었다. 그런데 그런 건물들보다 오히려 이슬람 양식을 꼭 닮은 돌기둥과 돔형 지붕 탓에 함부로 단정 짓기도 어려웠다. 그러다 나빙이 두 차례나 다녀갔을 취안저우의 이슬람 사원 청정사를 보면서 혹시 저것을 모델로 〈모자도〉의 서양식 건물이 그려진 것은 아닐까 추론을 보탰다. 하지만 여전히 찜찜한 느낌은 가시지 않았다. 건물이 아니라 그림의 주인공 다가와 정성공 때문이었다. 박제가가 남긴 글로 보나 그림의 내용으로 보나 일본 히라도의 두 모자를 그린 것이라고밖에 다르게 해석할 여지는 없어 보였다. 그렇지만 왜 두 사람은 1층과 2층의 서로 다른 장소에 떨어진 채 그려져야만 했을까 하는 문제는 여전히 이해가 되지 않았다. 그래서 겨우 생각해낸 것이 이별의 장면이었다. 하지만 그마저도 석연치 않았다. 바로 두 사람 사이 알 수 없는 그 '거리'와 '시선' 때문이었다. 그것의 의미를 읽어낼 수 없었다.

잠시 옆길로 새자면, 사실 서양식 입체감과 투시도법에 대한 우리의 일반 상식은 그리 오래된 것이 아니며, 오히려 현대에 가까운 그림일수록 그런 과학적 풍경에서 멀어지고 있다는 것을 눈치챌 수 있다. 고흐나 피카소를 들먹이지 않아도 누구나 아는 사실이다. 나빙이 살던 당시의 중국화에서도 서양의 과학적 방법과 크게 다르지 않은 시각으로 대상의 입체에 접근하고 있었다. 그런데 유독 나빙의 경우는 달랐다. 그가 그린 건물이나 탁자를 보면 오히려 먼 곳이 더 넓거나 길어, 원근법을 무시하거나 때론 반대의 자리에서 본 것은 아닌지 괜한 의심이 들곤 했다. 사실 이런 표현은 중국뿐 아니라 조선의 그림에서도 왕왕 보인다. 이런 경우를 '역원근법'이라 부른다.

어쩌면 나빙은 여전히 과학에 기반을 둔 서양의 투시도법을 이해하지 못했거나 의도적으로 무시하고 있는 것인지도 몰랐다. 그가 반감을 가진 대상에는 청나라만이 아니라 서양이라 통칭할 수 있는 외국도 포함되었다. 앞에서 본 나빙의 또 다른 문제의 그림 〈두 인물도〉를 해석하는 서구 미술사학자의 시선에서도 나빙의 그런 경향을 읽어낼 수 있다. 그런 시각으로 〈모자도〉를 다시 보면 서양식 건물에서 보이는 무질서를 이해 못 할 것도 없었다. 거리와 무관한 비례와 어긋나는 시점들. 그렇다면 그렇게 형식을 간단히 뒤바꾸거나 재조립하는 방식으로 〈모자도〉를 다시 읽어낼 수는 없는 것일까? 미완성의 그림이 아니라면 혹시 그림을 읽는 내 시각에 문제가 있었던 것은 아닐까? 지금까지의 추론에 한 번쯤 의심을 가질 법했다. 그림이 그려지고 200년도 더 지난 현재의 기준으로 습관적인 잣대를 들어 〈모자도〉를 해석하려던 것이라면…… 화가의 진짜 의도가 보일 리 없다.

나는 〈모자도〉의 구도의 어색함을 이유로 들어 어린 성공이 '엄마에게 의지해 살다'라기보다는, 성공이 아버지 정지룡이 살고 있던 취안저우로 떠나는 이별의 장면에 가까울 것이라고 유추해왔다. 역사적 사실과도 맞아떨어졌다. 하지만 역원근법의 경우처럼 다른 시각으로 이 장면을 해석할 수도 있었다. 〈모자도〉 속 두 사람은 같은 시간과 장소에 있는 것이 아닐지도 몰랐다. 히라도에 있는 성공이 아니라 중국 취안저우에서 일본의 상징인 후지산을 바라보는 성공으로 볼 수도 있다는 얘기였다. "성공은 매일 밤 어머니가 계신 동쪽을 바라보며 눈물을 훔쳤다"라고 했다. 돌기둥과 돔형 지붕을 히라도의 서양식 건물의 상징으로 해석할 수도 있겠지만, 히라도를 떠난 뒤 성공이 머물던 '취안저우'의 상징으로 볼 수 있지 않을까. 내 눈엔 그렇게 보는 것이 〈모자도〉의 실상과 가장 근접해 보였다. 〈모자도〉의 2층 건물은 히라도의 네덜란드 상관보다는 취안저우의 이슬람 사원의 원래 모습과 닮았으니까 말이다. 그렇게 읽을 수 있다면 두 사람 사이의 저 멀고 어색한 '거리'와 어긋나는 '시선'을 이해할 수 있었다.

두 사람은 동일한 시간과 장소에 '함께' 있는 것이 아니라 독자적인 상황에 맞춰 '따로' 그려졌을지도 모른다는 거였다. 어린 성공도 그렇지만 다가와도 마찬가지였다. 아들이 떠난 뒤 히라도에 혼자 남은 다가와이거나 훗날 비극적으로 생을 마감한 또 다른 그녀의 초상으로 볼 수도 있었다. 화가는 어쩌면 다가와와 정성공 두 사람이 가지고 있는 여러 이미지를 하나의 화면 안에 담으려 욕심 아닌 욕심을 냈던 것은 아니었을까. 그래서 그림의 내용과 형식이 이리저리 충돌하며 보는 이에게 불협화음을 만들어냈던 것이라면. 〈모자도〉에서 보이는 이런 현상은 그리 낯선 것도 아니었다. 명나라나 청나라 당시 대중소설의 삽화로 그려진 목판화를 보면 한 화면에 그려진 전혀 다른 시공간은 특별한 경우도 아니었다. 특히 불화에서는 더욱 과감해져 전생과 현생, 이승과 저승을 마음대로 넘나드는 건 예사였다. 그만큼 화가는 그림 안에 담고 싶은 이야기가 많았다는 증거였다.

그런 시각으로 본다면 그림이 일목요연할 이유도 없었다. 물론 이런 추론은 '아비는 떠나고 엄마에게 의지해 살았다'라는 박제가의 글과 충돌한다. 하지만 이런 상상은 어떤가. 그림 〈모자도〉의 내용과 형식 모두가 박제가와 나빙이 가지고 있던 다가와와 어린 성공

1790년 베이징

에 대한 정보의 종합이라면 말이다. 어디에 무엇을, 누가 어떻게 그릴 것인지 의견을 주고받으며 그린 결과물이라면 얘기는 얼마든지 달라질 수 있다. 내 눈에 〈모자도〉는 여러 정황상 누구 혼자 그릴 수 있는 성질의 그림이 아니다. 상상컨대 〈모자도〉는 흔히 말하듯 '작품'으로서의 그림이라기보다는 화가의 염원 혹은 희망과 회한의 감정들이 뭉뚱그려져 다가와 정성공에게 바쳐진 '추모'와 '헌상'에 가까운 그림일지도 몰랐다.

다시 추가되는 의문 하나. 〈모자도〉에 남긴 박제가의 글은 단지 그림의 내용과 형식에 관련해서만 서로 충돌하는 것이 아니었다. 지금 살펴본 〈모자도〉 속 이슬람 양식의 건물은 처음부터 최북과는 어긋났다. 저런 건물의 등장은 애초부터 최북의 존재를 의심하게 만드는 증거일 수 있다. 중국을 통틀어 취안저우밖에 없었던 이런 양식의 건물을 그가 어떻게 그릴 수 있단 말인가. 어쩌면 박제가의 글 자체가 문제인지도 몰랐다. 나는 〈모자도〉에 남긴 그의 글에 대해 지금까지와는 다른 생각이 들기 시작했다.

최북과 「허생전」과 박제가

돌고 돌아 제자리라는 말처럼 뭔가 하나 실마리를 잡았다 싶으면 다른 것이 슬며시 손아귀를 빠져나갔다. 희한한 경험이었다. 아마도 처음부터 그럴 소지가 다분했던 것을 그때는 몰랐을 성싶다. 박제가의 이름만 보고 무턱대고 따라온 결과였다. 정성공을 찾아 히라도로 갔고 그와 다가와를 따라 다시 취안저우로 갔다. 나빙을 쫓아 광저우와 양저우를 지나 이곳 베이징에 왔다. 그리고 겨우 나빙과 박제가가 만나 교류했던 장소인 유리창을 찾았지만 결국 〈모자도〉에 관해서는 제자리나 다름없었다. 아, 이게 장님이 코끼리를 만지는 기분이겠구나 싶었다. 이렇게 꼬리에 꼬리를 물고 제자리를 맴돌게 될 줄은 미처 몰랐다. 문제의 핵심인 〈모자도〉의 실체와 진실 안으로 한 걸음 더 들어가기 위해서는 지금껏 찾아놓은 결과물의 맨 밑바닥에 있는 것을 다시 끄집어내야만 했다. 어쩌면 〈모자도〉의 원본, 즉 최북에게 있을지도 모른다는 것을 그제야 어렴풋이 깨달은 것이다.

최북은 1712년에 태어나 1786년 무렵에 사망한 것으로 알려져 있다. 30대 중반이었던 1748년 문제의 일본행이 있었다. 그리고 그때 '일본에서 다가와와 아들 성공을 위해 그림을 그린 뒤 밑그림만 가지고 조선으로 돌아온' 것으로 박제가는 기록했다. 박제가가 1750년생이니 최북이 일본을 오가던 무렵에는 아직 이 세상에 없었다. 그가 성장한 이후에 혹시 두 사람은 만났던 적이 있었을까? 박제가의 기록에는 단 한 번도 최북의 이름이 등장하지 않는다. 조금 더 범위를 넓혀 박지원의 책을 뒤져보았지만 역시 마찬가지였다. 하지만 딱한 사람, 이덕무의 책에 최북이 처음으로 얼굴을 내민다. 그가 유득공의 숙부인 유금柳琴의 집을 방문했을 때다.

벽에는 최북의 지두화指頭畵가 보이고
책상엔 이마두利瑪竇의 각도기가 있구나.

직접 얼굴을 본 것도 아니고 그의 그림 한 폭을 본 것이 전부다. 지두화란 붓이 아닌 손가락으로 그린 그림을 말한다. 이마두, 마테오 리치의 각도기가 있는 것이 이채롭다. 유금은 그가 번역한 기하학에 푹 빠져 있었다고 한다. 아무튼 남은 기록만으로는 최북과 박제가의 접점은 없는 셈이다. 그러니 〈모자도〉에 등장하는 최씨는 박제가가 남긴 최북에 대한 처음이자 마지막 기록인 셈이다. 알려진 바에 따르면 최북은 술 좋아하고 괴팍했으며, 말이 좋아 여행이지 떠돌기를 즐겨 북방 만주 벌판까지 다녀왔다는 인물이다. 그는 그림을 팔아 먹고산 직업 화가였다. 말년은 가난했고 사실 언제 죽었는지도 설이 분분하다. 남의 집 더부살이를 하다 죽었다거나 서울의 어느 여관에서 숨을 거두었다고도 하고 또 눈 속에 얼어 죽었다며 시를 지어 그를 애도한 이도 있었다. 그렇게 그는 언제 사망했는지조차 불분명한 인물이었다.

이덕무가 최북의 그림을 보았다고 하니 박제가도 그의 이름 정도는 알고 있었을 것이다. 그러나 거기까지다. 최북과 〈모자도〉가 어떻게 연결되는지는 여전히 오리무중이다. 그리고 박제가가 자신의 글에서 언급한 또 한 사람, 죽은 최북의 밑그림을 가지고 있었다던 '나의 스승'은 누구를 가리키는 것일까? 그가 누구인지 이름을 밝혔더라면 적어도 명백한 구슬 하나는 꿸 수 있었다. 하지만 박제가는 최씨와 마찬가지로 '나의 스승'이라고 얼버무리고 만다. 결국 그들 사이의 연관 관계를 밝혀내지 못하면 〈모자도〉와 최북과의 관계는 영원히 증명할 길 없는 미궁으로 빠질 것이 분명해 보였다.

나와는 다른 주장이 있지만 일단 〈모자도〉의 글씨는 박제가의

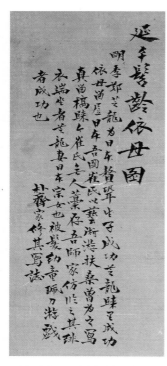

<연평초령의모도> 상단에 적힌 박제가의 글씨.

친필이라고 해두자. 하지만 친필은 친필일 뿐 그런 사실이 글의 내용 모두가 진실이라는 증거는 되지 못 한다. 진실은 박제가 자신만이 아 는 일이다. 바로 그 지점이었다. 여 태껏 나는 그를 너무 믿고 있었다 는 때늦은 자각. 솔직히 말하자면 〈모자도〉 위에 나빙의 그림자가 어 른대는 순간 박제가가 쓴 글의 줄 거리에 균열이 가기 시작했다고 보 는 편이 정확할 것이다. 나빙의 등 장 자체가 이미 최씨와 '나의 스승' 의 존재를 부정하는 셈이니 말이 다. 어느 한쪽이 거짓으로 판명되 어야 진실이 드러나는 구조일 수도 있었다. 이제 어쩌면 〈모자도〉에 남긴 박제가의 글 전부를 원점에서 재검토해야 할지도 몰랐다.

나는 다시 나가사키 등 축제 거리에서 보았던 정성공을 떠올 렸다. 그때 들었던 생각이 있다. 조선에서, 통진의 바닷가에서 『북학 의』를 쓰던 박제가의 머릿속에 정성공이라는 인물은 어떤 사람이었 을까. 그는 명나라의 충신이자 장군이었지만 나가사키에서 중국 남 해안을 거쳐 자카르타에 이르는 광활한 바다를 누비던 무역 상인이자 국제인이었다. 박제가는 그의 어떤 모습에 더 끌렸던 것일까. 그때 문득 떠오른 것이 박지원의 소설 「허생전」이었고 주인공 허생과 정성공의 이미지가 박제가에게 겹쳐지곤 했다. 박제가는 「허생전」 끝에 짧은 논평을 쓰면서 「규염객전」을 본떴다고 적었다. 「허생전」이나 『홍길동전』처럼 「규염객전」도 현실과 불화한 인물들의 이야기다. 그런데 생각해보니 완복이 베이징에서 〈모자도〉를 구해 양저우로 가서 받은 초순의 글에도 소설 속 동일한 인물 '규염객'이 등장했다. 그러니까 박제가는 허생을, 초순은 정성공을 규염객에 빗대어 글을 쓰고 있었던 것이다.

알다시피 박지원의 「허생전」은 양반들의 허위의식을 까발린 소설이다. 그 글을 읽은 양반들이 자신을 비난하거나 헐뜯으리라는 것을 박지원이 모를 리 없었다. 그러니 그로서는 쓰지 않았다면 모를까 예상되는 비난을 피해 갈 구실을 찾아야 했다. 박지원은 주도면밀하게 플롯을 짠다. 다만 소설일 뿐이라고, '윤영'이란 사람에게서 전해 들은 이야기를 썼을 뿐이라며 자신에게 돌아올지도 모를 책임을 처음부터 그에게 떠넘긴다. 게다가 소설의 앞뒤를 살펴보면 박지원에게 허생의 이야기를 들려준 윤영 역시 실존했던 인물로 보이지 않는다. 그것도 모자라 그의 존재를 모호하기 그지없게 뒤섞어버린다. 의심할 바 없이 소설 속 이야기꾼 윤영은 처음부터 박지원이 치밀하게 가공해낸 인물일 가능성이 컸다. 나한테 그러지들 마시라고, 나도 그자에게 들은 이야기를 그저 옮겨 적은 것뿐이라며 슬며시 힐난의 그물을 빠져나간다. 허구의 인물을 앞에 내세우고 정작 자신은 그 뒤로 숨어버리는 전략. 그런데 이런 「허생전」의 이야기 구조가 낯익지 않은가?

　소설 「허생전」 끝에 논평을 달았던 박제가가 박지원이 구사한 이런 전략을 설마 몰랐을까? 뒷말이 무성했을 허생의 이야기처럼 〈모자도〉 역시 자칫 예상치 못한 결과를 초래할지 모를 그림이었다. 그러니 박제가도 안전장치를 염두에 두었을 것이다. 박지원이 책임을 윤영이라는 가상의 인물에게 떠넘기듯 박제가도 그럴듯한 대역이 필요했다. 그래서 가상의 인물인 '나의 스승'을, 한술 더 떠 이미 이 세상에 없는 사람 최씨를 등장시켰던 것은 아닐까? 당시 일본을 다녀온 최씨는 최북밖에 없다는 걸 알면서도 굳이 이름을 밝히지 않은 것도 그런 의도 때문이라 읽힌다. 〈모자도〉가 내 예상대로 1790년 무렵에 그려졌다면 그림이 그려지기도 전인 1786년경에 최북이 사망했다는 사실은 또 얼마나 공교로운가. 〈모자도〉로 인해 어떤 문제가 생겨도 원작자로 지목된 최북은, 박제가의 말마따나 '이미 죽고 없으니' 말이다.

　만약 〈모자도〉를 무슨 연유로 그렸느냐는 추궁이 박제가 자신에게 닥친다면 '나의 스승'으로, 죽은 최씨로, 그것도 모자라 일본으로 떠넘겨버리는 긴 거짓말. 그러니까 박제가가 〈모자도〉에 쓴 최북과 관련된 내용은 그의 일본행이라는 사실과 박제가 자신이 지어낸 허구를 엮어 만든 그럴싸한 이야기에 불과한 것일지도 몰랐다. 정지룡과 엄마 다가와 그리고 어린 성공에 관한 역사를 제외한 나머지 인물들은 〈모자도〉와는 아무런 관련이 없으며 만일의 사태에 대비한 박제가의 문학적 알리바이라면. 아니, 혹시 그런 이유로 억지를 부려가며 일본 스타일을 〈모자도〉에 그려 넣은 것이란 말인가? 자,

이 부분을 한번 보시라고, 나는 최씨가 일본에서 그린 것을 베낀 것뿐이라고 우길 수 있는 증거를 대기 위한 확실한 알리바이.

그림이 완성되었고 누군가는 〈모자도〉에 글을 남겨야 했다. 이 그림이 누구의 어떤 장면을 그린 것인지. 정황상 나빙이 나서기는 어려웠을 것이다. 대신 박제가가 붓을 들었다. 그런데 이 글씨도 그의 친필이 아니라는 주장이 있다. 하지만 앞서 본 초순의 경우처럼 보기 나름이다. 박제가라고 늘 단정하고 반듯하게만 써야 하는가. 평소보다 급하게 쓴 듯 보이지만 이 글씨 곳곳에 그의 서체만의 특징들이 살아 있다. 〈행락도〉에 남은 나빙의 흔적처럼 명백하게 설명이 어려울 뿐이다. 더구나 정성공의 이야기를 담은 〈모자도〉에 글을 쓰는 행위는 혹시 모를 위험을 감수하는 일이다. 최씨와 '나의 스승'을 들먹이며 거짓 이야기를 지어내던 박제가의 마음이 설마 편안했을까. 그도 두렵고 어색했을 것이다. 그래서 마치 자기가 쓴 것이 아닌 듯 가볍게 붓을 놀렸던 것은 아닐까. 그가 아니라면 지금까지 이 많은 경우의 수를 어떻게 다 설명할 수 있으며 누가 이리도 복잡한 이야기를 감당할 수 있을까.

그리고 남은 이야기

죽은 자는 말이 없고 그림은 남았다. 그러니 〈모자도〉의 안쪽으로 다가가는 길은 여기서 끝일 것만 같았다. 그래도 여전한 아쉬움. 그림 안으로 향하던 걸음을 잠시 멈추고 그림 밖을 살펴보자. 그렇게 나의 추측과 가능성과 상상이 버무려져 완성된 그림 〈모자도〉

는 그 뒤 어떻게 되었을까? 상식대로라면 위험을 무릅쓰고 그림을 그린 나빙의 처소에 남기거나 아니면 박제가가 서울로 돌아갈 때 가지고 갔으리라 생각하는 게 합리적인 추론이다. 그런데 나빙은 물론 박제가도, 조선의 백탑파 중 그 누구 하나 입도 뻥끗 않는다. 그림을 아예 본 적이 없거나 아니면 밖으로 발설하면 안 된다는 것을 알았거나, 둘 중 하나일 것이다.

그러나 〈모자도〉의 경로를 되짚어보면 어찌 된 일인지 그림은 이곳 베이징에 있었지 싶다. 그것이 1820년 무렵 완복에 의해 양저우로 옮겨 가게 된 것. 그렇다면 〈모자도〉가 그려졌을 것으로 추정되는 1790년부터 완복의 손에 들어가기 전까지인 30여 년 동안 이 그림은 누구의 손에 있었을까? 돌이켜 생각하면 베이징에서 〈모자도〉를 본 사람이 완복 말고 한 사람 더 있다. 초순이 남긴 글에는 어느 조선 사신이 이 그림을 보고 완복에게 값을 두 배로 주고서라도 사고 싶어 했다는 이야기가 있다. 그때 완복과 함께 〈모자도〉를 보았던 조선 사람이 누구인지 밝혀진다면 또 다른 이야기가 전개될 성싶지만 아직은 기대뿐이다.

사실 나빙과 관련해서는 못내 아쉬운 것이 있다. 많은 그림을 남긴 화가였지만 그 역시 『향엽초당시존香葉草堂詩存』이라는 한 권짜리 시집을 남겼다. 이 시집의 서문도 옹방강이 썼다. 20대부터 1790년 베이징에 오기 전까지의 시로만 묶였다. 그러니 그 이후에 만난 박제가나 〈모자도〉와 관련된 구절이 있을 리 없다. 안타깝게도 나빙의 다른 글마저 발견되지 않는다. 나빙은 1791년 박제가가 떠난 뒤에도 베이징에 더 머물렀다. 그동안에 〈모자도〉가 그의 수중에 있

1790년 베이징

었는지도 역시 확인할 수 없다. 하지만 완복과 조선 사신의 경우를 보면 그 역시 1798년 아들과 함께 양저우로 돌아가면서 〈모자도〉를 가져가지 않았다. 상황을 종합하면 1790년에서 완복이 소장하게 되는 1820년 무렵까지 〈모자도〉는 베이징 어딘가에 있었을 것이다. 그 이후의 행로는 이미 말한 대로다.

모자이크에 비유하자면 〈모자도〉는 여전히 빈 곳이 많다. 그림을 완성한 이후의 행방도 그렇고, 특히나 왜 다가와와 어린 정성공을 소재로 그렸을까 하는 의문도 여전히 풀리지 않는 수수께끼다. 연관성 있는 추측이야 가능하다. '양저우 10일'이라는 참극으로 죽음을 맞이한 나빙의 증조모와 같은 해 생을 마감한 다가와에 대한, 두 여인을 함께 추모하는 그림으로서의 〈모자도〉라고 이해할 수도 있다. 그러나 어린 성공의 등장은 아무래도 석연치가 않다. 청나라에 대한 나빙의 적개심은 근원이 깊었고 박제가 역시 병자년의 치욕을 잊지 못하는 조선의 선비였다. 그렇다면 얼굴도 보이지 않은 채 등을 돌리고 서 있는 어린 성공이 아니라 기세등등하게 청나라에 맞서던 '영웅 정성공'을 그리는 것이 그들의 분노에 걸맞지 않았을까?

처음 〈모자도〉를 보았을 때 가졌던 의문 때문에 나는 늘 이 그림을 있는 그대로 보지 못했던 듯하다. 가끔, 아무 선입견 없이 〈모자도〉를 볼 수 있었다면 어땠을까 하는 생각을 종종 한다. 하지만 불가능하리라는 것을 이젠 안다. 어쩌면 그것이 늘 〈모자도〉와 나 사이를 떼어놓고 있는지도 모르겠다. 그러나 어쩌겠는가. 또 그로 인해 지금껏 〈모자도〉 곁을 떠나지 못하고 있는 것을. 이제 한 번만이라도 있는 그대로, 느낌 그대로 보고 싶다. 다가와와 태호석과 나무와 서양식 건물 위 어린 성공의 뒷모습까지. 뜬금없이 솟은 커다란 바위와 눈 덮인 후지산……. 마치 긴 꿈 같다. 그 순간 다시 발동하는 호기심. 아니, 푸른 하늘이라니?

곰곰이 생각해보니 조선이나 중국의 회화에서 빈 하늘에 푸른색을 칠하는 경우는 드물다. 하늘은 그냥 비워두는 게 오랜 전통이자 관습이었다. 전혀 없지는 않다. 신윤복의 〈월하정인도〉처럼 밤하늘의 달을 그리려 할 때나 정선의 〈금강전도〉에서 보듯 흰 바위산을 강조하기 위해 하늘에 엷은 푸른색을 채웠다. 하지만 〈모자도〉는 그런 특별한 표현이 필요한 하늘이 아니다. 저런 부분도 일본 그림의 영향이었을까. 우키요에에는 푸른 하늘이 자주 등장한다. 하지만 나빙의 그림에도 이와 유사한 사례가 드문드문 보인다. 그는 매화를 그린 다음 주위를 온통 푸른색으로 채우기도 했다. 흰 꽃잎이 더욱 도드라져 보이게 유도한 효과였을 것이다. 그렇다면 〈모자도〉에서는 눈 덮인 후지산을 돋보이게 하려는 의도였을까?

박제가, 마지막으로 베이징에 오다

박제가와 유득공에게 초상화를 건네주던 1790년 8월, 나빙은 말했다. 자기도 내년에는 고향 양저우로 돌아갈 것이라고. 그해 겨울 나빙은 전혀 예상치도 않게 다시 베이징으로 돌아온 박제가와 반갑게 해후했고 이듬해 다시 아쉬운 작별을 나눴다. 그렇게 벼락 치듯 만나고 헤어지기를 반복했다. 박제가가 떠난 뒤 나빙은 며칠을 앓았다. 여전히 그가 묵고 있는 유리창으로 늘 사람들이 찾아들었고 그림을 그렸고 술을 마시는 일이 잦았다. 그렇게 또 몇 번의 봄을 보내고 있었다. 베이징 하늘에 제비가 날았다. 나빙은 종이를 꺼내 펼쳤다. 새순이 돋은 버드나무와 하늘을 이리저리 나는 제비를 그려 넣었다. 그는 베이징을 떠나지 못했다.

서울로 돌아온 박제가도 예전으로 돌아가 궁궐을 오갔고 공무에 여념이 없었다. 베이징과 그곳에서 만났던 사람들의 얼굴이 자주 떠올랐다. 한 사람 한 사람 빠짐없이 회상하며 그 시간들을 시에 새겨 넣었다. 늘 반겨주던 나빙과 옹방강의 서재에서 보았던, 나빙이 그린 소동파의 초상과 거침없는 성격의 장수옥과 기상이 굳세었던 장문도…… 회상은 끝없이 이어졌다. 그들을 언제 다시 만날 수 있을까. 나빙의 아들 윤찬의 안부도 궁금했다. 다시 해가 바뀌었고 1792년 봄 베이징의 나빙으로부터 편지가 도착했다.

할 말은 많으나 글로 다 할 수는 없다고, 같은 하늘 아래 있으니 인연이 있다면 다시 만나기 어렵지 않을 것이라며 나빙은 편지를 시작했다. 박제가가 청심환과 일본 먹을 보내준 것에도 감사의 마음을 전했다. 박제가는 언젠가 나빙에게 이쑤시개 통牙尖桶을 부탁했나 보다. 하지만 베이징에는 그걸 만들 만한 마땅한 사람이 없었는지 나빙은 양저우에 있는 큰아들 윤소에게 기별을 한다. 양저우에서 멀지 않은 쑤저우는 목공예로도 이름난 도시였다. 아들에게 그곳으로 가 구해 보내라고 했으니 수개월 안에는 유리창 자신의 처소에 도착할 것이라고 알려왔다. 박제가와 만났던 몇 사람의 근황을 전했고, 자신에게 귀중한 탁본이 있는데 언제고 다시 베이징에 온다면 나눠드리겠다고도 했다. 눈에 병이 나고 등불은 희미해 더 적지 못한다고 아쉬운 글을 맺었다. 마지막에 박제가와 유득공의 안부를 묻는 것도 잊지 않았다. 나빙은 여전히 유리창 관음각에 머물고 있었다.

나빙이 보낸 편지를 읽고 나면 늘 궁금한 것이 있었다. 청심환과 함께 나빙에게 보냈다는 일본 먹과 박제가가 부탁했다는 이쑤시개 통이다. 다행히 이덕무의 글 속에 일본 먹에 대한 실마리가 남아 있었다. 일본의 고도 나라奈良에 참기름 등 식물성 기름을 태워 나온 그을음으로 만든 먹이 있는데 아주 훌륭하다는 것. 나라에 갔을 때 일부러 참기름 먹을 파는 곳이 아직 있는지 찾았다. 겉모습마저 고색창연한 고바이엔古梅園에서 여전히 같은 먹을 만들고 있었다. 고구려의 승려 화가 담징曇徵이 먹 제조법을 일본에 전했고 고찰 고후쿠지興福寺에서 나라의 먹이 처음 만들어졌다, 라고 참기름 먹을 포장한 안내문에 적혀 있었다. 그 뒤 고바이엔의 6대 계승자인 마쓰이 젠타이松井元泰가 1739년 나가사키로 가 청나라 사람에게 새로운 먹 제조법을 익힌 뒤로 품질이 더욱 향상되었다고 했다. 먹 하나에도 그렇게 긴 교류의 시간이 있었다. 먹을 갈면 기분 좋은 향기가 코로 스몄다. 박제가는 이런 먹을 어디서 구했을까? 통신사로 이곳을 다녀간 선배들로부터였을까?

양저우를 가는 길에 일부러 쑤저우에 들렀다. 편지에 있던 이쑤시개 통 때문이다. 공예박물관도 가보고 골동품 상점에 들어가 물어도 봤지만 아는 사람을 만날 수 없었다. 겨우 인터넷을 통해 찾은 사진이 상아로 만든 손가락만 한 작은 통이었다. 그 안에 서너 개의 이쑤시개를 넣어서 다녔던 것일까? 겉면에 화려한 조각이 있는 것으로 보아 제법 값이 나갈 듯했다. 저런 것을 박제가가 부탁하기는 어려웠을 것이다. 나빙의 편지를 읽으며 상상했던 것과는 거리가 있었다. 베이징을 오가던 길에 휴대하기 편했을, 나무로 만든 작은 통일 거라 생각했지만 결국 실물을 만나지는 못했다. 지금도 궁금하다. 관광 상품 매장에서 우연히 한 번 보기는 했다. 화려한 색깔들로 치장을 한, 모양이 전혀 다른 요즘 물건이었다. 베이징에서는 성에 차지 않아 양저우의 큰아들을 쑤저우로 보내 만들어오게 했던 그 이쑤시개 통은 어떤 모양이었을까? 박제가는 나중에라도 베이징의 나빙으로부터 그것을 전달받았을까? 이후의 이야기는 아쉽게도 남아 있지 않다.

규장각 검서였던 박제가는 늘 책을 읽고 베끼고 정리하는 일로 하루를 꼬박 보내야 했고 그 탓에 시력은 갈수록 나빠졌다. 두 번의 연이은 베이징행에 대한 임금 정조의 배려였을까. 베이징에서 돌아온 이듬해인 1792년 가을, 박제가는 부여 현감에 제수되면서 검서직을 사임한다. 하지만 현감이 된 지 불과 한 달 만에 부인이 저세상 사람이 되었고 1793년 1월 이덕무마저 세상을 떠난다. 그는 낙담했다. 불행은 연이어 찾아왔다. 그해 여름 암행어사의 탄핵을 받아 현감 자리에서도 파직된다. 이미 마음이 떠난 자리였다. 부여를 떠나 서울로 돌아오던 길, 박제가는 이덕무의 무덤으로 향한다.

無室無官剩此身	아내 잃고 벼슬 잃고 몸뚱이만 남았는데
黃花憔悴白頭新	국화꽃은 시들하고 흰머리만 돋았네
傷心自古秋冬際	가을과 겨울 사이 마음에 상처 입고
獨上靑山酹故人	청산에 홀로 올라 벗에게 술 따르네

베이징을 오가던 내내 자신이 보고 느낀 바를 박제가는 소상히 적어 정조에게 올렸다. 나라의 부국과 백성의 가난이 그가 걱정하는 전부였다. 언제고 그에게도 기회가 올 것이라 오래도록 기다렸다. 소식도 기회도 오지 않았다. 대신 임금은 박제가와 백탑파의 글

을 못마땅해했다. 정조의 눈에 그들의 글은 사사롭고 가벼웠으며 반듯하지 못했다. 왕은 그들에게 다시는 그와 같을 글을 짓지 않겠다는 반성문을 써서 바치라 명령했다. 박지원은 어물쩍 넘어갔고 이덕무는 쓰지 못한 채 세상을 하직했다.

박제가는 썼다. '배움이 지극하지 못한 것은 진실로 신의 잘못이지만 천성이 다른 것은 신의 잘못이 아니다'라고, '문장의 도는 한 가지로 일괄해서 말할 수가 없는 것'이라고, 자신은 자신의 글을 지을 수밖에 없다며 왕에게 항변에 가까운 글을 올렸다. 그와 가까웠던 몇몇은 성심으로 반성문을 지어 올렸고 왕은 그들에게 벼슬을 내렸다. 박제가는 검서직을 사임하고 다시 복직했다. 연평 현령에 부임했으나 거듭 탄핵을 받았고 그렇게 시간이 흘렀다. 1799년 둘째 딸이 위독하다는 급보가 날아왔다. 박제가는 비를 맞으며 말을 몰았다. 말 위에서 부음을 듣고 들판에서 목 놓아 울었다. 1790년 왕명이 내려 다시 발길을 베이징으로 돌려야만 했던 그해 겨울, 혼례마저 보지 못한 딸이었다. 죽은 딸의 긴 묘지명을 산 아비가 지었다. 박제가는 장례마저 갈 수 없었다. 다시 시를 써 애도했다. 슬픔마저 남아 있지 않았다, 라고 그는 기록했다.

청나라 황제가 바뀌던 1796년에도 나빙은 양저우로 떠나지 못한 채 베이징에 머무르고 있었다. 아니, 그럴 형편이 못 되었다고 보는 것이 그의 실상에 가까웠다. 그해 겨울에도 조선에서 사신이 왔다. 원명원을 유람했고 자금성의 행사에 몰려 들어갔고 거리를 배회했고 어김없이 유리창을 찾았다. 황궁의 연회가 끝난 1월 중순 나빙의 처소에 뜻밖의 조선 사신이 방문했다. 박종선朴宗善1759-1819이었다. 미리 약속이라도 잡았던 것일까, 박제가가 일본도를 선물했던 장문도가 마침 그 자리에 함께 있었다. 박종선은 그의 이름을 조선에서 익히 들었다고 했다. 그는 박지원의 조카였고 박제가와는 규장각에 함께 근무하던 후배 검서였다. 박종선도 장문도와 시를 주고받았다. 며칠 후 또 다른 조선인 세 사람이 나빙을 찾아왔다. 나빙은 여러 종류의 귀신 그림을 그렸다. 그중에 〈묵환도墨幻圖〉가 있었는데 세 사람은 예전 박제가가 그랬던 것처럼 그 위에 자신들의 이름을 남겼다. 조관규趙寬逵, 조학겸趙學謙, 현이원玄以遠. 그들도 이름 앞에 '조선'이란 두 글자는 빠뜨리지 않았다. 가경 원년(1796년) 정월 24일이었다. 베이징과 서울에서, 나빙과 박제가의 일상은 그렇게 계속되었다.

바로 그해, 나로서는 믿기 힘든 놀라운 일이 일어난다. 60년을 통치한 건륭제는 죽기도 전에 황위를 열다섯째 아들인 가경제에게 물려주었다. 할아버지 강희제의 재위 기간인 60년을 넘길 수 없다는 게 명목상의 이유였다. 새로운 황제가 등극한 1796년, 황제의 자리에서 물러나 태상황太上皇이 된 건륭제는 천수연千叟宴을 거행한다. 나라 안의 노인들을 황궁으로 초대해 장수를 축하하며 잔치를 베풀고 선물을 하사하는 행사였다. 그도 이미 여든을 훌쩍 넘긴 상노인이었다. 전국 각지에서 70세 이상의 노인들이 초대되었다. 그런데 놀랍게도 그 자리에 나빙이 있었다. 더구나 그는 70세에도 한참 못 미치는 나이였다. 고위 관료였던 옹방강의 도움이 있었을 것이라는 추측이지만 그가 누구던가. 누구보다 저들에게 원한을 품고 평

생을 살아온 자칭·타칭 '반만주족주의자'가 다름 아닌 그였다. 그런 그가 퇴위한 늙은 만주족 황제가 베푼 천수연에 기꺼이 제 발로 찾아가다니…… 벼락을 맞은 듯 머릿속이 새하얘졌다. 나빙에게 도대체 무슨 일이 일어나고 있었던 것일까?

나는 곧장 자금성으로 향했다. 천안문을 통과해 오문午門을 지난 뒤 태화전太和殿 오른쪽 뒤편에 위치한 황극전皇極殿으로 갔다. 1796년 새해가 밝았다. 초하룻날 태화전에서 아들 가경제에게 황위를 물려준 건륭제는 사흘 뒤 천수연을 거행한다. 연회는 이곳 황극전에서 열렸다. 연회가 벌어지던 공간은 영수문寧壽門을 경계로 황극전 안뜰과 바깥으로 나뉘었다. 황극전 중앙에 빈 옥좌가 놓였고 그

옆으로 황족들과 1·2품 대신들이 도열했다. 건물 밖 난간 사이는 조선을 비롯해 각국에서 모여든 사신과 고위 관료의 자리였고 안뜰 양편으로 나머지 신하들이 품계에 따라 늘어섰다. 황극전과 영수문을 잇는, 평지보다 한 길 더 높게 쌓은 길 위에는 태상황의 하사품이 진열돼 있었다. 영수문을 지나 바깥 뜰 가득히 직업과 직급에 따라 초대받은 노인들이 순서대로 자리를 잡았다. 고위 무관 출신과 농민과 상인 그리고 병사와 장인 순이었다. 나빙은 여기 어딘가에 있었을 것이다. 참석한 인원만 3000명이 넘었다고 했다.

연회의 시작을 알리는 음악이 장중하게 울렸다. 새로 등극한 가경제의 시중을 받으며 태상황이 황극전 옥좌에 앉았다. 가경제는 친히 백발의 노인들과 태상황의 축수를 기원하며 만세를 외쳤다. 기쁨이 넘친 태상황은 연회가 진행되는 도중에 1품 대신들과 90세가 넘은 노인들을 따로 자신의 앞으로 불러 친히 술을 내렸다. 황손들에게도 황극전 안의 고관들과 외국의 사신들에게 술을 따르라고 명령했고 시종들을 시켜 안과 바깥 뜰에 초대된 관리와 노인들에게도 술잔을 내렸다. 식탁마다 각 성에서 진상된 수많은 음식이 관례에 따라 차례대로 차려졌고 연극이 공연되었고 늙은 태상황의 장수를 비는 수천 수의 시가 지어졌다. 연회가 끝나면 품계에 따라 준비된 선물이 전달될 예정이었다. 나빙은 그날 지팡이를 하사받았다.

천수연이 열렸던 황극전은 넓었고 황극전 밖 황성도 넓고 넓었다. 나빙은 왜 이곳에 왔던 것일까? 평생 청나라를 저주하며 지나간 명나라 왕조를 그리던 그였다. 시를 써도 그림을 그려도 어느 순간 자신의 울분을 감출 수 없어 어딘가에 마치 비밀스러운 기호를 남

1790년 베이징

기듯 감정을 흘리던 나빙이었다. 자신의 집 서재 이름에도, 대나무나 매화를 하나 그려도 어떻게든 의미를 남겼다. '이 짐승의 세상은 머지않아 끝날 것'이라고. 천수연은 나빙처럼 늙은 백성의 만수무강을 바라는, 그보다 더 늙은 황제가 은총을 베푸는 자리였지만 결국 황제의 장수를 기원하는 것이 목적이었을 터. 그런 자리에 나빙은 어쩌자고 나이를 속여가며 기를 쓰고 몸을 디밀었던 것일까. 이제 그도 나이가 들어 생각이 바뀐 것일까? 그런 원한과 분노도 갈등 없이 녹여낼 수 있을 만큼 세상이 부질없어진 것일까? 나는 나빙의 이율배반 앞에서 한동안 말을 잊었다. 어느 쪽이 그의 본심이었을까?

베이징의 배꼽이 자금성이라면 자금성의 배꼽에는 태화전이 있다. 시대를 달리하며 이곳을 차지했던 왕조들은 이 자리가 세상의 중심이었다. 천천히 건물 주위를 돌았다. 관람객은 계단을 올라 황제의 옥좌를 구경하고 보화전 쪽으로 걸음을 옮겼다. 궁 안의 전각들은 한어와 만주어가 동시에 쓰여 있었고 처음 박제가와 함께 이곳을 찾았던 이덕무도 한어와 나란히 쓴 만주어 현판을 보며 분개했다. 그는 자금성 안의 전각들을 보며 "누른 기와에 햇빛이 비쳐 윤기가 흘렀다. 돌계단을 쌓은 것이 마치 서울의 백탑과 같이 높고 희어 설산이 공중에 서 있는 듯했고, 붉은 해가 하늘에 떠있는 듯 눈이 부셨다"라고 적었다. 그랬다. 조선에서 온 박제가와 이덕무의 의식 속 자금성은 여전히 청나라가 아닌 명나라의 황궁이었던 것이다. 나빙에게도 그래 보였던 것일까?

태화전 중앙에 서면 북쪽 신무문神武門에서 남쪽의 천단天壇까지 수십 리를 곧게 뻗은 황제의 길이 눈에 들어온다. 황제는 앞만 보

고 똑바로 걸어가야 한다는, 무언의 규율과도 같이 한 치의 흔들림
도 용납하지 않는 저 직선이 내겐 이 거대한 제국의 실체에 가장 가
까워 보였다. 태화전의 계단을 따라 내려갔다. 천수연에 참석한 나
빙은 늙은 태상황의 얼굴을 보았을까? 백옥을 다듬어 깐 넓고 곧은
길은 정양문으로 뻗어 있었다. 황제가 냄새나는 지팡이를 들고 나빙
은 황성 안 어디로 향했을까. 이 길은 세상에서 오직 황제만이 걸을
수 있었다. 늙은 나빙은 양저우로 떠나기 전 꼭 한 번은 황성 안으로
발을 디뎌보고 싶었던 것일까. 황제의 길에 깔린 돌은 부풀어 오른
반죽처럼 부드러운 곡선이었다. 냄새나는 오랑캐가 차지하고 있었
지만 나빙에게는 여전히 명나라 황제의 향기로운 터전이었다. 궁 안
으로 들어올 수 있는 길은 천수연에 참석하는 방법밖에 없었다. 나
이를 속여서라도, 갖은 수단과 방법을 동원해서 죽기 전에 저들에게
짓밟힌 신성한 황성 안의 모든 것을 욕심껏 눈에 담고 싶었던 것일
까? 황제의 길은 정양문을 지나 천단에서 끝이 났다. 자신의 조상들
이 만든 희고 눈부신 황궁의 기단과 붉은 기둥과 황금빛 지붕을 바
라보며 감회와 분노 속에서 걸음을 떼지 못하고 있었을 늙은 화가
나빙을 떠올렸다. 그래서 기어이 이곳에 와야만 했을까?

천수연에서 돌아온 나빙은 그해 가을 정성을 다해 그림 한 폭
을 그린다. 그의 장기인 매화였다. 가늘고 긴 가지가 아래로 쏟아져
내렸고 풍성하지도, 그렇다고 너무 성글지도 않은 꽃잎들로 화면을
채웠다. "나는 올해 정월 초사흗날 몸소 천수연에 참석했다"라고 운
을 뗀 다음 글을 적어 내려갔다. 내용은 스승 김농에게서 빌려 왔다.
송나라 시절 매화 그림을 잘 그렸던 화가들과 그들의 그림을 사랑한

황제의 이야기를 옮긴 다음 자신의 감회를 적는다. "늘어진 매화를 그렸는데 황제에게 진상하지 못하는 것이 한스럽네." 어느 황제를 말하는 것인지 듣기에 따라서는 묘한 뉘앙스를 풍겼다. 지금의 청나라 황제에게 자신의 매화 그림을 보여드리고 싶다는 것인지 아니면 그렇게 할 수 없는 원통한 시절을 한탄하는 것인지 분간이 되질 않았다. 그의 진짜 속마음이 무엇인지 짐작이 어려우리만치 교묘하고 애매한 표현이었다. 아니, 어쩌면 두 가지 모두가 진실이었을지도 몰랐다.

스승 김농과 제자 나빙은 평생 벼슬 없이 살았다. 사실 젊은 시절 김농은 누구보다도 출세의 길에 들어서고 싶어 했고 능력도 출중했다. 하지만 불운이 닥쳤고 길이 막혔다. 그 뒤로 사방을 떠돌며 시를 짓고 글을 쓰며 식객으로 살았다. 늘그막에 드디어 기회가 찾아왔다. 고위 관리의 추천을 받아 박학홍사과博學鴻詞科에 응시할 수 있었다. 불합격이었지만 응시하는 것만으로도 대단한 일이었고 그역시 스스로 영예롭게 여겼던 것도 같다. 이런 사실을 새긴 인장을 자기의 그림에 찍었다. 나빙의 베이징행도 다르지 않았다. 그림을 팔려는 목적 이외에 고위층 후원자와 유대 관계를 돈독히 하려는 의도가 깔려 있었다. 젊은 시절 건륭제가 양저우에 오던 해 그는 사찰의 불화 중수에 참여하기를 마다하지 않았다. 그 역시 마음 한쪽에서는 출세의 욕망이 들끓는 세속의 화가였는지도 몰랐다. 당시 예술가의 가장 큰 영예는 황제의 총애를 받는 어용 화가가 되는 길이었다. 그러나 김농이든 나빙이든 일종의 사상의 '전향'을 하지 않고서는 불가능했다. 애초부터 이민족이 통치하는 세상에 한족으로 태어

世傳楊誠之畫梅傳蔡花光吳之林皆宗題日村梅丁野手畫乾隆間悶吳定之
自江路梅梢引斜村梅亦吳定宗見之建
正夏草率遙當家兩趙廬貴而品目之業林似鴻光往于今身者
千業雲崇物樑未畫於類料陳彭文華遺
恩賞故梅
御贈也
嘉慶光年秋七月前二十日新琴者追繪圖
丙辰道人羅聘兼化

난 것이 원죄라면 원죄였다. 어용과 명분과 욕망과 자존의 혼돈 사이를 끝없이 방황하던 인물이 어디 두 사람뿐이었을까?

　보통 나빙을 '양주팔괴의 막내 화가'라 부른다. 그를 끝으로 화려했던 양저우의 그림도 막을 내린다. 얼마 지나지 않아 양저우의 시대가 저물고 바야흐로 국제적 개항 도시 상하이의 세상이 밝아오고 있었다. 양저우의 거상들도 앞다투어 상하이로 몰려갔다. 앞서서 보았듯이 〈모자도〉에 찍힌 심수용의 가짜 인장의 원본을 제작해준 이는 서예가이자 화가로 이름났던 조지겸이었다. 양저우의 경제적 부를 기반으로 양주팔괴가 생겨날 수 있었듯 새롭게 부상한 강남 경제의 중심 도시 상하이에서도 일군의 예술가들이 무리를 이루기 시작했고 그 선구에 조지겸이 있었다. 강남 예술의 중심은 이제 상하이였다. 양저우와는 다른 꽃을 피울 준비를 하고 있었다.

　처음 〈모자도〉를 보고 느꼈던 의문의 실마리를 어디서부터 풀어야 하는지 감조차 못 잡고 있었을 때, 나빙에 대한 힌트는 작고한 미술사학자 이동주 선생으로부터 얻었다고 이미 첫머리에서 밝혔다. 그는 자신의 책 서문에 이런 글도 남겼다.

　　나는 청나라의 화가 이선李鱓을 좋아한다. 그리고 왜 이런 양주팔괴류의 일취逸趣가 우리에게 드문가 하는 생각도 해본다.

　화가 이선은 나빙의 선배이자 양주팔괴 중 한 사람이었다. 나는 양주팔괴를 비롯해 나빙이 활약하던 무렵의 화가들의 그림을 볼 때면 박제가와 백탑파의 글에서 받았던 감흥과 유사한 느낌을 받곤

한다. 그것이 어디에서 비롯되었는지 뭐라 설명하기 어려웠지만 분명한 것은 이전과는 다른, 어떤 새로운 감각과 맞닿아 있다는 점이다. 그렇게 시대의 조류와 호응하던 흐름은 박제가 등에게 반성문을 써내라던 정조로 인해 된서리를 맞았지만 그렇다고 순식간에 사라질 성질도 아니었다.

조선에 박제가의 시와 박지원의 산문 같은 새로운 감각의 글이 있었다면 그림의 상황은 어땠을까. 사실 시에 대해서는 당시 누구보다 개방적인 생각을 가졌던 박제가에게도 아직까지 그림은 '작은 기예'에 불과했다. 그러니 베이징에서 나빙의 귀신 그림을 보았을 때 당황하던 그의 모습은 얼마간 당연해 보였다. 조선에서 양주팔괴와 같은 화가들이 등장하기까지는 시간이 더 필요했는지도 몰랐다. 당시 주류의 흐름에서 벗어나려 발버둥 치던 인물이 어쩌면 최북이 아니었을까 하는 생각을 가끔 한다. 혹 그래서 박제가에게 최북은 다른 조선의 화가들과는 구별되는 인물이었는지도 모르겠다. 새만 좌우 두 날개로 나는 것이 아니다. 예술도 그렇다. 결국 서위나 양주팔괴와 같은 그림은 조선에선 그려지지 않았다. 아쉽다. 그건 마치 희열과 번뇌와 좌충우돌의 청춘 없이 늙어버린 인생 같았으니까.

나빙이 베이징을 떠나지 못하고 있었던 결정적인 이유는 돈 때문이었다. 양저우로 돌아가지 못한 그는 유리창의 숙소에서 윤회와 전생과 후생의 의미를 담은 책을 편찬하는 데 온 마음을 쏟았다. 아마 그 무렵에 그려진 그의 초상화였을 것이다. 향 연기가 피어오르는 불상 앞에 염주를 손에 쥔 채 조용히 앉아 있는 나빙. 베이징에서의 하루하루를 저렇게 버티고 있었을 것만 같았다. 인생이 덧없다고 느껴졌던 것일까. 자주 쓰던 양봉兩峰이란 호 대신 무소주암無所住庵이라 적었다. 1798년 8월, 나빙의 지인 증욱曾燠의 도움으로 양저우에 있던 큰아들 윤소가 베이징으로 왔다. 부친을 모셔 가기 위해서였다.

베이징을 떠날 시간이 다가왔다. 옹방강과 그동안 가까이 지내던 이들이 긴 시를 지어 이별을 아쉬워했다. 물과 구름 같은 인생이었노라고, 꿈속에서라도 만나길 바란다며 쓸쓸함을 달랬다. 나빙은 배를 세내어 두 아들과 함께 양저우를 향해 떠났다. 돌아가는 길에 잠시 친구 집에 들렀다. 오랫동안 보지 못했던 그를 위해 초상화 한 점을 그렸다. 그의 주특기인 태호석과 붉은 옷을 입은 인물, 그리고 손에 들린 흰 매화꽃 한 가지. 고향으로 돌아가는 나빙도 저랬을 것만 같았다. 세 부자는 그해 겨울 양저우에 도착한다. 베이징으로 떠난 지 8년 만의 귀향이었다. 이듬해인 1799년 정월, 그에게 지팡이를 하사한 태상황이 죽었고 나빙은 7월에 자신의 집에서 숨을 거두었다.

1800년 6월, 정조가 승하했다. 박제가는 길고 긴 만사挽詞를 지었다. 이듬해인 1801년 2월, 박제가는 다시 유득공과 함께 서울을 떠나 4월 초에 베이징에 닿았다. 마지막 방문이었다. 꼭 10년 만에 다시 찾은 베이징에서 박제가는 나빙의 부음을 전해 들었다. 그는 나빙의 위패를 마련하고 제를 올렸다. 그것을 지켜보던 이가 놀리며 물었다.

"당신은 조선에서도 돈을 들여 벗의 제사를 지내주었소?"

"인생에서 가장 중요한 것은 나를 알아주는 벗이오. 돈은 얘기할 바가 못 됩니다."

    그렇게 박제가는 나빙을 떠나보냈다. 베이징에서, 유리창에서 그는 예전처럼 또 누군가의 그림에 글을 썼고 시를 선물 받았고 또 다른 사람을 만나 새로운 인연을 이어갔다. 그들과 주고받은 대화를 기록했고 서울 혜화동, 자신의 집에서 자라던 능금나무 두 그루와 수백 명이 너끈하게 앉을 수 있다는 늙은 소나무를 새로 만난 그들에게 자랑했다. 집 앞의 다리 장경교도 박제가는 빼놓지 않았다.

새로운 의문

박제가가 남긴 의문의 시

나빙과 박제가가 사라진 유리창 거리는 내겐 좀 허전했다. 이번이 자신의 생에서 마지막 베이징행일 수도 있겠다는 사실을 박제가는 직감하고 있었던 것일까. 어쩐지 말수가 줄어든 느낌이었다. 예전처럼 활발하게 발품을 팔거나 구구절절 시를 남기지도 않는다. 잠시 옆길로 새자면, 이곳 베이징에서 1820년 무렵에 〈모자도〉를 손에넣었을 완복의 부친 완원이 나빙과 마찬가지로 양저우 사람인 것은 앞에서 보았다. 박제가가 남긴 글을 보면 그는 완원을 직접 만난 적은 없었던 것 같다. 대신 1790년 여름 함께 베이징에 왔던 유득공이그를 만난다. 1년 전에 이미 과거에 오른 완원이 수레를 타고 조선사신이 머물던 숙소를 찾아왔더랬다. 접대하는 사람이 아무도 없어되돌아가려는 그를 붙잡아 사신관 안으로 들인 이가 유득공이었다. 이후 그는 대학자이자 고위 관료로 성장한다. 그에게서 청나라에 대한 나빙과 같은 거부감은 찾아볼 수 없다. 그런데 그의 아들 완복이 어떻게 〈모자도〉를 소유하게 되었을까?

인연이란 참 묘하다. 박제가의 글 중 베이징에서 쓴 부분만 늘 가지고 다녔다. 〈모자도〉 가까이로 다가갈 길이 더 이상 보이지 않을 때면 자꾸만 다시 읽게 되는 시 한 편이 있다. 원문과 번역 글을 비교해가며 되새겨보아도 나로서는 요령부득의 시. 처음에는 아무것도 보이지 않았다. 하지만 일본 히라도에서 중국 취안저우로, 또 뜻밖의 그림 정성공의 〈초상화〉와 〈행락도〉를 보고 나서는 시구절이 말하는 의미가 조금씩 달리 보이기 시작했다. 어렴풋한 추상에 불과했던 고유명사에 하나둘씩 구체적인 정보와 사실이 추가되었다. 흩어져 있던 퍼즐 조각들이 조금씩 제자리를 찾아가는 기분이었다. 그건 나로서는 놀라운 경험이었고 여전히 상상과 추측으로 둘러싸인 〈모자도〉의 모호한 정체를 밝혀줄 또 다른 문 하나가 열릴지도 몰랐다. 박제가 전집인 『정유각집貞蕤閣集』에 실린 시 한 편을 옮긴다.

공성기린각을 노래하다賦得功成畵麟閣

鉅閣雄天下	큰 누각 천하에 으뜸이거니
鴻功奏太平	크나큰 공덕 태평성세 아뢰는도다
姓名胡虜畏	그 이름 오랑캐가 두려워하고
圖畵鬼神驚	초상은 귀신조차 놀라는구나
颯爽看英采	시원스러운 그 영채 바라보려니

1790년 베이징

飛騰想戰聲	날고뛰는 전쟁터 함성 들리듯
風雲隨越甲	풍운은 월나라의 갑옷을 따랐고
文武作周楨	문무는 주나라의 기둥 되었네
磊落彤弓賜	통쾌하게 **동궁을 하사하시고**
崢嶸鐵券盟	우뚝히 **철권**을 맹서하였지
平原絲已買	평원군 위해 실은 이미 다 사버렸고
范蠡鑄初成	범려는 주물을 막 이루었네
勒石晨磨盾	**비 세우고** 새벽에 **격서를 쓰며**
分茅雨洗兵	**띠 나눠주고** 비에 병기 씻기네
丹靑光國步	단청은 나라 안에 환히 빛나고
鼕鼓起皇情	북소리 황제의 정을 일으키누나
六涉單于幕	여섯 번 선우의 장막에 갔고
三搴大將旌	세 번이나 대장 깃발 뽑아 왔다오
上頭書霍字	윗머리에 **곽** 자를 써놓았으니
千代仰干城	천대의 간성으로 우러를밖에

이해를 돕기 위해 번역본의 주석에서 필요한 부분만 간추려서 싣는다.

동궁을 하사하시고 : 동궁은 붉은 칠을 한 활로, 고대에 천자가 공이 있는 제후나 대신에게 하사하여 전쟁에 나아가게 했다.

철권 : 공신에게 나누어 주던 훈공勳功을 적은 서책이다.

비 세우고 : 돌에 글자를 새기는 것으로 적군을 크게 격파하고

비석을 세워 공업을 기술하는 것을 말한다.

격서를 쓰며 : 방패 위에다 격서檄書를 쓰는 것을 말한다.

띠 나눠주고 : 옛날 천자가 제후나 공신功臣을 봉할 때 하얀 띠白茅 속에다 진흙을 붙여서 주는 것을 말하는데 이것은 토지와 권력을 나누어준다는 상징적인 의미를 갖는다.

곽 : 대장군 곽광霍光을 두고 한 말이다.

　어려운 한자도 많고 번역한 내용도 쉽게 이해되지 않지만 시에서 가리키는 인물은 세 가지 단어로 요약된다. '초상화'와 '전쟁'과 '장군'이다. 우선 제목부터 보자. '기린각麒麟閣'이란 중국 한나라 때 공이 컸던 신하 11인의 초상화를 모셔두었던, 일종의 사당과 같은 곳을 말한다. 시의 초반부에 초상화를 제일 먼저 언급하는 것도 그 때문이다. 여하튼 이 글이 초상화의 주인공에 대해 박제가가 쓴 설명문이 아니라 문학적 표현인 시라는 특징에 주목하자. 그러므로 주인공이 누구인지 박제가는 자기 입으로 직접 말하지 않는다. 다만 그에 대한 정보와 상황을 열거함으로써 읽는 이로 하여금 그가 누구인지 유추하도록 이끌어간다. 누굴까…… 그는.

　보통 위대한 인물을 묘사할 때는 잘 알려진 고전에서 인용하는 것이 일반적이다. 그래야 누구나 쉽게 이해할 수 있다. 박제가가 이 시에서 인용한 인물들의 면면을 보면 사마천의 『사기』에서 빌려 왔다는 것을 눈치챌 수 있다. 맨 처음 등장하는 인물은 '평원군平原君'이다. 그는 전국시대 조나라 사람인 조승趙勝을 말한다. 나라의 인재들을 잘 모으고 대접해 국왕인 아버지를 잘 보필한 인물로 알려져 있다. 그에 대해 더 많은 에피소드가 있지만 대표적인 이미지를 꼽으면 그렇다. 다음은 '범려范蠡'다. 평원군보다는 자주 들어본 이름이다. 그는 '와신상담臥薪嘗膽'의 고사로도 유명한 월나라의 재상이자 월왕 구천을 도와 오나라를 멸망시킨 대표적인 전술가로 묘사된다. 훗날 범려가 월나라를 떠나자 왕은 그의 모습을 금으로 만들어 곁에 두고 아침저녁으로 정사를 의논했다고도 전해진다. 그런데 그에게는 보통은 잘 알려지지 않은 특출한 이력이 있다. 범려는 정치가의 면모뿐 아니라 장사로 막대한 재산을 모아 후대의 상인들로부터 '재물의 신'으로 추앙받는 인물이기도 하다. 이러한 내용도 『사기』에 자세하다.

세 번째 인물은 주석에서 '곽霍' 자가 지칭하는 인물로 풀이한 곽광이다. 그는 한나라 때의 권신으로 기린각에 이름을 올린 공신 중 제일 윗자리를 차지한다. 그에 대해 조금 더 살펴보면, 살아서는 최고의 권력을 누리지만 죽은 뒤 역모를 꾀했다는 죄목으로 집안이 몰살을 당한다. 그래서 그는 이름 대신 대장군이나 성곽씨姓霍氏라는 호칭으로 불렸다고 한다. 곽광은 직책은 대장군이었지만 직접 군사를 지휘해 실전에 참여한 적은 없었다. 그러니 '전쟁'의 이미지가 중심인 시의 맥락으로 보면 '곽' 자가 가리키는 이는 오히려 곽광보다는 흉노족과의 전투에서 혁혁한 전공을 세운 그의 배다른 형제 곽거병霍去病과 가까워 보인다. 그는 황후의 동생인 장군 위청衛靑과 함께 여러 차례 흉노족을 정벌한 경력이 있었다. 아무튼 곽이 누구를 지칭하든 평원군이나 범려처럼 이 시의 주인공을 부각하기 위해 호명된 인물이라고 보는 것이 마땅해 보인다.

지금까지 예를 든 것처럼 박제가는 이 시의 주인공을 평원군 조승과 월나라의 범려 그리고 한나라의 곽광 혹은 곽거병에 버금가는, 그들과 비견할 만한 인물로 그린다. 시의 내용을 전체적으로 다시 살펴보자. 우선 맨 먼저 다가오는 주인공의 이미지는 대단한 장군이다. 그는 황제를 대신해 군사를 이끌고 전쟁에 나가 큰 무공을 세웠으며, 그 공으로 황제로부터 높은 작위를 받은 인물로 간단히 요약할 수 있다. 그런데 상대가 다름 아닌 이민족 오랑캐다. 그러니 그는 마땅히 한족 출신의 장군이어야겠다. 가장 멀리는 흉노와 싸운 한나라의 곽씨 형제가 있겠고 여진족 금나라와의 전투에서 공을 세운 남송의 영웅 악비가 그 뒤를 잇는다. 젊은 시절 항저우를 찾은 나빙이 절을 올렸던 인물, 그 악비다. 그다음으로는 만주족 청나라에 맞서 싸운 정성공이 있다. 박제가는 과연 누구를 염두에 두고 이 시를 썼을까. 그들 중 한 사람일까, 아니면 제3의 누구일까? 이제 눈에 띄는 단어 몇 개와 구절을 보자.

풍운은 월나라의 갑옷을 따랐고
문무는 주나라의 기둥 되었네

이 부분도 난해하긴 마찬가지다. '풍운'은 무얼 말하는지, 또 '갑옷을 따랐다'는 무슨 의미인지 분명하지 않다. 그래도 전체적인 맥락에서 보면 '전쟁'을 수행하는 장면이라는 것을 추측할 수 있다. 이 구절에서 주위가 필요한 부분은 월나라로 번역한 '월越'이라는 단어다. 월은 중국 역사상 실재했던 나라고 시대에 따라 위치와 영역이 조금씩 달라지긴 했어도 혼돈될 정도는 아니다. 현재 중국의 동남부에 해당하는 저장성과 푸젠성을 말한다. 이 지역은 북방 흉노족의 전쟁과는 관련이 없는 곳이다. 그런 곳의 지명이 왜 이 시에 등장하는 것일까. 다음에 이어지는 '주周나라'는 잘 알다시피 하나라와 은나라의 적통을 이었다는 기원전의 나라다. 시 제목의 '기린각'이 세워진 한나라 이전으로 늘 국가의 모범을 말할 때 사례로 등장한다. 그러니 이 시의 주인공으로 보기는 힘들지만 '문무文武'는 주나라의 문왕과 무왕을 가리키는 것일지도 모르겠다. 아니면 문과 무를 동시에 갖춘 인물을 얘기하는 것일까. 나머지 구절을 마저 보자.

> 그 이름 오랑캐가 두려워하고
> 초상은 귀신조차 놀라는구나

시의 주인공은 오랑캐들이 그의 초상화만 봐도 놀라고 이름만 들어도 두려워하는 인물로 묘사된다. 도대체 어떤 자이기에 박제가가 이런 과장된 표현을 끌어온 것일까. 그런데 이 구절에도 좀 주의 깊게 봐야 할 부분이 있다. 다름 아닌 '오랑캐'로 번역된 '호로胡虜'라는 단어다. 알다시피 한족들은 자신들 이외의 다른 민족을 모두 오랑캐라 불렀다. 조선을 동이족이라 불렀던 것처럼 말이다. 그러면 '호로'라는 단어는 사방의 오랑캐 중 누구를 지목하고 있는 것일까. 사전적 의미로는 몽고족과 만주족을 포함한 북방 민족을 가리킨다는 것이 일반적인 해석인데 이 역시 시대에 따라 조금씩 의미의 변화를 겪어왔다. 하지만 문제는 이 글을 쓴 박제가의 생각이다. 그는 이 시에서 '호로'를 어떤 의미로, 어느 민족을 가리키는 단어로 사용하고 있을까? 이에 대해서 아주 의미심장한 글이 한 편 있다.

박제가가 쓴 「이확과 나덕헌의 일생李廓羅德憲傳」이란 글이다. 두 사람은 병자호란이 있기 전인 1636년 심양에 사신으로 간다. 청태종 홍타이지가 국호를 후금에서 청으로 바꾸고 황제로 등극하는 자리였다. 두 사람은 즉위식에 참석한다. 하지만 오랑캐가 황제라 칭하는 것을 인정할 수 없다며 황제에게 절을 하지 않고 버티다가 심하게 두들겨 맞았다고 전해진다. 조선에는 알려지지 않은 이런 사실이 청나라의 개국을 기록한 책에 남아 있었다. 이것을 1778년 베이징에 왔던 박제가가 처음 자신의 눈으로 확인하게 된다. 「이확과 나덕헌의 일생」은 박제가가 두 사람의 절개를 찬양하며 쓴 그들의 일생 전반에 대한 아주 긴 글이다. 그런데 이 글에서 박제가는 청나라 또는 만주족을 지칭하는 단어로 '로虜' 자를 무려 20여 차례나 쓰고 있다. 그뿐만이 아니다. 청태종을 아예 '오랑캐 추장虜酋'이라 부른다. 비속어인 '호로자식'도 그들과 관련된 단어라는 것쯤은 누구나 안다. 그렇다면 박제가가 이 시에서 말하는 북방 오랑캐는 흉노족이나 여진족이 아닌 바로 청나라 만주족을 가리키고 있는 것으로 보는 게 합당하지 않을까?

박제가는 누구를 위해 이 길고 화려한 시를 썼던 것일까. 내 눈에 이 시에서 말하고 있는 인물은 정성공일 가능성이 가장 높았다. 시의 구절과 정성공의 일생을 하나씩 비교해보자. 그는 남명 황제를 대신해 만주족 청나라와 싸움을 벌였던 장군이다. 〈모자도〉의 원래 제목에서 보듯 그 무렵 황제로부터 '연평군'이란 작위를 받는다. 평원군 휘하에 많은 인재가 있었듯 베이징이 청에게 점령을 당한 뒤 명나라의 신하들이 정성공에게로 모여든다. 또 있다. 범려가 '재물의 신'으로 불렸던 것처럼 그 역시 해상무역으로 엄청난 재산을 축적했고 그것을 기반으로 청나라와 대적할 수 있는 군대를 거느릴 수 있었다. 게다가 정성공의 세력권이 앞에서 말한 월나라, 지금의 저장성을 포함한 샤먼과 취안저우의 푸젠성 일대였다. 정성공은 남명의 장군이자 난징의 국자감에서 과거를 준비하던, 말 그대로 문과 무라는 구절의 비유와도 부합된다. 시에 등장하는 인물들과 이런 여러 조건을 동시에 만족시키는 인물로는 내가 알고 있는 한 정성공이 가장 유력했다.

사족 하나. 원래의 주석에는 좀 이상한 내용이 실려 있다. 이 시가 박제가의 글을 책으로 편집하는 과정에서 누락 되는 경우가 있었다는 것. 누군가의 실수라 볼 수도 있지만 만약 다른 의도가 개입된 것이라면 이유가 궁금해진다. 혹 편집자는 이 시의 주인공이 정성공이란 걸 눈치챘던 게 아닐까? 그 때문에 이 시를 박제가의 문집에서 빼버린 것이라면, 만약 그때 그렇게 사라지고 말았다면…… 생각만으로도 아찔하다. 천만다행으로 이렇게 살아남아 지금까지와는 전혀 다른 질문을 던질 수 있었다.

다시, 정성공의 <초상화>와 <행락도>

설령 이 시의 주인공이 정성공이라 밝혀진다 해도 질문은 거기서 멈추지 않는다. 박제가의 이 시는 추측과 상상에 기댄 <모자도>

라는 아슬아슬한 퍼즐을 실질적으로 메울 단서를 제공할지도 모른다. 대상이 실재 사람이 아닌 초상화이기 때문이다. 그렇다면 박제가는 이 시를 어떤 상황에서, 무엇을 모티프로 지었던 것일까. 당시 청나라는 대제국이라 불릴 정도로 태평성세였지만 소수의 만주족이 다수의 한족을 통치하는 상황에서 그들은 늘 불안해했다. 박제가가 네 차례 베이징을 드나들던 동안에도 변방에서는 여러 차례 반란이 일어났고 혹시 모를 역모자를 색출하려는 감시의 눈초리가 사방에 깔려 있었다.

정성공이 죽은 뒤 정경鄭經을 이어 왕위를 물려받은 손자 정극상鄭克塽은 1683년 청나라에 항복한다. 강희제는 후손들에게 관직을 내리고 타이완에 있던 정성공 유해를 취안저우의 고향으로 이장할 수 있도록 허락한다. 후손들은 정성공의 제사를 모실 수 있었고 1787년, 청 조정에서는 정성공에게 충절忠節이라는 시호를 내리기에 이른다. 다분히 정치적인 계산이었을 것이다. 그렇다고 공공연하게 그의 이름을 입에 올린다거나 초상화를 그려 추모할 상황은 전혀 아니었다. 대신 바다의 신 마조처럼 신격화된 그의 전설이 조각상과 함께 민간에 유행할 뿐이었다. 그런 상황에서 취안저우와 타이완에 남은 후손들이 비밀리에 보관하고 있던 그림이 바로 샤먼의 정성공기념관에 걸려 있는 〈초상화〉와 〈행락도〉였던 것이다. 그러니 조선인인 박제가가 정성공의 초상화를 직접 볼 가능성은 거의 없었다. 박제가는 이 시를 상상만으로 지은 것일까? 그렇다고 보기에는 상황 묘사가 구체적이었다.

나는 화가가 누구인지 이름조차 남지 않은 〈행락도〉를 나빙이

1790년 베이징

그린 것은 아닌지 의심했고, 더구나 그 그림은 살아 있는 정성공을 실제로 보고 그린 〈초상화〉을 바탕으로 완성했을 것이라 판단하고 있었다. 만약 〈행락도〉의 화가가 나빙이라면, 비록 다른 사람이 그린 초상화를 통해서였지만 생전에 정성공의 모습을 보았다는 얘기가 된다. 멸망한 명나라의 기억에서 자유롭지 못했던 나빙에게 그건 놀라운 경험이었을 것이다. 저렇게 살아 있는 듯한 정성공의 얼굴을 보다니…… 그때 자신이 보았던 〈초상화〉에 얽힌 비밀을 박제가에게 털어놓았다면, 이런 일련의 가정이 허무맹랑한 것이 아니라면 〈모자도〉에서 시작된 많은 의문이 한꺼번에 풀리는 기적과 같은 일이 벌어질 수도 있었다. 〈모자도〉에 남은 나빙의 흔적 이외의 또 다른 화가가 박제가일 가능성이 그만큼 높아진다는 의미였다. 박제가의 이 시로 인해 아무런 증거를 남기지 않는 〈행락도〉의 화가가 나빙일지도 모른다는 내 가정에 좀 더 힘이 실릴지도 몰랐다. 천운으로 살아남은 박제가의 시 한 편이 지금껏 지나온 시간을 거꾸로 되돌리고 있었다. 정성공의 〈초상화〉와 〈행락도〉와 나빙, 그리고 〈모자도〉와 박제가…… 무슨 일이 벌어졌던 것일까?

나빙이 〈초상화〉를 토대로 〈행락도〉를 그렸다는 가정 아래 다시 한 번 상상력을 불러내야겠다. 나는 나빙이 〈모자도〉 속 다가와를 그리면서 '양저우 10일'로 자결한 자신의 증조모의 죽음을 그녀 위에 겹쳐놓고 있는 것은 아닐까 생각했다. 나빙은 그렇게라도 두 여인의 비극적 죽음을 추모하는 것이 화가로서 자신의 몫이라 여겼던 것은 아닐까. 다가와의 불교적 이미지와 그녀 곁에 놓인 꽃바구니가 그런 증표이지 않을까 여겼다. 그렇지만 왜 영웅이나 장군으로서의 정성공을 그리지 않고 어린 성공을 소재로 했는지 늘 의아했다. 하지만 〈행락도〉의 화가가 나빙이라면 사정이 달랐다. 이미 살아 있는 듯한 〈초상화〉 속 정성공의 얼굴을 보았고 그 그림을 바탕으로 나빙 자신이 〈행락도〉를 그렸는데 굳이 반복할 이유는 없었을 것이다. 더구나 어딘가에 감시의 눈초리가 살아 있는 베이징에서 박제가와 함께 그런 그림을 그리는 것은 불가능에 가까운 일이었다. 대신 정성공의 어린 시절을 배경으로 한다면 다가와와 함께 자신의 증조모도 불러낼 수 있었다. 정성공이라는 이름을 제목에 넣었지만 두 여인 역시 주인공일지 모를 그림 〈모자도〉, 아니 〈연평초령의모도〉. 실로 오랜만에 떠올려보는 그림의 원래 제목이었다. 그러고 보니 세 그림의 구도가 판에 박은 듯 비슷했다.

어둠이 내리면 나는 자주 정양문 앞으로 갔다. 멀리서든 가까이에서든 옛 제국의 정문은 여전히 위압적이었다. 이제는 밤새 조명을 쏘아대는 탓에 예전의 위엄을 찾아보기 어려운 성문 앞에 서면 늘 이곳을 지났을 박제가의 모습이 떠올랐다. 베이징에서의 어느 저녁, 그는 이 거리에 혼자 서 있었다. "저물녘 성문 앞, 사람들의 물결 속에 나 혼자 서 있네." 묵고 있던 숙소를 나와 나빙의 처소인 유리창으로 가자면 저 육중하고 장대한 성문 아래 긴 동굴을 닮은 통로를 지나가야 했다. 10여 년을 주기로 네 차례나 이곳을 드나들면서 그가 이루고자 했던 꿈은 무엇이었을까. 어찌 보면 소박하고 또 달리 보면 과격하기 이를 데 없는 그의 주장들은 조선에서 얼마만큼 받아들여졌을까. 성문만큼이나 높고 화려한 패방과 끝도 없이 늘어선 상가들의 거리에서 그는 끝끝내 피가 끓어오르던 북학파 실학자였기만 했을까.

　상상조차 버거운 멀고 먼 나라에서 온 이국의 사신들을 만나고, 그들보다 더 먼 미지의 땅에서 건너왔다는 저 아득한 높이의 천주당과 그 안에 살아 있는 듯 생동감 넘치던 그림들…… 이것들은 다 무엇이란 말인가. 손가락보다 작은 사람과 동물의 형상이 저절로 움직이며 시각을 알리는 기기묘묘한 저 자명종들은 또 누가 어떻게 만든 것일까. 아픈 부인을 두고 배에 올라야 했던 나빙이나 딸의 결혼식조차 보지 못하고 다시 요동 벌판을 건너온 박제가에게 하루하루가 충격으로 다가왔을 베이징에서 그들은 무슨 생각을 하고 있었을까. 그런 복잡한 속내를 어찌할 줄 모르던 두 사람은, 남들 모르게 열 개 백 개의 얼굴을 감추며 불안과 좌절 속을 헤쳐나가야만 했던 화가와 시인은 그렇게 서로를 알아봤을까.

　문득 히라도에서 보았던 날치 '아고'가 떠올랐다. 지느러미를 날개처럼 매단 물고기라니……. 베이징에서, 이 저녁의 거리에서 나빙과 박제가는 한 마리 날치였는지도 모른다. 자신의 의지와는 상관없이 오랑캐의 세상에 태어난 부정할 수 없는 현실 앞에서 출구를 찾을 수 없었던 화가 나빙은 속절없이 분노했다. 순혈주의자가 득세하던 조선에서 서자라는 족쇄를 달고 태어나 차별을 일삼던 세상과 불화하던 시인 박제가가 있었다. 현실이라는 바다 위를 날치처럼 뛰어오르고 싶었던 사내들. 그럴 수 있다면 자신들이 서 있는 자리를 벗어나고 싶었을 것이다. 그런 그들이 느꼈을 실감에 가까이 가고 싶었다. 장갑을 벗고 〈모자도〉의 안과 밖을 더듬어 박제가와 나빙이

라는 인물의 적나라한 감정 한구석에라도 가닿기를 바랐다. 박제가
가 뒤돌아선 채 제국의 성문을 바라보고 있었다. 그의 뒷모습은 좀
쓸쓸했을까? 어깨 너머 성문 앞으로 늙은 자전거 몇 대가 지나간다.
멈춰버린 시간처럼 풍경마저도 숨이 막혔다.

　　그림으로만 본다면 〈모자도〉는 무슨 거창한 포부를 담지도 않
았고 더더구나 목숨을 건 역모는 아니었다. 태생적 불운과 속세의
욕망을 어쩌지 못했던 한족 화가와 자신의 육체보다 포부가 컸던
약소국의 시인이 만나 저지른 어느 날의 '해프닝'이었는지도 모른다.
그렇게라도 해서 쌓인 울분을 조금이라도 덜어내고 싶었던 것일까.
어떤 순간에 둘은 의기투합했고 아무도 없는 시간에 숨어 몰래 〈모

　　　　　　　　　　　　　　　　　　　　　1790년 베이징

자도〉를 그렸으리라. 그림은 둘 사이에 누구에게도 발설하면 안 될 비밀을 만들었다. 역설적으로 그렇게 탄생한 〈모자도〉가 없었다면 그들 사이는 그렇고 그런 흔한 만남 중 하나로 기억되었을지도 몰랐다. 우정이란 때로 고난이나 위험을 동반할 때 한 걸음 나아간다. 그들은 〈모자도〉를 그리기 이전과 이후로 달라졌을 것이다.

누군가 내게 물었다. 그래서 당신은 나빙과 박제가가 〈모자도〉를 그렸다고 확신하느냐고. 그렇다, 라고 답하진 못하겠다. 하지만 나빙과 박제가가 아니라면 〈모자도〉로 접근할 길이 나에겐 보이지 않는다. 그들은 〈모자도〉와 나 사이에 놓인 의문의 강을 건널 수 있게 하는, 여전히 유일한 다리였다. 하여 두 사람이야말로 누구보다 〈모자도〉의 진실에 가장 가까이 서 있는 사람이라고는 분명하게 말할 수 있겠다. 그거면 충분하다.

새로운 의문

만리장성의 끝

　꼭 한 번은 와보고 싶었다. 스스로 원했든 아니면 내키지 않는 걸음이었든 조선을 떠나 제국의 안쪽으로 들어가기 위해서는 반드시 지나야만 했던 관문. 문 안쪽의 사람들에게는 자부심이었겠지만 문밖 사람들에게는 이유 모를 모욕을 안겨주던 편견과 차별의 경계나 다름없던 곳. 성곽으로 그어진 경계선의 밖은 그냥 오랑캐의 땅에 불과했다. 그렇게 우월한 자신들과 나머지를 구별했다. 그럼에도 불구하고 조선의 선비 누구에게는 한 번은 건너고 싶던 곳. 저 문을 지나야 새로운 세상이 펼쳐질 것만 같았던 기대와 문 안으로 들어서는 순간 이전의 자신과는 다른 사람이 될지 모른다는 불안을 동시에 품게 만들던 그런 곳. 이곳 산하이관山海關이 내겐 그래 보였다.

　조선의 사신단이 이곳에 이르러 처음 마주한 문은 네모꼴의 산하이관 동쪽이었다. 그들이 안으로 들어가기 전에 모여서 웅성거렸을 성문 앞은 이제 너른 주차장이 되었지만 그곳에서 바라보는 관문의 웅장한 규모와 고압적인 자세는 누구든 주눅이 들 만했다. 말에서 내려 처음 산하이관의 위용을 마주한 사람들 틈에서 마른침을 삼키는 소리가 들리는 듯했다. 박제가는 이 앞을 모두 여덟 차례나 지나갔다. 20년이 넘는 세월이었다. 짙은 회색의 장막처럼 늘어선 성벽이 까마득히 산으로 이어졌고 성안으로 들어가기 위해서는 동문을 겹겹이 둘러싼 옹성의 문들을 먼저 지나야 했다. 요새의 안전장치는 치밀하고 빈틈없었다. 쥐새끼는 고사하고 바람조차 그냥 통과하지 못할 것만 같았다.

　박제가에게 베이징에 가고 싶다는 간절한 바람을 불어넣은 이는 홍대용洪大容이었다. 1765년 베이징을 다녀온 그는 그곳에서 만난 중국인들과의 인연을 책으로 엮었다. 박제가는 그때까지 홍대용과 알고 지내는 사이가 아니었다. 이 소식을 들은 그가 먼저 찾아가 얼굴을 익히게 되었다고 한다. 이덕무도 그들 사이의 편지를 따로 정리해 자신의 문집에 넣었을 정도였다. 홍대용을 시작으로 베이징 붐이 스멀스멀 서울의 백탑파들로 옮아갔다. 1778년 3월 단짝이었던 두 사람 이덕무와 박제가에게 마침내 베이징으로 떠날 기회가 주어졌다. 홍대용이 베이징에서 만난 강남의 선비들에 대해서는 워낙 많이 알려져 있지만 그중 엄성嚴誠과 관련된 다른 이야기가 있다. 그는 홍대용과 울며불며 헤어진 뒤 얼마 되지 않아 숨을 거둔다. 죽기 전 그는 홍대용이 보낸 먹을 지니고 있었고 그가 죽자 먹도 함께 관에 넣어 묻었다. 나중에 부고를 들은 홍대용은 제문과 편지를 써 그의 이른 죽음을 애도한다. 그러곤 엄성의 유집과 초상화를 보내줄 것을 부탁한다. 홍대용이 그의 유집과 초상화를 전달받은 것은 그로부터 무려 10여 년의 시간이 지난 뒤였다. 바로 박제가와 이덕무가 조선으로 돌아가던 그해였다.

이덕무의 기록이다. 1778년 6월 베이징을 떠난 그는 퉁저우通州에서 홍대용과 가까웠던 손유의孫有義라는 중국인을 만난다. 그가 말하길, 홍공께서 엄성의 문집과 초상화를 구해달라고 부탁하기에 내가 이미 구해서 산허三河에서 소금 가게를 하는 오 씨에게 맡겨두었으니 찾아다가 전해달라는 것. 그것을 이덕무가 받아 홍대용에게 가져갔다. 그 초상화가 지금도 남아 전해진다. 엄성의 초상화를 그린 이는 해강奚鋼이라는 화가였다. 엄성이 죽은 뒤인 1770년에, 남아 있는 그의 다른 초상화를 보고 해강이 다시 그렸다. 엄성의 초상화를 그릴 당시 그는 이미 항저우의 유망한 젊은 화가였고 그가 전각을 배웠던 정경은 나빙의 스승 김농의 지인이자 나빙과도 특별한

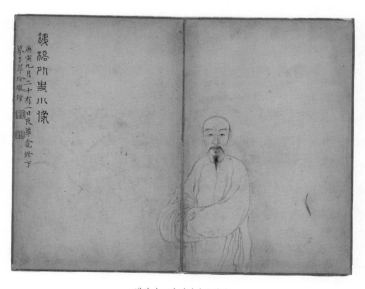

해강이 그린 엄성의 초상화.

인연이 있었다. 그 뒤 해강은 양저우를 오가며 그림을 그렸고 나빙과도 절친한 사이가 되었다. 산수화를 즐겨 그렸던 해강의 그림에서 나빙과 친교를 나눴던 사람들, 이를테면 원매와 옹방강과 완원의 이름이 빠지지 않고 발견되는 까닭이다. 두 사람은 김농의 매화 그림에 나란히 그를 회상하는 글을 썼고 나빙에게 '매화를 그려 쌀을 구하다畵梅乞米'라는 인장을 만들어준 이도 그였다. 서로의 그림에 이름을 남기기도 했다. 그렇게 이 길 위에서 시작되었을 여러 인연이 종횡으로 얽혔다.

성벽 위로 누각의 지붕이 보였고 그 아래로 마치 긴 동굴을 닮은 통로가 나타났다. 바닥에 깔린 돌길은 닳아 기름을 칠한 듯 윤기가 흘렀고 무려 서른 걸음이 넘어서야 긴 어둠이 끝났다. 물 위로 오르듯 참았던 숨이 한꺼번에 터졌다. 문이나 동굴을 지나는 것이 아니라 마치 한 세계에서 다른 세계로의 이동이나 다르지 않았다. 눈을 압도하는 규모에 성벽에 쌓인 시간이 더해져 눈과 이성을 교란시켰다. 정교하게 쌓아 올린 부드러운 궁륭은 거대한 짐승의 입천장을 닮아 마치 제국의 심장부로 직통하는 짐승의 아가리를 지난 기분이었다. 입구를 지났고 광장의 중심에 섰다. 거대한 회색의 벽이 추상화를 방불케 했다. 말로만 듣던 천하제일관天下第一關이었다. 검은 글자 하나가 사람의 키를 넘는다며 성문 아래를 지나던 경계 밖의 이방인들은 놀랐고 저것이 누구의 글씨인지 들은 바를 요란하게 쏟아냈다. 다시 보니 관문 위의 붉은 누각은 성벽과 평행하지 않고 살짝 방향을 틀었다. 그것이 오히려 보는 이에게 긴장을 조장했다.

1790년 베이징

마치 제국의 요새를 지키는 장수를 보는 듯했다.

　이곳은 만리장성의 동쪽 끝. 제국의 황제는 천하제일관 아래 긴 어둠의 동굴 한 곳만을 남겨둔 채 밖으로 통하는 모든 길을 닫았다. 이 거대한 벽을 인간의 힘으로 세운 것도 믿기 어려웠지만 어떤 인위적인 힘으로도 무너뜨리는 것은 불가능해 보였다. 자신감과 두려움으로 쌓은 난공불락의 요새 앞에서 인간은 무기력했을 것이다. 겹겹의 성곽으로, 인간의 힘으로는 도저히 어찌지 못할 것만 같았던 산하이관의 육중했던 성문은 그러나 안에서 스스로 열렸다. 국호를 청으로 바꾼 만주족은 조선의 항복을 받아낸 다음 말을 돌려 이곳 산하이관으로 돌진했다. 꿈쩍도 하지 않을 것 같았던 성문은 스르르 열렸고, 베이징은 함락되었고, 그렇게 한순간에 대륙의 운명이 바뀌었다. 황성의 주인은 이제 한족이 아닌 만주족이었다. 그러고 나빙의 고향 양저우의 불길 속에 그의 증조모가 있었고 정성공의 어머니 다가와의 죽음이 이어졌던 것. 이곳 산하이관의 문이 열리면서 거대하고 부패한 제국의 둑이 터졌고, 둑을 넘은 홍수의 격랑 속에 그녀들의 불행이 묻혔다.

　천하제일관을 동문으로 둔 장방형의 요새 중앙에 2층의 누각이 있었고 누각 아래에 서면 사통팔달의 길이 곧았다. 안과 밖, 경계의 성벽은 북쪽 자오산角山으로 향했다. 산하이관의 북문을 나서자 길은 산 아랫마을과 이어졌다. 이제는 성곽의 허리를 뚫은 고속도로를 차들이 내달렸다. 먼지가 이는 시골길 위로 어쩌다 황금빛 마차와 쌍봉낙타가 지나갔고 밭에서는 말똥 냄새가 진동했다. 성안에서 멀쩡하던 성벽은 상처 입은 용의 등처럼 군데군데 우르르 무너져 내렸고 그 틈으로 오솔길이 나 성 밖의 사람들과 개와 염소 떼가 드나들었다. 성벽에 오르자 아래는 아찔한 계곡이었다. 벽돌로 쌓은 성벽은 자오산에서 흘러내린 물길을 따라 거대한 커튼처럼 불규칙하게 흔들거렸다. 그렇게 보이지 않는 적들을 막으려 쌓은 방어용 성벽은 춤추는 용의 형상으로 산등성이를 향해 오르거나 남쪽 바다를 향해 대가리를 세우고 미끄러지듯 내달렸다.

무너진 흙더미의 성 위에도 꽃이 피었고 나무가 자랐고 염소가 울었다. 천하제일관 아래에 서서 높고 육중한 성벽을 바라보던 박제가가 있었다. 벽돌로 쌓은 벽과 집들. 내게 그의 '실학'의 이미지는 저 벽돌로 다가올 때가 많았다. 그는 이곳의 벽돌을 보며 자신이 닦아온 학문의 유용함과 합리성의 실체를 고민했고 또 남한산성의 비극을 떠올리지 않을 수 없었을 것이다. 산하이관의 문이 안으로부터 열리던 날 제국의 심장으로 진입하는 청나라의 말발굽 소리에 인질로 잡혀 온 조선의 소현세자가 있었다는 것을 박제가가 모를 리 없었다. 소현도 저 성문 아래를 지났을 것이다. 늘 깔보던 오랑캐에게 붙들려 적들과 나란히 명나라의 땅으로 들어서던 말 위에서 대의의 옳고 그름은 유보되었을 것이다. 서울에서 베이징으로, 베이징에서 서울로 돌아가는 어느 길목에서나 박제가는, 수많은 조선인은 그 모든 기억에서 자유롭지 못했다. 가는 곳마다 통곡을 일삼았고 비분강개했고 모순의 길 위에서 자신들에게 가해지는 모멸을 꾹꾹 눌러 참는 길밖에 없었다. 지난 모멸을 잊지 않기 위해서라도 지금의 작은 모멸쯤은 견뎌야 하는 것이라며 박제가는 이 컴컴한 동굴 속을 오갔을까?

장성은 남쪽으로 달려 바다 안으로 진격하면서 끝이 났다. 산과 바다 사이를 막아 산하이관이라 이름 붙인 것일까. 이곳도 세우고 무너지기를 반복했는지 수백 년 시간의 흔적이 퇴적암처럼 선명했다. 물에 잠기는 성벽의 마지막은 벽돌이 아니라 직각으로 다듬은 돌이었다. 마치 바다로 진군하려는 군함처럼 가슴을 바다로 힘껏 내민 형세였다. 적의 침입을 절대로 용납할 수 없다는, 마치 자오산에서 천하제일관을 거쳐 바다에 다다른 늙은 용을 보는 듯했다. '늙은 용의 머리老龍頭', 이름 그대로였다.

이곳 바닷가에도 바다의 신들이 모셔져 있었다. 긴 수평선이 한눈에 들어오는 곳에 바람과 파도와 비를 관장하는 만신들이 비좁게 들어찼다. 천둥의 신에서부터 1000리를 보는 눈을 가진 신까지, 그러니까 바다와 항해에 관한 거의 모든 신의 집합소였다. 나가사키에서, 취안저우에서 바다를 삶의 터전으로 삼은 바다의 백성에게 저 신들은 돛이고 닻이었다. 마조상이 빠질 리 없었다. 분을 삭이지 못하고 죽어 그도 마조처럼 바다의 신이 된 정성공. 다시 히라도의 가와우치 해변을 기억했고 어린 아들 성공과 바다를 바라보던 그녀 다가와를 머릿속에서 지우기 어려웠다. 다가와와 어린 아들 성공을 따라 돌던 내 길도 마지막이지 싶었다. 산하이관에 묵던 날, 박제가는 이곳 바닷가에 걸음을 했나 보다. 그는 이곳의 바다를 보며 나빙을, 그의 고향 양저우를 떠올렸다.

박제가, 유배를 가다

멀리서도 탑은 우월했다. 저보다 빛나고 한층 멋을 부린 빌딩들 사이에서도 전혀 뒤지지 않는 자존감을 보였다. 옅은 잿빛과 갈색이 감도는 팔각 13층의 위용만으로도 독립적이었다. 시간의 힘이라고만 단정하기 어려웠다. 압록강을 건너고 몇 개의 고개를 넘어 드디어 가뭇없는 요동의 벌판에 당도했을 때 눈앞에 나타난, 높이가 수십 미터에 육박하는 랴오양遼陽의 백탑은 박제가에겐 세상에서 단 하나의 풍경이 되었을 법했다. 마치 먼바다를 건너 제국의 항구로 이끄는 등대와 같았을 탑의 모서리마다 풍경이 달려 있어 바람이 불면 종소리가 요동의 벌판으로 퍼져나갔다고 했다. 들판의 자연이 만든 아득한 지평선을 거슬러 오로지 저 혼자 하늘로 솟은 인위의 거대한 돌출은 그대로 부조화의 경이로움이었다. 그리고 기어이 제국의 안쪽으로 다가가고 있다는 실감. 어쩌면 무의식의 깊은 지층이 한동안 떨렸을 것도 같았다. 풍경 소리는 들리지 않았다. 탑신의 처마에서 비둘기들이 낙엽처럼 떨어져 내렸다.

저 백탑이 아니었어도 나는 오래도록 이곳 요동의 들판을 마음 한편에 담아두고 지냈다. 1778년 박제가가 이곳을 지나 베이징을 다녀와서 남긴 『북학의』의 서문은 연암 박지원이 썼다. 이태 뒤 그도 이 자리에 섰다. 그러곤 저 백탑과 요동의 들판을 바라보며 '한바탕 울 만한 자리'라 했던 곳. 그 자리에 서면 그 울음의 속내를 조금은 짐작할 수 있을까. 하여 나도 언젠가는 내 울음을 쏟아놓을 자리를 만나고 싶다고 늘 소망했다. 또 그 자리가 어느 한 곳이 아닌 둘이나 셋이면 더 좋겠다고 욕심냈다. 때론 그러한 곳이 풍경일 때도 있었고, 돌아서면 다시 사람을 찾을 수도 있겠다는 생각이 들었던 건 나중이었다. 그래서 '울음의 자리'는 장관의 풍경이나 인간의 감정에 대한 것이 아닌 삶의 심연의 이야기였을 것이라고, 울음이란 어쩌면 웃음과 다르지 않은 의미였을 거라 믿었다. 박지원의 눈길은 탑과 들판을 지나 더 먼 곳으로 향하고 있었을 것이라고…… 짐작하던 적이 있었다.

벌판의 지평선과 바다의 수평선은 일란성 쌍둥이처럼 닮았다. 단순함과 광활함 때문이다. 박지원이 지평선을 바라보며 인간의 희로애락과 삶을 얘기할 때 박제가는 바다를 보고 있었다. 그의 눈에 바다는 세상의 끝이 아니라 육지와 한 몸이었다. 문득 조선의 서해가 산하이관의 동해라는 사실을 실감하던 그때, 해는 바다에서 떠오르는 것이 아니라 홀로 허공에 매달린 존재라는 것을, 아스라이 펼쳐진 100리의 강물 위로 해가 비치지 않는 곳은 하나도 없다는 것을 그는 어렴풋이 짐작하는 중이었다. 세상의 끝이란 처음부터 없

는 것인지 몰랐다. 지금 수평선 위로 떠오르는 저 붉은 태양은 또 바다 위 누군가의 정수리 위에서 작열하는 해이기도 했다. 박제가가 어제까지 믿어 의심치 않았던 상식에 조금씩 균열이 가기 시작했다. 세상에 절대로 변하지 않는 것이 과연 있기는 한 것일까. 무엇을 옳고 그르다 할 수 있을까. 영원할 것이라 믿었던 가치가 허물어지기 시작했고, 아득한 혼란이 찾아왔고, 혼란의 끝은 절망이었을 것이다. 박제가는 어디고 가고 있었을까. 절망의 나락이 아닌 가장 밑바닥에서 새로운 어떤 가능성의 낌새를 느끼던 순간이었다면…… 태양을, 이제 어제의 태양과는 전혀 다른 세상으로 인식하기 시작하던 찰나였다면…….

기차는 북으로 달렸다. 랴오양의 백탑을 보고 내처 단둥丹東으로 가 푸른 압록강 너머 의주를 보고 싶다는 생각을 늘 했다. 박제가처럼 강을 건너 평양을 지나 서울로 갈 수 있었다면 그랬을까. 가다가 청천강 못 미쳐 가산에서 만났다는 시 짓는 기생 육아를 떠올릴 수도 있을 것이다. 그녀에 대한 기억이 새록새록 떠올랐을까. 박제가는 베이징에서 만난 여러 사람에게 육아의 이야기를 자주 했다. 고속 열차에서 바라보는 바깥 풍경은 오히려 느렸다. 옆자리에 앉은 여자는 이름이 춘화라고 했다. 그가 찻잎을 넣어 삶은 계란을 내밀었다. 조선족이라는 그는 활달했고 '나는'이라고 말하지 않고 "내는"이라고 말했다. 볏짚을 태운 검은 재와 잔설의 흰 얼룩이 논바닥에 남아 있었다. 기차는 북방으로 빠르게 달렸다.

1801년 마지막으로 베이징을 다녀온 박제가는 곧바로 정치적 사건에 휘말려 구속되었다. 유배를 보내라는 명이 내렸다. 그해 9월 박제가는 서울을 떠나 원산을 지나고 함흥에서 묵었다. 그는 지나는 길목마다 시를 썼다. 달리 할 수 있는 일이 없었다. 다리에 종기가 덧났고 홍시를 사 먹었고 지나온 시절을 곱씹었다. 목이 메었다. 얼마를 더 가야 할까. 동편을 따라붙던 바다가 어느새 남쪽에 펼쳐졌다. 춘화 씨는 옌지延吉를 지나 훈춘琿春으로 간다고 했다. 나는 그녀에게 종성鐘城으로 가는 길을 물었다. 아니, 종성에서 가장 가까운 국경이라고 해야겠다. 그곳은 박제가의 유배지였다. 30분마다 기차 밖의 온도는 1도씩 내려갔다. 눈만큼 하얀 자작나무가 군데군데 군락을 이뤄 겨울의 끝자락을 견디고 있었다. 대륙의 남쪽에서 봄을 따라 북상하던 나의 길은 봄의 속도를 따돌리고 겨울로 되돌아가는 중이었다.

북방의 늦겨울은 예상보다 푸근했다. 국경이 지척인 버스 안에서는 중국 말보다 억센 함경도 말이 더 빨리 귀에 날아와 박혔다. 들처럼 넓은 과수원이 연이어 펼쳐졌다. 사과였다. 종성으로 간다는 나에게 봄에 룽징龍井의 사과밭을 가보라며, 꽃이 얼마나 장관인지 춘화 씨의 얼굴에 사과꽃처럼 황홀한 표정이 구름처럼 번졌다. 구릉의 비탈마다 옥수수밭이 끝이 없었고 바람과 햇살을 추위를 견디며 황태 덕장이 겨울을 나고 있었다. 멀리 나무들 사이로 흰 강줄기가 보였다. 두만강이었다. 버스는 강물과 나란한 길을 따라갔다. 강변 나무의 우듬지 아래에 휘어진 잡풀들이 까치집처럼 걸려 있었다. 지난여름 물난리의 흔적이라고, 불어난 물이 바다와 같았다며 남한의 충청도 어디로 노동을 다녀왔다는 노인이 일러주었다. 강물이 길과 가까웠다 멀어지기를 반복했다. 흰 팻말이 지나갔다. 저기였다. 춘화 씨가 알려준 마을 촨커우船口였다. 운전석 쪽으로 달려갔다. "나 내려요." 버스가 멀어져갔다. 창문에 손바닥을 댄 노인이 고개를 돌렸다.

한 달이 넘게 걸려 도착한 종성의 가을은 박제가에게 추웠다. 이대로 북방의 강마을에서 늙어야 한단 말인가. 하루가 1년 같은 유배의 시작이었다. 그래도 해는 저물었고 어김없이 아침이 찾아왔다. 견뎌야 하는 시간만이 남았다. 생일을 혼자서 맞았다. 서러운 날이었다. 술과 만두가 먹고 싶었다. 서울의 자식들에게 부치지 못할 시를 썼다. 그래도 살아 있는 목숨이어서 살아졌다. 울타리 아래 텃밭을 만들어 상추를 심었다. 밖으로 나가 사람들을 만나고 마을 아이들에게 글을 가르쳤다. 때론 아이들을 집에 머물게 해 같이 잠을 자기도 했다. 매일같이 시가 몸에서 흘러나왔다. 일상이 시였다. 종이가 귀한 곳이라 자작나무 껍질에 메모를 했다.

그렇게 겨울을 보냈다. 해가 바뀌었다. 새벽에 홀로 앉은 밥상은 괜스레 눈물겨웠다. 머리 기른 승려와 다르지 않았다. 정월 초이레, 인일은 나빙의 생일이기도 했다. 10여 년 전 오늘, 베이징에서 그의 생일을 맞아 축하의 시를 짓고 맘껏 술에 취했던 기억. 다시 찾은 그 거리에서 나빙의 부음을 듣고 눈물을 흘렸다. 승려 같던 노화가를 이제는 더 볼 길이 없었다. 서울로 돌아온 그를 기다리고 있던 것은 먼 유배였다. 처음 압록강을 건너던 푸르른 날부터 궁벽한 마을로 쫓겨온 지난 시간이 꿈처럼 스쳐 지나갔다. 겨울의 북방 유배지에서 다시 찾아온 나빙의 생일, 벗이 없는 세상은 아팠다.

두만강의 겨울은 을씨년스러웠다. 강을 건너면 종성이었다. 강가 언덕과 강물을 지나온 메마른 겨울바람에 코끝이 매웠다. 저 강 너머에서 박제가는 홀로 지냈다. 흰머리가 늘었고 젊어서 타오르던 열망도 재처럼 가라앉았다. 때론 말을 빌려 멀리 술집을 찾아 나서기도 했다. 타향에서 만나는 길가의 살구꽃이 반가웠다. 그렇게 그는 저곳에서 4년의 시간을 누르고 살았다. 박제가가 살았다는 서울 남산 자락과 혜화동 어디쯤에서보다 오히려 이곳 북방의 작은 마을 종성이 바라다보이는 강가에서 그의 생을 더욱 실감했다. 황량한 민둥산과 다를 바 없는 마을 뒷산과 강물 사이의 좁은 들 안에서 그는 울고 웃고 서성였을 것이다. 멀고 먼 낯선 곳으로의 유배는 최대치의 고독을 강요하는 형벌이었다.

시간이 지나면서 박제가는 조금씩 평정을 되찾았다. 때를 가리지 않고 떠오르던 잡생각도 잦아들었다. 돌아가신 임금 생각에 흐느낌 같은 긴 시를 지었다. 이곳에서 늙어가는 것도 그리 나쁘지 않을 것도 같았다. 욕심과 상념은 줄어들었지만 차와 담배만은 끊기 어려웠다. 두만강 물줄기의 발원지를 찾아가 눈을 가져다 차를 끓였다. 먼 곳에 사는 문인이 닭이며 안주를 갖춰 초대를 했다. 가서 이틀쯤 자고 돌아올 것이라며, 언제 읽을지도 모르는 아들의 편지에 적었다. 등창이 생겨 괴로웠다. 쇠똥과 소주로 사흘씩을 지졌고 소금물로 씻은 다음 가는 침을 수십 군데나 놓았다. 그렇게 한 해가 저물었고 다시 봄이 왔다. 가끔은 서울과 궁궐 생활이 그리웠다. 취해 잠들었던 베이징의 어느 술집도 떠올랐다. 젊어 황하의 강물을 따라 끝까지 가고 싶었던 대장부가 지팡이 끌고 이리로 올 줄은 꿈

1790년 베이징

에도 몰랐다. 서리 같던 백발이 다시 검어지는 듯 보였다. 솥에 불을 지펴 붉은 기장밥을 지었다. 긴 가뭄이 들었고 뜨거운 먼지바람이 불어왔다.

엔지에 머무는 동안 박제가가 유배지에서 남긴 글을 읽거나 버스를 타고 종성이 바라다보이는 두만강 근처에 내렸다가 멀리 투먼 圖們을 거쳐 다시 돌아오곤 했다. 마을을 빙 두른 강둑을 걸을 때 행색이 초라한 흰 개가 뒤를 따라오는 날도 있었다. 저녁노을이 비치는 종성의 뒷산은 유독 붉었다. 옥수숫대만 남은 밭을 가로질러 강변에 바투 앉은 마을로 들어갔다. 채 열 집도 되지 않았다. 처음 보는 얼굴이라서 마을 사람들이 자꾸 힐끔거렸다. 그들이 조선말을 했다. 끌려가듯 부엌에 들어가 농민 부부가 차려준 구운 옥수수를 안주로 맥주를 마셨다. 저 두만강 건너의 마을이 종성이 맞느냐며 허튼 질문을 했다. 엔지에 돌아와서는 시린 냉면을 먹었고 아침엔 따스한 온면과 만두를 먹었다. 음식도 기후와 풍경을 닮는지 거칠었다. 그래도 그동안 대륙의 안쪽에서 먹었던 음식들을 깡그리 잊을 만큼 매 끼니마다 몸이 달았다.

박제가의 글에서 음식에 관련된 부분만 따로 모아도 좋겠다는 생각이 들곤 했다. 그는 음식에 남달라 보였다. 이곳 북방의 종성에서마저 미역을 소재로 긴 시를 쓰는 그였다. 유달리 호박을 좋아했다. 잘게 잘라 졸여도 먹고 볕에 말려두기도 했다. 들깨를 넣어 국을 끓였고 달달 볶아 떡 사이에 넣어 먹었다. 차로 마셔도 그만이었다. 유배지에서 고독을 위로하는 데에는 그만한 것도 없었을 성싶었다.

시간은 넘쳐났고 일상을 꼬치꼬치 적어 무엇이든 지었다. 시란, 예술은 고독과 관계하며 알맹이를 드러내는 것일지도 몰랐다. 박제가는 유배에서 풀려나면 정적들의 모략과 비방이 넘치는 서울에서 살 마음은 없었나 보다. 그는 1년도 못 되어 파직된 적이 있는 부여에서 살고 싶다고 했다. "이상국李相國의 정자 있는 마을에 작은 집을 짓고 고기 잡고 나무하며 남은 생을 보내고 싶다"라고, 자신의 생각을 아들에게 알렸다. 인생의 황혼에 접어든 박제가가 여생을 보내고 싶다고 한 그곳은 어디일까. 그는 부여 어디서 삶의 마지막 시간을 보내려 했을까.

1790년 베이징

박제가의 꿈

박제가가 부여에서 현감으로 재직했던 기간은 채 1년이 못 되었다. 1792년 8월에 임명되었고 이듬해 5월 파직되었다. 그사이 아내와 사별했고 평생을 의지하고 따랐던 이덕무도 세상을 떠났다. 부인과 친구를 한꺼번에 잃은 박제가는 타향에서 기쁨 없는 하루하루를 지내고 있었다. 그가 한때 머물렀을 동헌 마루에 올라서면 멀리 백마강의 반짝이는 강물과 흔들리는 갈대가 보였다. 박제가의 유배지 종성 강가의 스산함과 붉은 노을이 비치던 뒷산과 그 아래 작은 마을이 떠올랐다. 그는 종성의 미친 눈보라를 겪으며 여기 부여의 부드러운 들판과 아늑한 강변이 그리웠을 것이다. 가을, 부소산은 어디고 좋았다. 늙어도 푸르른 소나무 숲과 주황 등불을 밝힌 듯 환한 단풍나무 터널 속을 자주 걸었다. 유배에서 풀려난 박제가는 부여 어디로 오고 싶어 한 것일까? 정림사 석탑은 고적한 절 마당에서 늘 혼자 저녁을 기다렸다. 달이 뜨면 도로 탑이 보고 싶었다. "탑이 달팽이 뿔을 닮았다"라고 박제가는 시에 썼다. 부여의 옛 지도 속에서도 탑은 도드라졌다. 탑 옆에 유독 눈에 들어오는 지명 하나. 누각 모양의 그림 아래 '대재각大哉閣'이라는 글자가 보였다. 대재라니…… 뭔가 짚이는 것이 있었다.

마을 이름이 '백강'이었다. 이곳에 이경여李敬輿가 살았다. '백강'이 그의 호였다. 병자호란이 일어나자 그는 왕을 모시고 남한산성에 들어갔다. 역사의 기록에서 그는 청과의 화친을 반대한 인물로 분류되었다. 심양으로 끌려갔다. 그는 척화파였던 김상헌과 청과의 화친을 주장하던 최명길 사이에서 화해를 주선했다고도 전한다. 강이 내려다보이는 누각 안에 커다란 글씨가 조각된 바위가 있었다. 지도에서 본 대재각이었다. 효종이 이경여에게 내린 글을 송시열이 썼다고 했다. "지극한 아픔이 가슴에 남아 있는데 해는 저물고 길은 멀다至痛在心 日暮途遠." 아픔은 병자호란을 가리킨다고 안내문은 적었다. 핏빛처럼 붉은 글씨와 그 옆에 또렷이 새겨진 '백강 이상국白江 李相國'. 박제가가 말한 이상국은 바로 이경여였다. 상국이란 정승의 벼슬을 말했다. 유배지 종성에서 풀려나면 가서 살고 싶다던 곳이 이곳 백강마을이었던 것이다. 나는 효종과 송시열과 북벌이라는 오랜 선입견 앞에서 다시 박제가를 떠올렸다. 왜 하필 이곳이었을까.

백강마을은 부산浮山을 등지고 있었다. 산은 높지 않았지만 강과 너른 들이 펼쳐져 있어 시야는 멀리까지 가닿았다. 부여동헌에서 배를 타고 강을 건너면 곧 마을의 선착장에 내렸다. 강을 사이에 두고 마주 보는 자리였다. 아내와 친구를 잃고 실의에 빠진 날이었을까. 현감으로 있던 어느 날, 이곳 부산의 정상에 올라 들판 너머 아

1790년 베이징

득히 사라지는 낙조를 지켜보던 박제가가 있었다. 그가 평생의 화두로 삼았던 북학이란 무엇이었을까. 그의 북학은 또 이곳 백강마을의 이경여나 대재각과는 어떤 관계 안에서 만나고 있었던 것일까. 박제가는 지난 시대의 명분에 기대어 눈앞의 현실을 외면하던 자들을 비난했다. 그렇다고 저들에게 당한 통한의 기억을 당면한 현실적 필요와 맞바꾸지도 않았다. 모멸을 견디어 실질을 쌓고 국경과 바다를 열어 부강한 조선을 만드는 것이 지난 굴욕에서 벗어나는 길이라는 것을 의심하지 않았다. 그것이 결국 가난한 백성을 살리는 일이기도 했다. 나는 여전히 그의 반쪽하고만 대화를 이어오고 있었던 게 아닐까 하는 뒤늦은 후회. 어쩌면 박제가에게 북학과 북벌은 다른 길이 아니었는지도 몰랐다.

바람이 불려고 하면 솔개가 먼저 울고, 비가 내리려고 하면 개미가 먼저 둑을 쌓는다고 한다. 이 『북학의』가 채택될지 여부는 정녕 알 수 없지만 우리나라에서 법서를 편찬할 때 저 솔개나 개미의 구실을 하지 말란 법은 없다.

『북학의』 서문은 두 사람이 썼다. 박지원이 있었고, 나머지 한 사람은 북학의 시조로 일컬어지는 고위 관료 서명응徐命膺이었다. 박제가가 베이징에서 처음 나빙을 알게 된 1790년, 사신단의 부사 서호수의 부친이기도 했다. 실용 학문에 남다른 애정이 있었다. 그는 박제가의 현실적인 주장을 이해했고 진지하고 주도면밀한 견해라며 공감을 표시했다. 하지만 그 역시 박제가의 이런 앞서간 생각들이 조선의 현실에서 실현될 수 있을 것이라 여기지는 않았던 듯하다. 그의 말대로 '채택될지 여부는 알 수 없었다'. 박제가가 이루고자 한 꿈은 아마 거기쯤에서 멈추었을 것이다. 그런 기대가 그를 여기까지 끌어왔고 또 그로 인해 좌절을 맛봤다. 모르겠다. 박제가의 젊은 날의 저 열정이 서명응의 바람처럼 '솔개'나 '개미'의 구실을 했는지 말이다.

산에서 내려다보는 마을은 작은 둥지처럼 아늑했다. 박제가가 유배지 종성에서 왜 이곳을 떠올렸는지 알 것도 같았다. 마르지 않을 푸른 강물이 가까웠고 기름진 논과 밭이 드넓으니 누구든 살 만해 보였다. 인간에게 여생이란 저렇듯 강과 들과 좁은 길과 나무를 말하는 것인지도 몰랐다. 감정의 호수에 잔잔한 물결 정도만 가져오는 어떤 것들. 박제가가 압록강을 건너고 요동 벌판을 마주했을 때, 또 어느 날인가 바닷가에서 가뭇없는 수평선을 바라보고 있었을 때 나는 그의 다른 꿈 하나가 그곳에서 영글기 시작했을 거라 짐작했다. 쓸쓸한 두만강 변의 마을 종성에서 그의 시는 유독 쉽고 가볍고 평이했다. 그게 오히려 사무쳤다. 그에게는 솔개나 개미가 아닌 다른 꿈이 있었다.

박제가는 이곳 부여의 백강마을로 오지 못했다. 종성으로 유배를 떠나고 2년 뒤인 1803년 2월, 방면이 허락됐지만 그는 풀려나지 못했다. 2년의 시간을 속절없이 보냈다. 1805년 3월 드디어 유배지 종성을 떠나 서울로 왔다. 그리고 얼마 지나지 않은 4월 15일 숨을 거둔다. 박제가는, 그럴 수 없다는 걸 알면서도 습관처럼 양저우에 가고 싶다고, 나빙을 다시 보고 싶다고 중얼거렸다. 부여에 오면 나는 저절로 양저우 생각이 났다. 나빙의 고향 양저우의 시장에서 민물 복어를 만날 때면 혜화동 장경교 앞 시장을 두리번거리던 박제가를 기억했다. 초봄, 부여에 와서 희고 담백한 우여 회를 앞에 두면 다시 양저우의 도어刀魚를 떠올리지 않을 수 없었다. 우여와 도어는 모양도 맛도 같은 녀석들이었다. 바다에서 강을 따라와 자리를 잡은 두 도시 양저우와 부여는 그렇게 닮아 있었다.

부산 아래 백강마을을 감아 돈 강물은 우여처럼 도어처럼 은빛 비늘을 흘으며 느리게 바다로 갔다. 저 길을 따라 박제가는 가고 싶었을 것이다. 허생처럼 또 정성공처럼 그도 자신만의 섬을 찾아 떠나고 싶었을 것만 같았다. 젊은 날 배를 타고 통진으로 향하던 그때처럼, 숨 가빴던 북학과 실학의 꿈은 땅에 남겨두고 시인으로의 꿈 하나만 살아남아 바다를 향해 가고 있었다.

참고 문헌

- 남옥, 『붓끝으로 부사산 바람을 가르다』, 김보경 옮김, 소명출판, 2006.
- 다이텐, 『18세기 일본 지식인 조선을 엿보다』, 김문경·진재교 외 옮김, 성균관대학교출판부, 2013.
- 박제가, 『북학의』, 안대회 교감 역주, 돌베개, 2013.
- 박제가, 『정유각집』, 정민·이승수·박수밀 외 옮김, 돌베개, 2010.
- 박지원, 『열하일기』, 리상호 옮김, 보리, 2004.
- 사마천, 『사기』, 김원중 옮김, 민음사, 2015.
- 성대중, 『부사산 비파호를 날 듯이 건너』, 홍학희 옮김, 소명출판, 2006.
- 안대회 외, 『초정 박제가 연구』, 사람의무늬, 2013.
- 원중거, 『와신상담의 마음으로 일본을 기록하다』, 박재금 옮김, 소명출판, 2006.
- 원중거, 『조선 후기 지식인, 일본과 만나다』. 김경숙 옮김, 소명출판, 2006.
- 유득공, 『열하를 여행하며 시를 짓다』, 실시학사 고전문학연구회 옮김, 휴머니스트, 2010.
- 유득공, 『유득공의 21도 회고시』, 이민홍 옮김, 새미, 2008.
- 이덕무, 『청장관전서』, 민족문화추진회 편, 솔출판사, 1997.
- 이동주(이용희), 『한국회화소사』, 범우사, 1996.
- 정민, 『18세기 한중 지식인의 문예공화국』, 문학동네, 2014.
- 조너선 클레멘츠, 『해적왕 정성공』, 허강 옮김, 삼우반, 2008.
- 최북, 『호생관 최북』, 국립전주박물관 엮음, 국립전주박물관, 2012.
- 후지쓰카 지카시, 『동아시아의 문화 교류』, 김현영 옮김, 추사박물관, 2017.

- 박제가, 『호저집縞紵集』, 박장암朴長馣이 1809년에 엮음, 하버드 옌칭도서관 소장.
- 松浦史料博物館, 『史都平戶』, 松浦史料博物館, 2012.
- 江日升, 『台湾外志』, 上海古籍出版社, 1986.
- 楊惠東, 『中國名畫家全集: 羅聘』, 河北教育出版社, 2004.
- 羅聘, 『香葉草堂詩存』, 江蘇人民出版社, 1962.

- Jonathan Hay, 「Culture, ethnicity, and empire in the work of two eighteenth-century "Eccentric" artist」, <RES: Anthropology and Aesthetics>, No. 35(Spring, 1999), The Peabody Museum of Archaeology and Ethnology, Harvard University.
- Kim Karlsson 외, 『Eccentric Visions: The world of "LUO PING"』, Zurich Museum, 2009.

12쪽

박제가, <연평초령의모도>, 35cm×146cm, 국립중앙박물관.

47쪽

1. <연평초령의모도>(부분).

2. 작자·시기 미상, 히라도성 전시관.

3. 작자·시기 미상, 나가사키 데지마 자료관.

4. 작자·시기 미상, 나가사키 데지마 자료관.

62-63쪽

최북, <푸른 바다의 해돋이를 보다>, 32cm×24cm, 국립중앙박물관.

78-79쪽

최북, 『화사회요畵史會要』(오오카 슌보쿠 편집) 수록, 국립중앙도서관.

86쪽

기무라 겐카도, <겸가당아집도>(부분), 413cm×32.5cm(전체), 국립중앙박물관.

106쪽

황재, <정성공 초상화>, 65cm×138cm, 중국국가박물관.

116쪽

작자 미상, <정성공 행락도>, 48cm×125cm, 정성공기념관.

120쪽

나빙, 무제, 28cm×34cm, 1762.

121쪽

<정성공 초상>. 『대만역사문헌총간臺灣歷史文獻叢刊』(대만은행경제연구실, 1995) 중 「정성공전鄭成功傳」에 수록.

125쪽

1. <정성공 행락도>(부분).

2. 나빙, <나한도羅漢圖>(부분).

3. 나빙, <삼원도三元圖>(부분), 1773.

4. <정성공 행락도>(부분).

5. 나빙, <쌍희도雙喜圖>(부분).

6. 나빙, <한산습득도寒山拾得圖>(부분), 넬슨앳킨스미술관The Nelson-Atkins Museum of Art.

132쪽

(위) 나빙, <귀취도> 중 8폭, 1500cm×35.5cm, 넬슨앳킨스미술관.

(아래) 안드레아스 베살리우스 그림의 모작. 진본은 베살리우스가 지은 『인체의 구조에 관하여
De humani corporis fabrica』(1543)에 수록.

148-149쪽

서위, <잡화도>(부분), 1050cm×37cm(전체), 난징박물관.

164쪽

1. <연평초령의모도> 중 초순의 글씨.

2. 초순의 편지. https://bit.ly/2Zq8BCV 참조.

3. 초순의 대련.

182-183쪽

김농, <매화>, 48cm×36cm, 『김농서화편년도목金農書畫編年圖目』(제연齊淵 편저, 인민미술출판사,
2007)에 수록.

185쪽

나빙, <연당도蓮塘圖>, 32cm×25cm, 상하이박물관.

196쪽

나빙, <난초>, 1790.

209쪽

<청화만수자문대병靑花萬壽字紋大甁>, 1712, 베이징고궁박물원.

214쪽

나빙, <자화상>, 60cm×56cm, 베이징고궁박물원.

217쪽

나빙, <박제가 초상>과 <매화>, 추사박물관. 그림 원본이 아니라 사진 소장.

218쪽

나빙, <원매 초상>, 67cm×158cm, 교토국립박물관.

227쪽

나빙 외, <미가연산도>(미가연산 탁본, 부분), 762cm×20cm, 충칭박물관.

232쪽

나빙, <이묘사진도二妙寫眞圖>(부분), 32cm×79cm(전체), 1795, 개인 소장.

240쪽

1. <연평초령의모도>(부분).

2. 나빙, <마고상麻姑像>(부분), 50cm×120cm(전체), 중국미술관.

3. 나빙이 모사한 당나라 화가 염립본閻立本의 <쇄간도鎖諫圖>(부분), 208cm×32cm(전체), 『양저우화파화집』(상해박물관, 2009)에 수록.

243쪽

1. <연평초령의모도>(부분).

2. 나빙, <석란도石蘭圖>(부분), 『서방달 전집徐邦達全集』(자금성출판사, 2005)에 수록.

3. 나빙, <익암선생화상翼庵先生畵像>(부분), 43.5cm×120cm, 1798. 이전 소장처는 캘리포니아 버클리대학교 미술관Berkeley Art Museum and Pacific Film Archive, BAMPFA.

244쪽

(왼쪽) 작자 미상, <나한상 자수刺繡>, 24cm×33cm, 청나라 말기, 중국 요녕성박물관.

(오른쪽) 나빙, 무제, 1781. https://bit.ly/2KYNnUL 참조.

252-253쪽

작자 미상, <벚꽃놀이 병풍도>, 355cm×150cm, 에도시대, 국립중앙박물관.

282쪽

나빙, <매화>, 64cm×122cm, 1796, 충칭박물관.

305쪽

해강, <엄성 초상>, 28.5cm×22.3cm, 1770, 추사박물관.